PEDAGOGIA UNIVERSITÁRIA
caminhos para a formação de professores

EDITORA AFILIADA

Dados Internacionais de Catalogação na Publicação (CIP)
(Câmara Brasileira do Livro, SP, Brasil)

Pedagogia universitária : caminhos para a formação de professores / Selma Garrido Pimenta, Maria Isabel de Almeida (Orgs.). – São Paulo : Cortez, 2011.

Vários autores.
ISBN 978-85-249-1802-5

1. Ensino universitário 2. Professores – Formação profissional I. Pimenta, Selma Garrido. II. Almeida, Maria Isabel de.

CDD 378.125

Índices para catálogo sistemático:

1. Professores : Formação profissional : Pedagogia universitária : Educação superior   378.125

Selma Garrido Pimenta • Maria Isabel de Almeida
(Orgs.)

PEDAGOGIA UNIVERSITÁRIA
caminhos para a formação de professores

1ª edição
1ª reimpressão

PEDAGOGIA UNIVERSITÁRIA: caminhos para a formação de professores
Selma Garrido Pimenta e Maria Isabel de Almeida (Orgs.)

Capa: Cia. de Desenho
Preparação de originais: Carmen T. da Costa; Jaci Dantas
Revisão: Ana Paula Luccisano
Composição: Linea Editora Ltda.
Coordenação editorial: Danilo A. Q. Morales

Nenhuma parte desta obra pode ser reproduzida ou duplicada
sem autorização expressa dos autores e do editor

© 2011 by Organizadores

Direitos para esta edição
CORTEZ EDITORA
Rua Monte Alegre, 1074 – Perdizes
05014-001 – São Paulo – SP
Tel.: (11) 3864-0111   Fax: (11) 3864-4290
e-mail: cortez@cortezeditora.com.br
www.cortezeditora.com.br

Impresso na Índia – fevereiro de 2014

SUMÁRIO

Apresentação — Docência universitária: passos de um percurso formativo
    Maria Isabel de Almeida e Selma Garrido Pimenta 7

EIXO 1
Pedagogia e docência universitária

A construção da pedagogia universitária no âmbito da Universidade de São Paulo
    Maria Isabel de Almeida e Selma Garrido Pimenta 19

Processos formativos de docentes universitários: aspectos teóricos e práticos
    Léa das Graças Camargos Anastasiou 44

Formação pedagógica do professor universitário: reflexões a partir de uma experiência
    Adriana Katia Corrêa, Cláudia Maria Bógus, Léa das Graças Camargos Anastasiou, Lia de Alencar Coelho, Luiz Eduardo P. B. Tourinho Dantas, Noeli Prestes Padilha Rivas, Raphael Liguori Neto, Sílvia Maria Amado João, Simone Rocha de Vasconcelos Hage, Vilanice Alves de Araújo Püschel, Yassuko Iamamoto 75

EIXO 2
Buscas e impasses na universidade contemporânea

Direitos humanos na docência universitária
Aida Maria Monteiro Silva 103

Dilemas e tensões da atuação da universidade frente à formação
de profissionais de desenvolvimento humano
João Formosinho 128

EIXO 3
Encaminhamentos para a prática docente universitária

Prática docente universitária e a construção coletiva
de conhecimentos: possibilidades de transformações no
processo ensino-aprendizagem
Maria Amélia Santoro Franco 159

Conteúdos, formação de competências cognitivas e ensino
com pesquisa: unindo ensino e modos de investigação
José Carlos Libâneo 188

As tecnologias virtuais e a prática docente na universidade
Vani Moreira Kenski 213

Ética na docência universitária: a caminho de uma
universidade pedagógica?
Terezinha Azerêdo Rios 229

APRESENTAÇÃO
Docência universitária: passos de um percurso formativo

Maria Isabel de Almeida[1] • *Selma Garrido Pimenta*[2]

A atuação dos docentes do ensino superior tem grande incidência em toda a sociedade, pois o preparo de todos os tipos de profissionais que necessitam de formação especializada está sob sua responsabilidade. Para além do ensino dos conhecimentos técnico-científicos especializados, base para a atuação competente nos mais variados tipos de especialização profissional, as dimensões da ética e da responsabilidade social são atribuições do seu trabalho. Ou seja, formar profissionais competentes e sintonizados com as demandas do mundo atual, que tenham senso de justiça social e uma identidade profunda com a cidadania democrática, é tarefa que exige muito mais desses professores do que repassar os conteúdos de sua área de especialização *stricto sensu*.

---

1. Professora Livre-docente da Faculdade de Educação da Universidade de São Paulo e do Programa de Pós-Graduação em Educação — FE-USP. Pesquisadora do GEPEFE — Grupo de Estudos e Pesquisas sobre Formação de Educador. Assessora da Pró-Reitoria de Graduação da USP (2006-2009). E-mail: <mialmei@usp.br>.

2. Professora Titular da Faculdade de Educação da Universidade de São Paulo. — FE-USP. Pesquisadora do GEPEFE — Grupo de Estudos e Pesquisas sobre Formação de Educador — Programa de Pós-Graduação em Educação — FE-USP. Pró-Reitora de Graduação da USP (2006-2009). E-mail: <sgpiment@usp.br>.

Cada vez mais o caráter formativo da docência é reconhecido na sociedade contemporânea. O que aponta para a necessidade de se superar os discursos que a consideram fruto de uma mera vocação ou da transposição das atuações exitosas realizadas no campo de atuação profissional. Ensinar é uma ação bastante complexa, que requer compreender profundamente a área específica a ser ensinada e seu significado social; a organização do currículo como um percurso formativo; o planejamento mais amplo no qual uma disciplina se insere, bem como o seu próprio planejamento; o método de investigação de uma área que sustenta o método de seu ensino, as ações pedagógicas; os recursos adequados para o alcance dos objetivos; os modos de relacionamento com os alunos e destes com o saber; a avaliação, dentre outros tantos.

No entanto, para muitos professores, o território da docência é, do ponto de vista teórico, um universo um tanto desconhecido. O fazer em sala de aula se sustenta, em grande parte, num tripé, fruto da combinação entre a reprodução do que realiza em sua atuação profissional específica; as experiências pregressas, vividas enquanto aluno; e aquilo que vem sendo sedimentado por meio da própria atuação enquanto professor.

O reconhecimento desse quadro levou à realização de uma experiência na Universidade de São Paulo entre os anos de 2006 e 2009, no âmbito de sua Pró-Reitoria de Graduação, que buscou instaurar um debate a respeito da importância, da natureza e das condições necessárias ao desenvolvimento de uma atuação docente condizente com a formação de futuros profissionais com alto nível técnico-científico e compromisso com as necessárias transformações sociais em nosso país.

Alinhado a movimentos internacionais, que nos últimos anos têm valorizado a formação e o desenvolvimento profissional dos docentes do ensino superior, e no contexto das posturas teóricas que têm embasado nossas ações, o trabalho da Pró-Reitoria de Graduação, nesse período, quando então estivemos a sua frente, considerou como uma de suas prioridades a "melhoria do ensino de graduação" na USP. Para isso, uma das estratégias adotadas foi fortalecer a dimensão pedagógica de seus professores, fomentando estudos, discussões e debates que permitissem colocar em pauta os sentidos e os significados do ensino universitário.

Essa prioridade levou à definição de uma política acadêmica que se expressou por meio da criação do Programa Pedagogia Universitária, que investiu nos docentes da USP enquanto sujeitos primordiais do processo formativo dos estudantes de graduação, e buscou fortalecer a estreita articulação entre a competência científica e a necessária ampliação de sua competência pedagógica. Esse Programa resultou em duas ações interligadas, que foram desenvolvidas simultaneamente: os Cursos de Especialização e os Seminários de Pedagogia Universitária, ambos oferecidos aos docentes de todos os *campi* da USP.

Os Seminários de Pedagogia Universitária pretenderam colocar em discussão temas nucleares da vida acadêmica. Foram debatidas possibilidades formativas para docentes em exercício; as representações docentes a respeito da própria profissão, de sua trajetória profissional, das bases que sustentam seu trabalho, dos modos de ensinar e aprender, das relações com os alunos, especialmente com os novos perfis que adentram as salas de aula; as relações de determinados campos de formação ou de carreiras com a sociedade contemporânea; o manejo das novas tecnologias; os referenciais da ética e da pesquisa enquanto estruturantes da docência. Pode-se dizer que o fio condutor dos seminários articula-se em torno da preocupação com o significado do que se ensina, com os modos de se ensinar e de aprender nas salas de aula do ensino superior.

Para desenvolver os Seminários de Pedagogia Universitária foram convidados especialistas pesquisadores da USP, de outras universidades brasileiras e também de outros países. Todos eles têm como traço comum grande presença no campo das pesquisas e da produção de conhecimentos a respeito da docência universitária. Os textos foram previamente publicados na forma de *Cadernos de Pedagogia Universitária* e distribuídos para subsidiar os Seminários.[3] Parte destes

---

3. No período da gestão (2006 a 2009) promovemos a realização de quatorze seminários. Parte dos textos compõem este livro. Os demais foram publicados em PIMENTA & ALMEIDA (Orgs.). *Pedagogia universitária*. São Paulo: Edusp, 2009. 249 p.

compõem este livro, acrescidos dos textos das responsáveis pela gestão do Programa na USP e de um texto sobre direitos humanos e ensino superior.

O livro está organizado em três eixos articuladores das reflexões dos textos. No 1º eixo, denominado "Pedagogia e docência universitária" os três textos que o compõem apresentam, fundamentam e discutem — pela ótica dos gestores da instituição, da docente contratada, especializada na área de formação contínua de docentes universitários, e dos docentes da USP envolvidos com os desdobramentos da prática formativa — as políticas e suas ações derivadas no campo da formação pedagógica dos docentes da Universidade de São Paulo.

No texto "A construção da pedagogia universitária no âmbito da Universidade de São Paulo", Maria Isabel de Almeida e Selma Garrido Pimenta delineiam os marcos teóricos e as balizas políticas que orientaram o trabalho de formação dos docentes na USP entre 2006 e 2009, que se desdobrou em duas frentes — os Seminários de Pedagogia Universitária e os Cursos de Pedagogia Universitária. O texto busca, mais do que o relato de uma experiência bem sucedida, trazer à discussão os pressupostos orientadores de uma política institucional de valorização e formação docente, na perspectiva de alavancar a qualidade dos processos formativos em desenvolvimento nos cursos de graduação da Universidade. As autoras finalizam o texto apontando quatro eixos estruturantes da política desenvolvida no quadriênio em análise: a importância atribuída à formação no âmbito de uma política institucional; a diversidade de linhas de formação disponibilizadas aos docentes; o delineamento de bases para um novo modelo de formação universitária; a dimensão coletiva da formação docente.

A partir do seu envolvimento direto com a realização de vários processos de formação continuada de docentes em instituições de ensino superior no Brasil, Léa das Graças Anastasiou analisa no segundo texto — Processos formativos de docentes universitários: aspectos teóricos e práticos — os avanços alcançados nos campos teórico e prático presentes nessas experiências. Ao resgatar o percurso dos processos de formação continuada, enfatiza a importância dos contextos institucionais e pessoais envolvidos nos percursos formativos e, com o apoio de relatos de participantes, desnuda as buscas pelo aprimoramento da prática pedagógica como mobilizadora do envolvimento dos professores com a própria formação. A autora foi a docente responsável pelos Cursos de Pedagogia Universitária realizados em três edições na USP, entre 2006 e 2009, dos quais participaram cerca de 500 professores, o que corresponde a 10% do corpo docente da Universidade. Essa experiência é realçada no texto, pois nele a autora analisa a tessitura pedagógica da proposta do curso e expõe a metodologia de trabalho adotada, bem como explicita os três momentos da metodologia do trabalho realizado coletivamente: o de mobilização para o conhecimento, o de construção do conhecimento e o de elaboração da síntese do conhecimento.

O terceiro texto — "Formação pedagógica do professor universitário: reflexões a partir de uma experiência" — apresenta a construção coletiva elaborada pelos docentes da USP, integrantes da Comissão de Apoio Pedagógico (CAP), que centralizou a parte prática dos trabalhos destinados à formação continuada. Motivados por buscas pessoais e por compromissos institucionais, os autores descrevem o percurso transcorrido até a institucionalização da CAP na USP e discutem a especificidade da docência na Universidade. Destacam os aspectos político-organizacionais, a prática cotidiana da gestão do ensino, o processo ensino-aprendizagem como foco da atuação docente e o papel dos Grupos de Apoio Pedagógico (GAPs) na educação continuada de professores, e ressaltam a importância da constituição desses grupos no âmbito das Unidades de Ensino e Pesquisa para o fortalecimento da docência na USP.

O segundo eixo — "Buscas e impasses da universidade contemporânea" — é constituído por dois textos. No primeiro, intitulado "Direitos humanos na docência universitária", Aida Maria Monteiro Silva explicita que essa área só começa a ser introduzida de modo explícito na academia no início desse século, apesar do flagrante desrespeito aos direitos humanos que se praticou especialmente no século XX, com suas guerras e seu capitalismo que aprofundaram a violência, as desigualdades e as injustiças sociais. Reconhecendo que o debate sobre os direitos humanos são tardios na América Latina e especialmente no Brasil, a autora aponta que as lutas mais explícitas nessa direção ganham força na agenda nacional a partir dos movimentos sociais, especialmente os transcorridos nas décadas de 1960, 70 e 80 no bojo das lutas pelo restabelecimento da democracia. Para ela, nesse novo cenário, a educação precisa ser compreendida como um dos direitos inalienáveis do ser humano. Nessa nova ótica, Aida propõe que ela integre a agenda das políticas públicas, planos, processos e ações, o que se constitui num dos grandes desafios nessas próximas décadas. É nesse contexto que a autora argumenta, apoiada na LDB (1996), que

> a finalidade da educação universitária é a participação no processo de desenvolvimento, a partir da criação e difusão cultural, incentivo à pesquisa, colaboração na formação continuada de profissionais e divulgação de conhecimentos culturais, científicos e técnicos, o que supõe a inclusão da temática dos direitos humanos como contribuição nesse processo de desenvolvimento, compreendendo que não é possível assegurar a materialidade dos direitos sem a concretização de um desenvolvimento econômico, social e cultural capaz de garantir a dignidade da pessoa.

Nesse quadro, os docentes universitários exercem papel fundamental ao explicitar em suas ações de ensino, pesquisa e extensão seus vínculos com os direitos sociais.

No segundo texto, "Dilemas e tensões da atuação da universidade frente à formação de profissionais de desenvolvimento humano", João Formosinho nos traz um olhar europeu a respeito da atuação da universidade frente à formação de profissionais implicados diretamente com o cuidar da pessoa: os profissionais da área da saúde e bem-estar (enfermeiros, terapeutas, psicólogos, nutricionistas), do trabalho social (assistentes sociais/técnicos de serviço social, educadores sociais, agentes familiares), do trabalho comunitário (animadores comunitários, técnicos comunitários, técnicos de saúde comunitária, animadores culturais) e da educação (professores, educadores de infância, pedagogos, formadores, assistentes técnico-pedagógicos). Para ele, estas profissões de desenvolvimento humano recebem na universidade menor consideração em relação às profissões clássicas (médicos, juízes, advogados, engenheiros, economistas etc.). Aponta quatro elementos de sustentação dessa discriminação: a ideia de cuidar do outro; o caráter interativo e interpessoal que marca o desempenho profissional; a ambiguidade, a incerteza e o holismo inerentes ao desempenho profissional de quem trabalha com pessoas; e a inevitável margem de insucesso, já que mesmo um desempenho profissional competente não garante, por si, a saúde, a educação, o bem-estar etc. O autor denuncia o comportamento da universidade e de seus formadores frente ao quadro estabelecido e reivindica uma outra lógica profissionalizante desses profissionais, sustentada numa formação que trabalhe as competências de concepção e contextualização da ação profissional e com capacidade crítica, numa discriminação positiva e na produção de pesquisa sobre as novas profissões e as novas áreas de conhecimento.

"Encaminhamentos para a prática docente universitária" é o terceiro eixo deste livro, e conta com quatro textos. No primeiro deles, intitulado "Prática docente universitária e a construção coletiva de conhecimentos: possibilidades de transformações no processo ensino-aprendizagem," Maria Amélia Santoro Franco empreende uma busca por fundamentos para a prática docente universitária, pautada nos pressupostos teórico-práticos da pesquisa-ação, refletindo sobre alternativas para a construção coletiva de conhecimentos na prática cotidiana de professores e alunos universitários. A autora estrutura o capítulo a partir de três questões: "a pesquisa é um elemento inerente ao exercício da prática docente na universidade?; a pesquisa do professor universitário pode produzir transformações em sua prática docente?; como articular na prática docente universitária as ações de pesquisa e de ensino?". Para respondê-las, desenvolve uma argumentação detalhada a respeito das articulações entre ensino e pesquisa e convida os professores a fazerem de suas salas de aula espaço de pesquisa, que se organizaria como um espaço coletivo investigador. Aponta que a pesquisa-ação, quando trabalhada numa perspectiva formativa, permite a professores e alunos o desenvolvimento do questionamento crítico a respeito das próprias práticas de ensinar e aprender, bem como da capacidade de transformá-las.

José Carlos Libâneo, autor do texto "Conteúdos, formação de competências cognitivas e ensino com pesquisa: unindo ensino e modos de investigação", desenvolve seus argumentos com o apoio da teoria histórico-cultural, especialmente a teoria do ensino desenvolvimental de Davídov. Para Libâneo, o ensino deve promover o desenvolvimento das capacidades e habilidades de pensamento dos alunos. A abordagem pedagógico-didática de um conteúdo pressupõe sua abordagem epistemológica e também a consideração das características dos alunos e os contextos socioculturais e institucionais das aprendizagens. Assim, a especificidade da didática consiste em possibilitar a transformação das relações que o estudante mantém com o saber, ou seja, "para pensar e atuar com um determinado saber é necessário que o aluno se aproprie do processo histórico real da gênese e desenvolvimento desse saber", nas palavras do autor. Na atuação docente, isso se traduz em planos de ensino focados na proposição de ações mentais por meio dos conteúdos, em aulas expositivas preocupadas com a atividade mental dos alunos e em estratégias metodológicas participativas, especialmente o ensino baseado em problemas. Esses encaminhamentos condizem com a ideia de aprender pesquisando, quando então o estudante se apropria do conhecimento, desenvolve competências cognitivas e estabelece uma relação ativa com os conteúdos e com a realidade. Na parte final do texto, o autor sustenta que a pesquisa dá suporte ao ensino e constitui-se em elemento imprescindível para a iniciação científica do aluno.

No texto "As tecnologias virtuais e a prática docente na universidade", Vani Moreira Kenski inicia sua análise com uma crítica aos modos como os cursos virtuais estão estruturados, que se caracterizam pelo atendimento massivo, contam com o predomínio das aulas virtuais, com longas apresentações expositivas e descontextualizadas; são marcados pelo descompromisso de professores com o processo educacional em desenvolvimento e menos ainda com os alunos-ouvintes. Para a

PEDAGOGIA UNIVERSITÁRIA

autora, essas utilizações equivocadas do potencial das tecnologias para a ação pedagógica contribuem para o aumento do preconceito em relação às mesmas. A inexorável presença das tecnologias exige o reposicionamento da universidade e dos objetivos educacionais. Vani demonstra que, mais que nunca, a sociedade virtual exige o trabalho com conceitos estruturais ligados a valores, princípios, ética, sustentabilidade, autoconhecimento, convivência saudável e cidadania ativa. A necessária reorganização do trabalho educativo exige novas atitudes dos professores, que têm de lidar na escola básica e também na universidade com os jovens ambientados com o uso as tecnologias da informação. Seus argumentos encaminham-se para a defesa de novas referências para a formação dos professores, que precisam aprender a atuar em redes, a enfrentar diferentes realidades educacionais e a adequar suas estratégias de acordo com as necessidades dos alunos e os suportes tecnológicos que tenham à sua disposição. Finaliza o capítulo com o relato de uma experiência exitosa, desenvolvida por ela no curso de Pós-graduação em Educação na Faculdade de Educação da USP.

O último texto é da autoria de Terezinha Azerêdo Rios e se intitula "Ética na docência universitária: a caminho de uma universidade pedagógica?" A autora faz algumas considerações a respeito da identidade docente especialmente construída no espaço universitário, onde muitas vezes a docência é considerada como algo secundário frente às prioridades conquistadas pela pesquisa, o que traz marcas a esse processo identitário e faz com que pouca atenção seja dada à dimensão pedagógica do trabalho do docente, menosprezando, portanto, o caráter educativo da sua atuação. Caracteriza como sustentáculos do trabalho docente as dimensões técnica, estética, política e ética. Como assinalado no título do texto, sua reflexão se aprofunda a respeito do papel da dimensão ética, uma vez que são os seus princípios que permitem avaliar os critérios adotados na seleção de conteúdos e métodos, as relações com colegas e alunos, as escolhas que se faz. Por isso, a autora defende a ética como dimensão fundante do trabalho competente, já que é ela que sustenta o permanente exercício de se questionar a finalidade do trabalho educativo, sua significação, seu sentido. Embora na universidade a ética se faça bastante presente no campo das pesquisas, o mesmo não acontece no campo do ensino. Por isso, Rios explicita a sua contribuição enquanto potencializadora da constituição de uma nova universidade, marcadamente pedagógica, sustentada no compromisso com a construção de uma educação de boa qualidade.

O tema principal deste livro é a *pedagogia universitária* enquanto elemento constitutivo da atuação docente no ensino superior, que é aqui tratada por distintas óticas. Os autores que colaboraram com a sua realização — quer seja na fase dos Seminários de Pedagogia Universitária, quer seja respondendo ao pedido de ampliação/reorganização de seus artigos — abordam a educação superior como uma experiência em construção, na qual participam inúmeros sujeitos e instâncias institucionais. Colocam seus conhecimentos e experiências a serviço da reflexão crítica e criativa para fomentar a inovação do ensino e a qualidade da docência universitária, contribuindo para a consolidação do campo referente à formação do professorado do ensino superior, que tem se afirmado como imprescindível para a melhora qualitativa desse nível de ensino.

Esperamos com ele oferecer aos professores, às instituições de ensino superior, aos pesquisadores da área da formação e das práticas docentes no ensino superior e aos futuros professores em fase de formação, uma abordagem teórico-prática do que se chama atualmente de *pedagogia universitária*. O aprofundamento da reflexão sobre a necessária formação pedagógica de seus professores é parte do exercício permanente de se repensar as contribuições da universidade para com a constituição de uma sociedade, que seja mais justa e igualitária. Tarefa que está posta em nossas mãos.

Eixo 1

Pedagogia e Docência Universitária

A CONSTRUÇÃO DA PEDAGOGIA UNIVERSITÁRIA NO ÂMBITO DA UNIVERSIDADE DE SÃO PAULO

Maria Isabel de Almeida[1] • *Selma Garrido Pimenta*[2]

Introdução

Como decorrência da importância do ensino nos cursos de graduação e o frequente despreparo dos docentes para essa atividade, a formação de professores para o ensino superior vem ganhando relevância no cenário mundial. Pesquisas e experiências institucionais têm sido objeto de análise em congressos científicos. O presente texto traz contribuições ao debate a partir das intersecções de nossas pesquisas[3]

---

1. Professora Livre-docente da Faculdade de Educação da Universidade de São Paulo e do Programa de Pós-Graduação em Educação — FE-USP. Pesquisadora do GEPEFE — Grupo de Estudos e Pesquisas sobre Formação de Educador. Assessora da Pró-Reitoria de Graduação da USP (2006-2009). E-mail: <mialmei@usp.br>.

2. Professora Titular da Faculdade de Educação da Universidade de São Paulo — FE-USP. Pesquisadora do GEPEFE — Grupo de Estudos e Pesquisas sobre Formação de Educador — Programa de Pós-Graduação em Educação — FE-USP. Pró-Reitora de Graduação da USP (2006-2009). E-mail: <sgpiment@usp.br>.

3. Realizadas no âmbito do GEPEFE — FEUSP, Grupo de Estudos e Pesquisas sobre Formação de Educador, da Faculdade de Educação da Universidade de São Paulo, coordenado pelos Profs. Drs. José C. Fusari, Maria Isabel de Almeida e Selma Garrido Pimenta. Disponível em: <http://www2.fe.usp.br/~gepefe/>.

e da coordenação de uma experiência[4] realizada no âmbito de uma das mais importantes e complexas universidades públicas do país.[5] Seus objetivos são o de discutir como se forma o professor universitário para atuar concomitantemente nas atividades de investigação e produção do conhecimento e nas atividades de ensino. Para isso debate as compreensões conceituais, metodológicas e organizacionais da formação dos docentes universitários. Espera-se assim contribuir para o incremento de políticas institucionais de formação contínua capazes de superar os limites de ações isoladas como cursos, seminários, disciplinas de pós-graduação, palestras e estágios, que têm marcado a preparação desses professores.

Considerando que políticas para essa formação devam se enraizar nos contextos sociais, econômicos e culturais que envolvem e afetam a trajetória da universidade contemporânea, o texto discute também aspectos relativos às transformações da universidade e às características e novas demandas que os diversos perfis de estudantes colocam à formação do docente do ensino superior.

Trataremos, em síntese, dos aspectos que ajudam a explicar as razões da crescente importância da formação dos docentes universitários, na perspectiva de se produzir mudanças em suas práticas, e as repercussões dessa tendência na implementação de políticas institucionais focadas na valorização e qualificação do trabalho docente.

---

4. Refere-se à criação e desenvolvimento do Programa "Pedagogia Universitária", no âmbito da Pró-Reitora de Graduação da USP, no período de 2006 a 2009, enquanto Pró-Reitora (Selma G. Pimenta) e Assessora (Maria Isabel de Almeida).

5. A USP, criada em 1934, possui sete *campi* no estado de São Paulo: um na capital e os demais localizados nas cidades de Bauru, Lorena, Piracicaba, Pirassununga, Ribeirão Preto e São Carlos. Conta com cerca de 90 mil estudantes, sendo cerca de 60 mil em cursos de graduação e 30 mil em cursos de pós-graduação. Seu corpo docente é composto por 5.300 docentes e sua estrutura administrativa central é constituída pela Reitoria e pelas Pró-Reitorias de Graduação, Pós-Graduação, Pesquisa e Cultura e Extensão. Oferece em seus 236 cursos cerca de 10.500 vagas/ano em seu vestibular concorrido por cerca de 120 mil candidatos. Nos últimos três anos foi classificada como a melhor do país e da América Latina e dentre as cem melhores universidades de pesquisa nos vários indicadores internacionais.

É preciso valorizar o ensino de graduação na universidade

A universidade é uma instituição educativa cuja finalidade é o permanente exercício da crítica, que se sustenta na pesquisa, no ensino e na extensão. Ou seja, na produção do conhecimento a partir da problematização dos conhecimentos historicamente produzidos e de seus resultados na construção da sociedade humana e das novas demandas e desafios que esta coloca. Estes, por sua vez, são produzidos e identificados inclusive nas análises que se realizam no próprio processo de ensinar, na experimentação e na análise dos projetos de extensão, por meio das relações que são estabelecidas entre os sujeitos e os objetos de conhecimento.

Como afirma Edgar Morin (2000, p. 15),

> a universidade conserva, memoriza, integra e ritualiza uma herança cultural de saberes, ideias e valores que acaba por ter um efeito regenerador, porque a universidade se incumbe de reexaminá-la, atualizá-la e transmiti-la [ao mesmo tempo em que] gera saberes, ideias e valores que, posteriormente, farão parte dessa mesma herança. Por isso, a universidade é conservadora, regeneradora e geradora.

Tem, pois, uma função transecular, que vai do passado ao futuro por intermédio da crítica ao presente, com vistas a humanizar a sociedade. Portanto, o sentido da educação é o de possibilitar que todos os seres humanos tenham as condições de serem partícipes e desfrutadores dos avanços da civilização historicamente construída, e responsáveis pela criação de propostas criadoras visando à superação dos danos causados por essa mesma civilização.

Destacando a educação como *práxis fecundada pela significação simbólica, resultante da atuação subjetiva,* Severino (2001) afirma que, ao consolidar a condição humana, a educação contribui para a integração dos sujeitos no universo do trabalho, da sociabilidade e dos símbolos, sendo, pois, atravessada por uma intencionalidade teórica que simultaneamente é prática, técnica, política e ética. *Técnica,* quando o conhecimento é saber competente para um fazer eficiente, contextualizado e científico. Essa qualificação técnica do aprendiz concretiza-se na formação profissional universitária, indo além do mero treinamento, superando a simples eficácia e a submissão à lógica opressiva do mercado de trabalho. *Política*, pois tem a ver com as relações de poder que permeiam a sociedade, advindo daí a importância de processos educacionais que possibilitem a construção com os estudantes de uma cidadania que supere o treinamento para a submissão, a subserviência e para as diferentes formas de dominação operantes na sociedade. *Ética*, pois a clareza na opção por conceitos e valores é referência básica para a intencionalidade do agir humano, uma vez que a *ética, enquanto área de investigação da filosofia, explica nossa sensibilidade moral e mostra seus fundamentos*. Assim, conforme o autor, também no campo epistêmico, estético e ético ocorrem processos de alienação, uma vez que há a possibilidade de manipulação das sensibilidades subjetivas.

Na sociedade contemporânea, o ensino de graduação encontra-se fortemente submetido à lógica do mercado e do consumo, configurando o que alguns autores denominam um processo *fast-foodização* da universidade (Boxus, Debry, Leclercq, 1998), cujas características são: uma imensa usina de produção onde os estudantes são considerados apenas como elos do sistema no qual a aprendizagem é rápida e ligeira, exigindo apenas o suficiente para se obter créditos e diplomas. O percurso formativo é como um supermercado no qual as disciplinas estão dispostas em gôndolas, à escolha do estudante, e disponibilizadas conforme a decisão individual dos docentes ou departamentos. A carreira acadêmica destes (publicar muito e o mais rápido possível) tem primazia em relação à formação dos estudantes; e as culturas da academia e dos jovens ficam separadas por um fosso intransponível.

Na contramão dessa perspectiva entendemos que é preciso se criar uma nova cultura acadêmica nos cursos de graduação na universidade, que considere o direito do acesso a uma *formação* que garanta aos estudantes o desenvolvimento de uma postura frente ao saber, que supere a especialização estreita, problematize as informações e garanta a sua formação como cidadão e profissional cientista compromissado com a aplicação do conhecimento em prol da melhoria da qualidade de vida de toda a sociedade; que possibilite o desenvolvimento do *pensamento autônomo*, substituindo a simples transmissão do conhecimento pelo

PEDAGOGIA UNIVERSITÁRIA

engajamento dos estudantes num processo que lhes permita *interrogar o conhecimento elaborado, pensar e pensar criticamente;* que enseje a *resolução de problemas, estimule a discussão,* desenvolva *metodologias de busca* e de construção de conhecimentos (ensinar com pesquisa); que *confronte os conhecimentos* elaborados e as pesquisas com a realidade; *mobilize visões inter e transdisciplinares* sobre os fenômenos e aponte e possibilite a *solução de problemas sociais* (ensinar com extensão). E uma nova cultura acadêmica que valorize o trabalho dos docentes na graduação.

O ensino na universidade, por sua vez, constitui um processo de busca e construção científica e de crítica ao conhecimento produzido, ou seja, de seu papel na construção da sociedade. Nesse sentido, marcam-no algumas características (cf. PIMENTA; ANASTASIOU, 2002): a) propiciar o domínio de conhecimentos, métodos e técnicas científicos, assegurando o domínio científico e profissional do campo específico, e que sejam ensinados criticamente (isto é, em seus nexos com a produção social e histórica da sociedade); b) considerar a interdisciplinaridade como possibilidade de superação de uma visão e formação fragmentadas; c) desenvolver a capacidade de reflexão que conduza à autonomia do aluno na busca de conhecimentos; d) considerar o ensinar como atividade integrada à de investigar; e) desenvolver habilidades de pesquisa que se integrem aos cursos e aos processos formativos, superando uma iniciação científica que, por vezes, isola o estudante do curso e se fixa nos laboratórios dos professores; f) substituir o ensino limitado à transmissão de conteúdos, por um ensino que se constitua em processo de investigação, análise, compreensão e interpretação dos conhecimentos e de seus fundamentos e métodos em seus aspectos epistemológicos, históricos, sociais, culturais, éticos e políticos; g) valorizar a avaliação diagnóstica e compreensiva da atividade pedagógica mais do que a avaliação como controle; h) conhecer o universo cultural e de conhecimentos dos alunos e, a partir deles, desenvolver processos de ensino e aprendizagem interativos e participativos.

Essas características do ensinar na universidade exigem uma ação docente diferenciada da tradicionalmente praticada. Na docência, como profissional que realiza um serviço à sociedade, o professor universitário precisa atuar de forma reflexiva, crítica e competente no âmbito de sua disciplina, explicitando seu sentido, seu significado e sua contribuição no percurso formativo dos estudantes e no projeto político-pedagógico dos cursos, coletivamente definido e vivenciado no cotidiano do ensino e da pesquisa. Projeto esse que é estabelecido a partir do diálogo com o Projeto Político-Pedagógico Institucional, a partir da identidade de cada curso, considerando as demandas da sociedade contemporânea em geral e no contexto do campo de ação próprio das áreas de saber envolvidas. Nesse sentido é oportuna a contribuição do For-Grad (2003):

> Como todo saber e todo exercício profissional ocorrem em situações sócio-humanas concretas e, particularmente no caso brasileiro, requerem mudanças profundas, todo Projeto [Político] Pedagógico deve pautar-se em uma visão de mundo cultivada com racionalidade ética. Esta visão de mundo constitui-se em horizonte daquilo que se "pro-jeta" e ponto de referência de todas as ações e decisões do curso.

Marco teórico conceitual da formação docente

Como fazer frente aos novos desafios, trazidos pelas mudanças sociais, ao trabalho de formação dos estudantes universitários, levando em conta que a atuação dos professores precisa necessariamente resultar da convergência e articulação equilibrada entre as dimensões científica, investigativa e pedagógica? Tendo em vista essa questão, discutiremos os contextos e as compreensões conceituais, metodológicas e organizacionais da formação dos professores universitários como pressupostos para a proposição de políticas e programas institucionais de formação de docentes no ensino superior.

A literatura sobre o tema[6] discute a característica que identifica o professor desse nível de ensino como aquele que domina o conheci-

---

6. Dentre os vários autores que tratam das circunstâncias formativas do docente universitário, destacamos: Benedito (1995); Cunha (1998, 2006b); Leite (1999); Veiga e Castanho (2000); Pimenta e Anastasiou (2002); Zabalza (2004); Araújo (2005).

mento específico de sua área ou disciplina, mas que não necessariamente sabe ensinar. O que, em geral, nunca lhe foi exigido que soubesse. Nem mesmo no plano das políticas educacionais; quando muito se aponta tímida e genericamente que devem ser preparados para ensinar, quando assumem a atividade de professor. Reside aí um paradoxo em relação ao professor da escola básica, de quem é exigida a comprovação de inúmeras horas dedicadas a aprendizados didáticos, avaliativos e organizacionais do ensino. Mais paradoxal ainda é o fato de que do formador de professores para a escola básica nas licenciaturas de nível superior, bem como dos profissionais para as demais áreas, não é exigida a competência acadêmica para ensinar.[7]

A preparação de docentes para a vida acadêmica, como especialista em uma área específica do conhecimento, ocorre normalmente em programas de pós-graduação *stricto sensu,* onde o futuro docente desenvolve os conhecimentos teóricos e instrumentais da atividade de pesquisa e consolida as apropriações referentes ao seu campo científico de atuação. Desenvolve-se nesses programas a preparação profissional voltada para as atividades de pesquisa e de produção do conhecimento, que se complementam com a etapa da divulgação dos resultados em eventos e em publicações e conferem visibilidade e *status* ao pesquisador. Outras atividades, também de grande importância acadêmica, como a orientação de outros pesquisadores ou aquelas voltadas para a aferição da qualidade das pesquisas realizadas pelos pares, como bancas ou pareceres, são entendidas como decorrentes das competências do pesquisador. Esse é, em linhas gerais, o quadro já identificado por vários autores.

Dessas circunstâncias de formação descritas decorre séria evidência, sintetizada por Cunha (2006a, p. 258): *a formação do professor universitário tem sido entendida, por força da tradição e ratificada pela legislação, como atinente quase que exclusivamente aos saberes do conteúdo de ensino,* colocando o ensino como uma decorrência das demais atividades. O

---

7. Ainda mais paradoxal é o fato de que nos concursos de ingresso nas instituições de ensino superior públicas consta a exigência de uma "prova didática", que raramente examina devidamente a competência didática para o ensino nos cursos de graduação.

que se constata então é que o professor universitário não tem uma formação voltada para os processos de ensino e aprendizagem, pelos quais é responsável quando inicia sua vida acadêmica. Os elementos constitutivos de sua atuação docente, como relação da disciplina com o projeto do curso, planejamento, organização da aula, metodologias e estratégias didáticas, avaliação, peculiaridades da interação professor-aluno, lhes são desconhecidos.

Assim, predomina dentre os professores universitários brasileiros um despreparo e até um desconhecimento científico do que seja o processo de ensino e de aprendizagem, pelo qual serão responsáveis a partir do instante em que ingressam no departamento e na sala de aula. O panorama internacional não é diferente, como aponta a literatura. Considerando os problemas que esse desconhecimento acarreta na formação dos estudantes de graduação, observa-se nos dois casos um crescimento da preocupação com a formação e o desenvolvimento profissional de professores universitários e com as inovações no campo da atuação didática.

O conjunto de ações que caracteriza a docência universitária pressupõe elementos de várias naturezas, o que coloca aos sujeitos por ela responsáveis um rol de demandas, contribuindo para configurá-la como um campo complexo de ação. Diversos estudiosos[8] apontam o que consideramos três dimensões da formação docente: *a dimensão profissional*, onde se aninham os elementos definidores da atuação, como a incessante construção da identidade profissional, as bases da formação (inicial ou contínua), as exigências profissionais a serem cumpridas; *a dimensão pessoal*, onde há que se desenvolver as relações de envolvimento e os compromissos com a docência, bem como a compreensão das circunstâncias de realização do trabalho e dos fenômenos que afetam os envolvidos com a profissão e os mecanismos para se lidar com eles ao longo da carreira; *a dimensão organizacional*, onde

---

8. São inúmeros os autores que tratam das múltiplas dimensões da atuação docente, dos quais destacamos Nóvoa (1991); Benedito (1995); Cunha (1998); Pimenta e Anastasiou (2002); Zabalza (2004).

são estabelecidos as condições de viabilização do trabalho e os padrões a serem atingidos na atuação profissional.

Esse movimento configura o que se pode denominar de *concepção ecológica* da formação docente, que sustenta a necessidade de se formar um professor capaz de desenvolver uma cultura profissional que lhe assegure a possibilidade de ser, individual e coletivamente, um agente de mudança que dê conta de enfrentar situações problemáticas contextualizadas, em meio às quais ele saiba não só o que fazer e como fazer, mas também por que e para que fazê-lo.

Um outro olhar sobre esses mesmos pressupostos reconhece que a formação do professor deve estar aninhada numa perspectiva de desenvolvimento profissional, que tem então na formação inicial o princípio de um processo contínuo no qual a profissão se desenvolve por meio de descobertas individuais e coletivas, que se sedimentam e se re-constroem apoiadas em rigorosa reflexão sobre a prática, mediada pela teoria, o que permite a reconstrução da experiência na perspectiva do aprimoramento da atuação futura. Portanto, a interação com o contexto de atuação constitui elemento essencial ao processo de formação ao longo da carreira docente.

Como a qualidade da formação propiciada aos estudantes é elemento que confere reconhecimento institucional, entendemos que para viabilizá-la enquanto fruto da ação coletiva de seus docentes a formação se constitui em elemento de valorização do trabalho docente e pressupõe que os professores sejam capazes de considerar, numa perspectiva crítica, os contextos histórico, social, cultural e organizacional onde realizam suas práticas.

Assim, com base em estudos da área (PIMENTA, 2002; BREZINSKI, 2002; ALARCÃO, 1996, 1998; ANASTASIOU, 2000; BENEDITO, 1995; MASETTO, 2004; ZABALZA, 2004; FIORENTINI, 1998), entendemos que o ensino é uma atividade que requer conhecimentos específicos, consolidados por meio de formação voltada especialmente para esse fim, bem como atualização constante das abordagens dos conteúdos e das novas maneiras didáticas de ensiná-los. A mediação da prática coloca-se como indispensável, porém, em estreita articulação com a teoria e ancorada na reflexão, enquanto processo que busca atribuir sentido àquilo que se pratica.

As novas demandas postas à formação de futuros profissionais trazem como decorrência a necessidade de se processar profunda renovação no contexto da sala de aula e nas metodologias de ensino universitário, o que coloca implicações novas para os docentes em seu trabalho formativo. Considerando que os enfoques didáticos clássicos, centrados na aula e na atuação do professor, têm que ceder espaço a modos de ensino centrados em atividades a serem exercidas pelos estudantes de maneira autônoma, configurar novos modos de planejar e executar o processo de ensino-aprendizagem constitui-se na demanda central da formação nesse novo contexto. Trata-se, portanto, de propiciar condições formativas para que se desenvolva uma mudança de paradigma orientador desse processo, o que requer reorientação nos objetivos, na metodologia docente, nas estratégias de ensino-aprendizagem, nos sistemas de avaliação, na organização dos recursos e espaços de trabalho. Para tanto, há que se redesenhar novos planos de estudos, o que requer novas capacidades dos docentes, de modo a favorecer o desenvolvimento de outras dimensões na formação dos alunos. Trata-se, portanto, da necessidade de constituição de um novo paradigma de docência universitária.

Feixas (2004, p. 33) considera que aspectos institucionais capazes de promover a colaboração entre pares, o apoio departamental e atividades de formação são essenciais para que os professores possam mudar suas concepções, de modo a superar a ideia de que ensinar não se baseia fundamentalmente na transmissão do conhecimento, mas que supõe conseguir que o estudante desenvolva e transforme suas próprias ideias a respeito da disciplina em pauta e sua relação com o conhecimento, o campo profissional e a sociedade. Em análise a respeito das universidades espanholas, a autora afirma que a formação dos docentes está presente hoje em todas elas e que estes aderem às atividades de formação de modo voluntário, fator que favorece o aperfeiçoamento da ação docente. Encontramos aí aproximações com o quadro brasileiro, já que o desafio das instituições universitárias é chegar à massa de professores que não sente necessidade de se aperfeiçoar profissionalmente para a ação de ensinar.

A formação dos docentes do ensino superior é um campo das políticas institucionais que requer atenção especial. Nogueira (apud FEIXAS, 2004, p. 41) pontua sua enorme importância:

> Tanto a formação pedagógica inicial como o desenvolvimento profissional do professorado universitário requer uma política global da universidade que dignifique e valorize as funções docentes como fundamentais para se alcançar a "excelência". Só quando se gera um clima no qual a alta qualificação na docência seja um indicador mais valorizado que os resultados de uma pesquisa ou o custo, às vezes desproporcional, de aparatos de infraestrutura, será possível estimular a autorreflexão sobre o fazer docente e a implicação dos professores da educação superior em programas de formação pedagógica.

É importante destacar que uma política de qualidade para o desenvolvimento profissional docente precisa levar em conta as necessidades pessoais e coletivas dos professores e estar focada nos coletivos específicos como os professores jovens ou os que estejam em etapas mais adiantadas da carreira, coordenadores de cursos, responsáveis pelo ensino de graduação, chefes ou dirigentes. Fundamental também é a existência de diretrizes políticas que articulem a promoção na carreira com os esforços empreendidos para a melhora da docência e o desenvolvimento da inovação no ensino. Ou seja, a política de avaliação do professorado precisa estar em estreita articulação com a política de formação docente e ambas estarem voltadas para a valorização e a estabilidade profissional.

Para finalizar essas considerações a respeito da formação do docente universitário, valemo-nos das recomendações de Fernández (1999), ao propor alguns indicadores para a organização de uma política de formação docente institucional:

- compromisso das instituições universitárias para criar as condições que tornem possível esse processo;
- determinação em caminhar rumo a uma cultura de colaboração;

- concepção de formação ligada à prática docente e que compreenda a inovação e a formação como elementos complementares da organização da política formativa;
- apostar em ações que tenham relação com a qualidade da docência, potencializando e gerando interesses pela melhora do ensino;
- gerar os elementos condicionantes capazes de integrar em uma mesma política as atuações sobre avaliação, desenvolvimento profissional e inovação.

Com isso argumentamos em favor de uma real valorização do empenho na formulação de políticas institucionais de formação, estáveis e permanentes, voltadas para o aprimoramento da atividade de ensinar, pois isso se constitui em elemento essencial para assegurar a qualidade do trabalho da universidade contemporânea.

Uma experiência de valorização da docência no ensino superior: desafios e contribuições

Como e em quais circunstâncias os processos de formação relativos ao "ser professor" e ao "saber ser professor" no interior de uma universidade complexa podem ser desenvolvidos e potencializados?

Na busca de responder a essa questão, e de modo particularizado, trazemos neste item uma análise de nossa experiência de constituição de política de valorização e formação dos docentes em ambiente de uma universidade complexa.[9]

Dentre as diretrizes que definimos para o ensino de graduação,[10] merece destaque a de *Valorização da graduação no que se refere à qualida-*

---

9. Trata-se da Política de Valorização e de Formação dos Docentes da Universidade de São Paulo, definida no âmbito de nossa gestão na Pró-Reitoria de Graduação, no período de 2006 a 2009.

10. O programa da Pró-Reitora de Graduação, professora Selma Garrido Pimenta, para o ensino de graduação na Universidade de São Paulo no período 2006/2009 centra-se em 4 eixos:

de formativa dos discentes e às condições da docência, traduzidas nos seguintes eixos programáticos: a) apoiar propostas e programas para experimentação de novas formas de organização curricular, novos modos de ensino na universidade; de organização departamental e não departamental; novos modelos pedagógicos para o ensino noturno, para ensino presencial e não presencial, com apoio às relações midiáticas professor/aluno/turmas; b) apoiar o desenvolvimento profissional e acadêmico de docentes; c) apoiar a implementação dos GAPs (Grupos de Apoio Pedagógico). Esses eixos expressam o compromisso da Universidade com a necessidade de encontrar estratégias capazes de promover mudanças e melhoras na qualidade da docência e do ensino de graduação.

A formulação de linhas de ação com vistas a esses objetivos buscou oferecer condições para que se superasse a fragmentação das múltiplas atividades presentes na vida profissional dos docentes, intensificada nos últimos anos de modo exacerbado, com predomínio daquelas voltadas para a pesquisa em detrimento das centradas no ensino, o que estimula a desvalorização do empenho e do tempo a ele dedicado. Também se buscou constituir, dentre os docentes em formação, uma base político-pedagógica capaz de permitir redirecionamentos no trato com os conhecimentos científicos, nos modos organizativos do currículo e das abordagens de ensino, nas relações interativas com os estudantes e nas formulações das ações institucionais. Para tanto, o ponto de partida foi centrado no estudo crítico dos problemas acadêmicos e na busca dos referenciais teóricos e metodológicos que permitissem a elaboração de respostas centradas no desenvolvimento dos professores, com vistas a uma educação e a um ensino emancipatórios.

As ações visavam não apenas a um domínio de conhecimentos básicos para o manejo em sala de aula, expectativa primeira dos docentes, mas que compreendessem a docência de cada um como expres-

---

1) Valorização da graduação no que se refere à qualidade formativa dos discentes e às condições da docência; 2) Inclusão social; 3) Política de ampliação de vagas; 4) Educação a distância. Em razão do objeto aqui em análise, nossas atenções centrar-se-ão no primeiro eixo.

são de compromissos científicos, éticos e políticos do ensino de graduação em uma universidade pública.

Diversos caminhos institucionais foram explorados com vistas a avançar na valorização do ensino de graduação e das condições da docência.

Um primeiro refere-se à formulação de indicadores para a avaliação do trabalho docente encaminhados à Comissão Especial de Regime de Trabalho (CERT), órgão responsável pela avaliação institucional da atuação docente na Universidade de São Paulo nos âmbitos do ensino, da pesquisa e da extensão. Diante da evidência de que critérios externos de avaliação, hoje com abrangência mundial, e impetrados entre nós pelas agências de fomento, foram sendo incorporados pela USP de modo gradativo, as atividades de ensino na graduação foram perdendo importância frente às ligadas à pesquisa. Esse fato vinha impondo a quase total desconsideração dessas atividades nos órgãos internos, configurando a desvalorização da própria docência. Gibbs (2004, p. 16-7) diagnostica muito bem esse movimento e suas consequências:

> Cada hora adicional de esforço que um professor dedica à docência provavelmente reduz uma hora de esforço que dedicaria à pesquisa e isso prejudica suas expectativas de carreira e sua remuneração a longo prazo. Existe uma quase perfeita correlação negativa entre as horas de docência e o salário. Os sistemas de reconhecimento e recompensa habitualmente desanimam os professores de levarem a sério a docência.

Com a identificação desse procedimento e de suas decorrências negativas, abriu-se um processo de discussão nas unidades da Universidade que resultou na proposição de dezenove novos itens que foram, em grande parte, incorporados pela comissão avaliadora. Com isso foi possível requalificar os critérios de avaliação das atividades de ensino no âmbito da vida acadêmica, dando-se maior destaque às ações destinadas à docência no contexto da carreira docente.

Um segundo caminho bastante significativo para a valorização do ensino de graduação foi a criação do Programa Ensinar com Pesquisa, que disponibilizou 800 bolsas de estudos a alunos de graduação interessados em desenvolver pesquisas relativas aos processos de ensino do seu curso, com orientação direta de um docente responsável. Constituído com os recursos orçamentários da Universidade, o programa teve como intenção primeira fomentar a aproximação entre as práticas de ensinar e a pesquisa *no* e *sobre* o ensino. Teoricamente o programa se sustenta no pressuposto de que o ensino e a aprendizagem na graduação, que tomam a pesquisa como parte de seus elementos constitutivos, resultam em formação de qualidade científica e social.

Um terceiro caminho foi a criação articulada do Curso de Pedagogia Universitária e dos Seminários de Pedagogia Universitária, ambos tendo por característica a adesão espontânea dos docentes da USP.[11] Voltado à formação pedagógica, o Curso de Pedagogia Universitária teve duração anual e carga de 240 horas, e se configurou como de especialização. Os Seminários de Pedagogia Universitária, realizados mensalmente e com a participação de pesquisadores renomados do Brasil, Espanha, Argentina e Portugal, abordaram temas relativos à análise do contexto sociocultural no qual a universidade está envolvida, aos conhecimentos pedagógicos pertinentes ao ensino, às condições institucionais e de trabalho que permeiam o fazer docente, além de oferecer uma visão de como a questão da docência universitária tem merecido destaque nesses países e, em especial, no contexto europeu.[12]

Com essas iniciativas configurando uma política articulada de valorização da docência, a Pró-Reitoria de Graduação teve por meta superar as ações pontuais — simpósios, seminários, palestras ou oficinas — presentes na cultura institucional e que, sem dúvida, são iniciativas para melhorar a qualidade da docência, porém marcadas

---

11. No período 2007 a 2009, o Curso contou com cerca de 500 docentes, aproximadamente 10% do total da Universidade.

12. Os *Cadernos de Pedagogia Universitária*, com os textos produzidos pelos convidados, foram disponibilizados em forma escrita aos participantes e *on-line* a todos os docentes da Universidade e demais interessados. Os seminários foram realizados ao vivo no *campus* da capital e por videoconferência aos *campi* do interior, sendo também possível em alguns momentos a transmissão ao vivo pela USPTV. Esses textos, acrescidos com textos de participantes do Curso, compõem o presente livro.

por abordagens fragmentadas e descontínuas e com foco nos docentes e seu ensino de modo individual, conforme aponta Gibbs (2004).

Com as pressões e demandas postas às universidades decorrentes das transformações socioeconômicas das últimas décadas, foi se tornando evidente que é preciso ir além das ações pontuais, que promovem mudanças modestas e localizadas, para que as possíveis respostas ou propostas pedagógicas possuam profundidade e abrangência compatíveis com o novo quadro instalado nos mais diferentes cursos.

A política então empreendida possibilitou a abertura de caminhos institucionais de formação docente com caráter mais duradouro e contínuo no âmbito da Universidade de São Paulo, apontados no item a seguir.

Alguns resultados da experiência na instituição[13]

Entendendo que as mudanças nas culturas institucionais e, em especial, em culturas tradicionais e fortemente arraigadas como o caso da USP, mas entendendo também que alterações são possíveis a médio e longo prazo, desde que as ações sejam enraizadas no solo revolvido do presente, a preocupação dessa política de valorização docente foi a de se situar em relação ao que já existia com vistas a potencializar os caminhos já trilhados, além de instituir os novos programas. No primeiro caso destacam-se as ações dos Grupos de Apoio Pedagógico (GAPs), criados em 2004 por docentes interessados e voluntariamente organizados em diversas faculdades e institutos, com o objetivo de oferecer apoio pedagógico às atividades docentes. A partir desses GAPs locais foi constituído o GAP Central, no âmbito da Pró-Reitoria de Graduação, composto por um representante de cada GAP local, com a função de organizar ações mais amplas e suportadas institucionalmente no cenário da Universidade.

---

13. Neste texto apontaremos as mudanças provocadas no âmbito macroinstitucional. As mudanças no âmbito dos cursos e das práticas docentes estão sendo objeto de pesquisas ainda em desenvolvimento.

As ações dos GAPs, tanto locais como centrais, ofereceram, quando do início da nossa gestão, as referências para a proposição de um plano de atuação nos marcos da pedagogia universitária. Redirecionamos a estrutura, destinando ao GAP Central a coordenação dos Cursos de Pedagogia Universitária,[14] disponibilizando recursos e pessoal de apoio e para a contratação de professora[15] especializada em processos formativos de docente do ensino superior e com experiência reconhecida e valorizada nacionalmente.

Em meio às mudanças de grande porte,[16] o que se pretendeu foi fortalecer uma concepção mais dinâmica de desenvolvimento acadêmico, em que as respostas para elevar o patamar qualitativo da formação dos estudantes passassem a ser discutidas e propostas no âmbito das unidades por todos que participam dos cursos. Investiu-se então na constituição e no fortalecimento das bases pedagógicas dos docentes participantes para que fossem ampliadas suas possibilidades de análise dos problemas acadêmicos, bem como para que pudessem propor respostas capazes de reconfigurar o quadro institucional no ensino de graduação.

As turmas de 2007 foram constituídas no *campus* de São Paulo de modo interdisciplinar, com a intenção de se promover a interação, as trocas de experiências, os cruzamentos dos distintos olhares a respeito de como ensinar e como aprender na universidade e também de como organizar os espaços para tanto. Os participantes foram agrupados em duas turmas distintas: uma constituída por docentes que

---

14. Compunham o GAP Central a Profa. Dra. Yassuko Iamamoto, da área de Ensino de Química, e sua presidente, e doze outros docentes oriundos dos GAPs locais, que assumiram a coordenação dos Cursos de Pedagogia Universitária, com a supervisão da Profa. Dra. Maria de Isabel de Almeida, da FE-USP, Assessora da Pró-Reitora de Graduação.

15. Profa. Dra. Léa das Graças Camargos Anastasiou, aposentada da UFPr, que assumiu a responsabilidade organizacional e pedagógica do curso.

16. De modo articulado com a política de ampliação de vagas, a USP criou em 2006 o Programa Inclusp (Programa de Inclusão Social da USP), com o objetivo de implementar uma maior democratização do acesso dos segmentos menos favorecidos da sociedade a seus cursos. Considerando que a maioria dos jovens pertencentes a esses segmentos realiza a formação básica na escola pública, o Inclusp baseia-se em ações de apoio voltadas para o aluno do Ensino Médio da escola pública, antes, durante e após o processo seletivo para ingresso na Universidade.

exerciam atividades de coordenação pedagógica dos cursos de graduação, e a outra, por docentes que promoviam ações de formação para outros docentes em suas unidades e participavam dos GAPs locais.

Em 2008 outras três turmas foram constituídas com os mesmos objetivos. Duas no *campus* de São Paulo, dessa vez atendendo numa turma aos coordenadores e organizadores dos cursos de graduação e em outra aos docentes sem qualquer distinção de responsabilidade ou inserção na Universidade. Uma terceira foi constituída no *campus* de Ribeirão Preto com a intenção de se atender aos docentes dos *campi* do interior, que têm maiores dificuldades para se locomover até a capital.

Em 2009 foram novamente constituídas três turmas, sendo duas na capital e uma no *campus* de Ribeirão Preto.

Os cursos tiveram como foco central "estimular o desenvolvimento de intervenções no cotidiano visando efetivar o papel da pedagogia no ensino superior e compreender, renovar e valorizar o seu lugar nas práticas de coordenação pedagógica e de atuação docente nos contextos institucionais, a partir de diagnóstico efetivado com os grupos de trabalho".[17]

As análises teóricas que vêm sendo construídas no campo da docência no ensino superior apontam que raramente se exigiu dos docentes que aprendessem a ensinar, e menos ainda, acrescentamos, que obtivessem referências para aprender a lidar com os processos pedagógicos e organizacionais mais amplos do ensino superior. Apesar de contar em sua estrutura acadêmica com um sistema de coordenação de cursos, na USP nunca se exigiu destes uma formação que resultasse em compromissos e competências para promoverem ações formativas com seus pares.

Os temas e as abordagens adotadas foram escolhidos com a expectativa de superar esse quadro crônico de ausência de formação para o ensino na universidade. De modo geral foram os seguintes: conhecer a constituição histórica da universidade com vistas a compreender

---

17. As referências aos objetivos, foco e diretrizes do curso constam no "Programa do Curso de Pedagogia Universitária — 2007/2008/2009" (Mimeo.).

seus determinantes nas formas de organização curricular e de atuação docente; fundamentos legais (a LDBEN/9394/96, em especial), com destaque para as diretrizes curriculares; fundamentos teóricos de Projeto Político-Pedagógico e análise dos projetos em curso na USP; concepções de ensino e aprendizagem e análise das praticadas na instituição; trabalho coletivo e construção de novos modelos de organização curricular com perspectivas interdisciplinares, superando a concepção fragmentária de grade de disciplinas; identidade docente e profissionalização docente; concepções de ciência, de saber, de didática e de saber escolar; conteúdo-forma (método) nos processos de ensino; ensino com pesquisa e pesquisa no ensino; critérios para seleção e organização dos conhecimentos a serem desenvolvidos; gestão do conhecimento e da informação na relação teoria-prática; finalidades do curso e do ensino; avaliação; construção de ambientes de aprendizagem nos cursos; efetivação do contrato didático entre docentes e discentes; ensino e autonomia discente; atuação profissional, dentre outros.

Embora os conteúdos propostos para as turmas fossem os mesmos, as abordagens tiveram enfoques distintos. Com as turmas de coordenadores de curso, os aspectos relativos à dimensão coletiva do trabalho de ensino na universidade foram tratados com maior ênfase, pois a intenção era desenvolver as capacidades de descrever, analisar e compreender as realidades dos diferentes cursos que lhes cabem coordenar, de modo a desenvolver competências para tratar da elaboração e/ou revisão do projeto pedagógico de curso, da articulação disciplinar das ações integradoras, da avaliação do curso enquanto construção coletiva. Com as turmas dos integrantes dos GAPs e nas compostas por docentes interessados nas questões de ensino, as abordagem centraram-se mais na atuação pedagógica conjunta e coletiva, na identificação dos elementos constitutivos dos processos de ensino e de aprendizagem, na contextualização das práticas, nas abordagens favorecedoras do desenvolvimento da autonomia dos estudantes, da construção da identidade docente e dos processos de profissionalização.

Do ponto de vista metodológico, buscou-se trabalhar a partir das concepções prévias dos participantes, por se entender que com os embates coletivos e com as análises das práticas feitas a partir de novas teorias pode-se chegar à superação das crenças anteriormente estabelecidas e à construção de novos referenciais teórico-práticos. Estratégias de estudo e discussão de textos, vídeos, relatos e análise de experiências no ensino de graduação, construção de novas propostas, atividades individuais e grupais de sínteses, resumos, resenhas, organização de quadros comparativos, esquemas, mapas conceituais, entre outras, compuseram as atividades dos participantes.

Um dos resultados dessa política de formação na USP foi o apoio aos docentes na produção de artigos e *paper* publicados e apresentados em eventos nacionais e internacionais classificados como de referência pelas agências de fomento, com foco nos aspectos relativos aos processos de organização e desenvolvimento do ensino e da aprendizagem.

Além dessa valorização pessoal/profissional dos docentes participantes, um outro importante resultado foi a contribuição institucional dos docentes coordenadores e dos membros dos GAPs ao novo Regimento da Graduação, que à época encontrava-se em elaboração.[18] Os coordenadores de cursos da USP, que participaram das atividades de Pedagogia Universitária em 2007, redigiram as partes referentes às competências das Comissões Coordenadoras de Curso — CoCs[19] e a

---

18. Discutido num processo participativo durante toda a gestão, o novo Regimento foi aprovado no Conselho de Graduação e nas instâncias superiores em outubro de 2009 e aguarda análise e aprovação final no Conselho Universitário.

19. Síntese redigida como segue: Art. 45: São atribuições da CoC, em consonância com as diretrizes estabelecidas pela CG à qual está vinculada: I — coordenar a implementação e a avaliação do projeto político-pedagógico do curso, considerando a Lei de Diretrizes e Bases da Educação Nacional, as Diretrizes Curriculares vigentes e, no caso de cursos de licenciatura, o Programa de Formação de Professores da USP; II — encaminhar propostas de reestruturação do projeto político-pedagógico e da respectiva estrutura curricular (disciplinas, módulos ou eixos temáticos) à CG da Unidade à qual o curso ou habilitação está vinculado (...); III — coordenar o planejamento, a execução e a avaliação dos programas de ensino/aprendizagem das disciplinas, módulos ou eixos temáticos; (...); V — analisar a pertinência do conteúdo programático e da carga horária de disciplinas, módulos ou eixos temáticos, de acordo com o projeto político-pedagógico, propondo alterações no que couber; VI — promover a articulação entre os docentes envolvidos no curso ou habilitação, com vistas à integração interdisciplinar ou interdepartamental na implementação das propostas curriculares; VII — acompanhar a progressão dos alunos durante o curso ou habilitação, propondo ações voltadas à prática docente ou à implementação curricular; VIII — propor à CG alterações do número de vagas do curso ou habilitação.

concepção de currículo[20] que constam do novo Regimento que passará a nortear o ensino de graduação na Universidade.

O GAP, por sua vez, foi institucionalizado[21] como uma das Comissões Assessoras do Conselho de Graduação, expressa no Regimento na Subseção II com a nova sigla CAP — Comissão de Apoio Pedagógico, tendo por competências "assessorar o CoG, suas Câmaras e a Pró-G na elaboração e implementação da política de aperfeiçoamento pedagógico do corpo docente da USP, e em assuntos relativos ao aperfeiçoamento pedagógico dos docentes, e dos cursos; favorecer a troca de experiências pedagógicas entre os docentes; e incentivar e desenvolver pesquisas sobre temáticas relativas à Pedagogia Universitária".

Demandas e contribuições ao campo teórico da docência universitária

Análise preliminar desse processo nos permite evidenciar alguns pontos a serem considerados com vistas ao desenvolvimento e enraizamento de políticas institucionais de formação pedagógica de docentes universitários. Um primeiro ponto a se destacar é a *importância atribuída à formação*. Para que a mobilização institucional surta efeito, coloca-se como fundamental que se priorize essa formação nas definições orçamentárias e organizacionais, de modo a assegurar a estabilidade dessa política. No caso da USP, são evidentes as condições insti-

---

20. O Capítulo II do antigo Regimento tenha por título: *Das Disciplinas*. Com a contribuição dos Coordenadores e do GAP passou a *Da Organização do Ensino*, explicitado como segue: Artigo 53 — A organização do ensino pode ocorrer na forma de disciplinas, módulos ou eixos temáticos conforme a estrutura curricular adotada, em consonância com o projeto político-pedagógico do curso. § 1º Disciplina é uma unidade curricular que organiza um conjunto de conhecimentos de uma área específica, definida de acordo com o projeto político-pedagógico do curso, e que corresponde a um número determinado de créditos. § 2º Módulo é uma unidade curricular que articula diferentes conjuntos de conhecimentos de áreas afins, numa perspectiva interdisciplinar, definido de acordo com o projeto político-pedagógico do curso(...); § 3º Eixo temático é uma unidade curricular que corresponde a um ou mais módulos e abrange um bloco organizado de áreas específicas afins. Compreende as atividades teóricas e práticas relativas a um assunto ou tema, permitindo a integração em diversos níveis.

21. Resolução CoG nº 5510, de 11 de fevereiro de 2009.

tucionais favoráveis para essa formação docente: a criação de uma estrutura que foi especialmente reorientada para cuidar da formação pedagógica dos docentes e exercer a coordenação específica das ações em curso (a CAP); a presença de profissional acadêmico especializado e de funcionários; a disponibilidade de recursos suficientes para implementar a formação aos docentes interessados. Essas são condições indispensáveis para a implementação dessa formação, evidenciando a disposição política das instituições.

Um segundo ponto refere-se à *diversidade de linhas de formação*. As ações desenvolvidas foram aglutinadas no que podemos definir como três grandes eixos: as voltadas para o atendimento de demandas ou necessidades dos professores a serem contempladas por aqueles que se dispõem a favorecer situações formativas junto aos pares nas unidades acadêmicas (os integrantes dos GAPs, no caso); as que se desenvolvem a partir das demandas postas pelas ações de coordenação dos cursos; e as vividas pelos docentes em decorrência das ações em sala de aula. A partir dessas três linhas de trabalho foram se produzindo distintos tipos de conhecimentos a respeito das ações institucionais dos participantes.

O terceiro ponto refere-se às ações formativas que buscam constituir as bases para *um novo modelo de formação universitária*. Esforços evidentes nessa direção são as ações voltadas para possibilitar uma mudança nos objetivos do trabalho docente, na medida em que os subsídios são orientados para que a organização da prática do ensino não mais esteja assentada na transmissão de conhecimentos, mas na interação entre professor/aluno/conhecimento, fazendo da pesquisa uma referência para a formação dos estudantes universitários, futuros profissionais. Outro exemplo são os esforços que buscam entender a organização dos cursos como resultado da articulação pedagógica entre os campos disciplinares, expressa num projeto político-pedagógico institucional, fruto de decisões colegiadas (as Comissões de Graduação e/ou Coordenações de Cursos, no caso). Assim, as temáticas e os métodos de trabalho integrativo com docentes de várias unidades e áreas do conhecimento possibilitaram que os cursos desenvolvessem perspectivas interdisciplinares na produção de conhecimentos sobre a própria universidade e sobre o ensinar e o aprender. Em síntese, buscou-se efetivar o papel da pedagogia nas práticas de coordenação pedagógica e na atuação docente.

Um quarto ponto refere-se à aposta na *dimensão coletiva da formação docente*. O modo como o trabalho formativo nos cursos foi sendo desenvolvido priorizou sempre a produção, a contextualização e a análise de experiências dos docentes de modo a que pudessem ser compreendidas e trabalhadas por todos. Com isso também foi possível valorizar a tolerância no trabalho coletivo, a capacidade de escuta e de interação, a sensibilidade para questionar os outros e a si próprio, estabelecer relações de confiança profissional e parceria, instalar um clima que pudesse favorecer as trocas e o diálogo entre os participantes. Desenvolveu-se então com maior facilidade a compreensão de que os percursos formativos e de desenvolvimento profissional são processos vividos coletivamente e estão associados a situações de intercâmbio frequente.

De modo geral percebe-se, à semelhança do que ocorreu no caso, que os docentes participantes, ao vivenciarem um processo formativo que se soma às bases da docência anteriormente constituídas, tornam-se mais preparados para considerar, numa perspectiva crítica, os contextos histórico, social, cultural e organizacional em que realizam suas práticas. Contribui também para isso o trabalho sustentado em estratégias capazes de promover a permanente construção da identidade de professor e para a consolidação das bases conceituais que sustentam as atividades inerentes ao ensino.

Referências bibliográficas

ALARCÃO, I. Formação continuada como instrumento de profissionalização docente. In: VEIGA, I. P. (Org.). *Caminhos da profissionalização do magistério*. Campinas: Papirus, 1998.

ALMEIDA, M. I. Os professores diante das reformas educacionais. In: BICUDO, M. A.; SILVA JR., C. A. *Formação do educador e avaliação educacional*: organização da escola e do trabalho pedagógico. São Paulo: Ed. Unesp, 1999. v. 3. p. 249-261.

_____. A reconstrução da profissionalidade docente no contexto das reformas educacionais. In: SILVA et al. (Orgs.). *Políticas educacionais, tecnologias e formação do educador*. Recife: Endipe, 2006. p. 83-108.

_____. Relatório de Pesquisa de Pós-Doutoramento "Pedagogia Universitária — demandas e possibilidades na formação contínua do docente universitário", realizado junto à Universidade Autônoma de Barcelona em 2007.

ANASTASIOU, L. G. Desafios de um processo de profissionalização continuada: elementos da teoria e da prática. *Saberes*, Centro Univ. Jaraguá do Sul, v. 1, n. 2, 2000.

ARAÚJO, K. C. L. C. *Os saberes docentes dos professores iniciantes no ensino superior*. Dissertação (Mestrado) — Universidade Federal de Pernambuco, Recife, 2005.

BENEDITO, V.; FERRER, V.; FERRERES, V. *La formación universitaria a debate*. Publicacions de la Universitat de Barcelona, 1995.

BOXUS, Eline; DEBRY, Marianne; LECLERCQ, Dieudonné. De nouveaux défis pour la pédagogie universitaire. In: LECLERCQ, D. *Pour une pédagogie universitaire de qualité*. Sprimont (Belgique): Mardaga, 1998.

BRZEZINSKI, I. Docência universitária e sucesso acadêmico — um olhar brasileiro. In: TAVARES, J. et al. (Orgs.). *Pedagogia universitária e sucesso acadêmico*. Aveiro: Universidade, 2002.

CUNHA, M. I. *O professor universitário na transição de paradigmas*. Araraquara: JM Editora, 1998.

_____. Docência na universidade, cultura e avaliação institucional: saberes silenciados em questão. *Revista Brasileira de Educação*, Rio de Janeiro: Anped, v. 11, n. 32, p. 258-271, 2006a.

_____ (Org.). *Pedagogia universitária*: energias emancipadoras em tempos neoliberais. Araraquara: JM Editora, 2006b.

FERNÁNDEZ, A. La formación didáctica del profesorado universitario: qué tenemos aprendido en los últimos 10 años? In: *La calidad de la docencia univer-*

sitaria. ACTAS DEL II SIMPOSIO IBEROAMERICANO DE DIDÁCTICA UNIVERSITARIA. Santiago: Univ. de Santiago, 1999.

FEIXAS, M. La influencia de factores personales, institucionales y contextuales en la trayectoria y el desarrollo docente de los profesores universitarios. In: *Educar.* Barcelona: UAB, p. 31-59, 2004.

FIORENTINI, D. et al. Saberes docentes: um desafio para acadêmicos e práticos. In: _____; GERALDI, C. M. G.; PEREIRA, E. M. A. (Orgs.). *Cartografias do trabalho docente.* Campinas: Mercado das Letras, 1998.

FORGRAD — Fórum Nacional de Pró-Reitores de Graduação das Universidades Brasileiras. Documento construído para o I Plano Nacional de Graduação — *Proposta de Política para a Graduação,* 2003. (Impresso.)

GIBBS, G. Mejorar la enseñanza y el aprendizaje universitario mediante estrategias institucionales. *Educar,* n. 33, p. 11-26, 2004.

LEITE, D. (Org.). *Pedagogia universitária.* Porto Alegre: Editora UFRS, 1999.

MASETTO, M. Inovação na educação superior. *Interface — Comunicação, Saúde, Educação.* Botucatu: Fundação UNI/Unesp, v. 8, n. 14, p. 197-203, 2004.

MORIN, E. *Complexidade e transdisciplinaridade*: a reforma da universidade e do ensino fundamental. Natal: EDUFRN, 2000.

NÓVOA, A. *Profissão professor.* Porto: Porto Editora, 1991.

PIMENTA, S. G.; ANASTASIOU, L. G. *Docência no ensino superior.* São Paulo: Cortez, 2002.

PROGRAMA DO CURSO DE PEDAGOGIA UNIVERSITÁRIA DA UNIVERSIDADE DE SÃO PAULO — 2007, 2008 e 2009. Pró-Reitoria de Graduação da USP. (Mimeo.)

SEVERINO, A. J. *Educação, sujeito e história.* São Paulo: Olho d´Água, 2001.

VEIGA, I. P.; CASTANHO, M. E. L. (Orgs.). *Pedagogia universitária*: a aula em foco. Campinas: Papirus, 2000.

ZABALZA, M. A. *O ensino universitário*: seu cenário e seus protagonistas. Porto Alegre: Artmed, 2004.

_____. *Competencias docentes del profesorado universitario*: calidad y desarrollo profesional. Madrid: Narcea, 2006.

PROCESSOS FORMATIVOS DE DOCENTES UNIVERSITÁRIOS
aspectos teóricos e práticos

Léa das Graças Camargos Anastasiou[1]

Introdução

Este texto traz um recorte sobre a prática e a teoria presentes em processos de formação continuada do docente universitário, efetivados com grupos de docentes e gestores de diversas instituições de ensino superior, a convite da administração das mesmas.

Embora aborde experiências efetivadas em contextos institucionais, ressalta-se que essas experiências abriram espaços para a participação voluntária de docentes e gestores de diversas unidades ou cursos, em encontros mensais de quatro a oito horas de atividades denominadas Formação Docente Continuada e/ou Curso de Pedagogia Universitária e objetivando sempre uma consolidação de grupos institucionais de apoio pedagógico, que atuavam como corresponsáveis pelo planejamento e execução de encontros mensais e de análises pe-

---

1. Professora aposentada pela UFPR, com mestrado em Currículo pela Universidade Federal do Paraná, doutorado e pós-doutorado em Educação na USP, atua em processos de formação continuada do docente universitário e em consultorias para revisão de currículos, em processos de avanços articulativos. E-mail: <lea.anastasiou@gmail.com>.

riódicas, momentos nos quais também se efetivaram espaços para formação continuada desses mesmos grupos, que permanecem nas instituições e dão continuidade ao suporte e às ações de formação continuada ou revisão curricular.

Registra os objetivos propostos nas diversas etapas do trabalho, os procedimentos dele derivados, destaca alguns elementos do suporte teórico utilizados como pontos de referência para discussão dos focos levantados como prioritários no diagnóstico realizado com os grupos de trabalho, ou seja, os elementos contextuais constatados e que foram colocados como desafiantes pelos docentes/gestores, e relata tópicos referentes à avaliação do processo pelos participantes, efetivada por meio de questionários no término do cronograma dos trabalhos dos grupos.

Destaca também alguns aspectos referentes aos desafios exigidos na ampliação e desenvolvimento da inteligência emocional, essencial às profissões que lidam com pessoas e grupos, como é o caso da docência universitária.

O contexto do processo

Desde o início desta década (2000), as instituições iniciaram ações de formação docente na educação superior, decorrentes de posicionamentos referentes às diretrizes curriculares nacionais para os cursos de graduação, iniciando-se pela área de Saúde, em especial ao Curso de Medicina, e estendendo-se a vários cursos que atuavam em conjunto nos cenários comuns de prática e que tomavam a indicação da formação generalista do futuro egresso como foco do processo curricular. Para essa formação um dos desafios era atuar colocando o estudante como sujeito ativo e responsável por sua aprendizagem e percurso no curso, o que exigia uma revisão na organização curricular e, principalmente, na atuação docente.

Para efetivar o processo, buscavam a consultoria de especialistas na formação docente, motivo pelo qual me inseri nesses processos, inicialmente na área de Saúde, mas depois envolvendo processos com docentes de vários cursos e áreas. No recorte aqui registrado, vamos tomar a questão da formação docente e não a questão da revisão curricular como objeto de nossas considerações.

Constatamos que essas ações de formação continuada e que geravam a busca da ação pedagógica no processo decorriam de alguma diretriz da gestão institucional referente à valorização da graduação, objetivando programas e ações diversos, dentre os quais se situaram os processos de revisão curricular e/ou os Cursos de Pedagogia Universitária, objeto desta narrativa.

Os projetos de formação continuada visavam apoiar propostas e programas para experimentação de novas formas de organização curricular, de ensino na graduação nos quais os tradicionais modelos pedagógicos baseados em aula exclusivamente expositiva pudessem ser repensados e reavaliados, visando à melhoria da qualidade do ensino de graduação, apoio às comissões de revisão curricular e promoção ao desenvolvimento profissional e acadêmico de docentes.

Ou seja, pontuamos que processos como este aqui focado se tornam mais possíveis quando se criam espaços institucionais referentes às possibilidades de avanços para os cursos de graduação, passando pela formação continuada dos docentes interessados e chegando até a possibilidades estruturais, referentes às organizações de cursos.

Em algumas instituições encontramos já em ação os núcleos ou grupos de apoio pedagógico, em outras eles foram sendo organizados no decorrer do processo, sendo habitualmente compostos por docentes de diversas áreas e que se interessavam pelo ensino de graduação e pela formação docente pessoal e dos colegas de cursos.

Os grupos de trabalho foram formados assim sempre por docentes que faziam parte da equipe pedagógica de apoio, embora em sua maioria não tivessem formação específica em Pedagogia Universitária, e por docentes interessados em fazer um percurso de formação continuada, tomando sua experiência docente, fosse ela qual fosse, como ponto de partida e de chegada do processo. Contamos também, nos grupos de trabalhos dos docentes, com a participação de docentes que exerciam papéis de gestores, como coordenadores de curso, setor ou departamento (dependendo do tipo de organização administrativa que a instituição utilizava), e em duas instituições foram organizados grupos específicos de gestores, que exerciam papéis de coordenadores de curso.

Embora esse grupo tenha vivenciado um programa de estudos e ações mais direcionados às questões da gestão, vários aspectos focados com o grupo de docentes foram também objeto de discussão, estudos e análises, pois todos se voltavam ao ensino de graduação, seus objetivos e seus sujeitos.

Os encontros eram mensais, variando a carga horária entre quatro e oito horas presenciais, e esses estudos foram sempre complementados por atividades e estudos a distância, solicitados no intervalo dos encontros e retomados nos momentos presenciais.

Considerando as vivências efetivadas anteriormente com docentes e gestores universitários de diversas instituições[2] e os elementos da teoria pedagógica com os quais temos trabalhado, ao elaborar o pré-projeto propusemos como objetivo geral "estimular o desenvolvimento de intervenções no cotidiano visando efetivar o papel da pedagogia no ensino superior e compreender, renovar e valorizar o seu papel nas práticas de atuação docente e coordenação pedagógica, nos contextos institucionais, a partir de diagnóstico efetivado institucionalmente e com os grupos de trabalho". Uma vez aprovado, este objetivo 2009 direcionou a organização das ações norteadoras dos encontros, sendo acompanhado continuamente também nas discussões de preparação e análise do processo pelos Núcleos ou Grupos de Apoio

---

2. Foram elas: a Unerj de Jaraguá do Sul em 1999-2000; a Univille — Universidade de Joinville — nos processos continuados com docentes (2001-2002); a UFSC — Universidade Federal de Santa Catarina, na reorganização curricular do Curso de Medicina em matriz integrativa (2003-2004); a Unoesc – Universidade do Oeste Catarinense (em 2004-2005); Uniplac — Universidade do Planalto Catarinense — em 2005; a Unochapecó — Universidade Comunitária da Região de Chapecó — na construção coletiva e formação continuada da matriz integrativa do Curso de Medicina (2005-2006) com percursos de profissionalização docente de caráter processual e com suporte institucional; e os Cursos de Pedagogia Universitária efetivados com docentes e gestores da USP, em nove grupos de trabalhos, entre 2007 e 2009.

Pedagógico — e colocado como foco do instrumento de avaliação utilizado no encerramento do processo, com cada um dos grupos de trabalho.

Destacamos que, pela diversificação dos grupos de trabalho e a organização dos calendários, o fator *tempo mensal em cada encontro* foi, a nosso ver, um elemento importante de referência no processo; por exemplo, os grupos que se reuniram seis horas/mês, em dois períodos (manhã e tarde), obtiveram um entrosamento e uma participação mais visível durante os encontros, com realização de atividades presenciais mais diversificadas e vivenciadas com mais entusiasmo. Acreditamos que isso tenha ocorrido em virtude dos dois períodos de trabalho, horas contínuas e mais produtivas: no final do dia, alguns destacavam o cansaço enquanto outros relatavam não haver percebido o tempo passar. Assim, embora o tempo global do curso tenha sido similar, captamos de forma diversa o envolvimento dos sujeitos quando se gasta um maior número de horas em cada encontro.

Nos encontros que duraram oito horas/dia, também o rendimento pareceu mais efetivo que nos encontros de quatro horas/dia. Nossa percepção é que quando o docente destina aquele dia para sua atividade de formação profissional, ele *mergulha* nela sem estar preocupado com a saída para este ou aquele compromisso, reservando aquelas horas para si. E passando juntos um maior número de horas, o grupo se vincula com maior rapidez, se solta mais nas atividades que exigem o partilhar (sejam duplas, trios ou grupos de quatro ou cinco participantes), planeja melhor o intervalo entre os encontros mensais, se articulando para as tarefas não presenciais.

Numa das versões dos Cursos de Pedagogia Universitária 2009 foi criada uma turma modular, organizada com módulos de três encontros em dias seguidos, com dois períodos em cada dia, visando atender docentes que se encontram impossibilitados de se inserir no grupo de encontros mensais e que prefiram concentrar os estudos nesses três módulos previstos para abril (antes dos feriados da Semana Santa), julho (durante as férias escolares) e setembro (no recesso da semana da Pátria). Verificamos que o encontro em três dias sequenciados criou também uma dinâmica muito intensa de produção e trocas, avaliadas como muito positivas no instrumento final de avaliação, respondido pelos participantes.

Com um tempo maior nos encontros, ocorre também a oportunidade de conviver, conhecer e compartilhar mais e melhor de experiências de outros cursos, setores, departamentos ou unidades, o que no período de quatro horas acaba ficando mais cerceado pela restrição da carga horária em relação ao percurso proposto para o dia de trabalho. E também possibilita o uso de diversas estratégias que exigem mais tempo em sua execução, o que fica dificultado quando o tempo é mais restrito.

A importância do fator tempo diário mensal fica aqui destacada também considerando que, em processos dessa natureza, trabalhamos com uma categoria profissional que está historicamente acostumada a ações individuais, sendo o trabalho coletivo e cooperativo algo a se apreender e sistematizar, o que, além dos objetivos e do clima construído com o grupo de trabalho, também depende do fator tempo.

O vínculo e a troca de experiência foram elementos muito destacados nas questões abertas do questionário de avaliação, como fator de abertura de visão, da paciência para ouvir e esperar a vez, ampliando o ânimo para enfrentar os desafios da docência, alterando o sentimento de solidão com os problemas, levando à percepção de que é possível fazer diferente como ali narrado, vivenciando ações de ajuda e colaboração.

Os participantes destacaram também a revisão da maneira de *ser* docente, a importância de trabalhar com áreas de lógicas diversas e distintas e com as visões a elas relacionadas, de conhecer projetos diversos e interessantes de outros cursos e áreas, ampliando também a visão acerca de temas para grupos de pesquisa sobre a graduação, identificando sucessos, limitações e necessidades de outros setores.

A oportunidade de partilhar atitudes e saídas executadas, de perceber possibilidades integrativas de disciplinas, que eram vistas como unidades dispersas no quadro teórico-prático do curso, ao lado de questionamentos, incertezas e fracassos foi destacada em relação à vontade de acertar, de influir e avançar na direção de trabalhos coletivos nos colegiados, levando a perceber o compromisso com a graduação para além do aspecto pessoal ou de sujeitos isolados. Associamos esses dados com os estudos de Rogério da Costa acerca do necessário desenvolvimento da inteligência emocional, que amplia a consciência de si, diante do próprio sujeito e do grupo.

Temos observado que na vida e na carreira universitária faltam oportunidades sistemáticas de crescimento pessoal e grupal para o trabalho coletivo, com desenvolvimento intencional da habilidade de lidar com o outro, com a diversidade de pensamento e de ação, de desenvolvimento de processos cerebrais de mediação, que incluem o ouvir e analisar antes de defender ou atacar as ideias, assim como da importante distinção entre a ideia do outro (movimento natural de discordância, fundamental até para o crescimento das sínteses e dos fundamentos dos argumentos) e a pessoa do outro. E o tempo grupal é fator também importante, no lidar com esses desafios.

Destacamos também a importância fundamental do clima de trabalho com grupos de docentes. Como profissionais altamente qualificados para resolver questões importantes em processo de pesquisa e derivadas de produção de conhecimento de ponta, vivem habitualmente situações costumeiras de trabalho individual e, muitas vezes, competitivo. E para a saúde do grupo e avanço na profissionalização docente, é fundamental sentir-se bem no grupo, à vontade com as atividades propostas, seguros de que podem divergir em ideias, mas que é adequado buscar o princípio unificador dos trabalhos docentes para conciliar a existência sadia e natural do pensamento divergente.

Estes e outros elementos que serão destacados ao longo do texto fizeram parte então do instrumento de avaliação, preenchido individualmente no último encontro, visando coletar dados que nos possibilitem conhecer as percepções dos participantes num momento de encerramento cronológico de um processo de formação continuada, dar-lhes espaço para registrarem sentimentos, sínteses e valorações acerca da vivência, possibilitando também a revisão de processos dessa natureza, na direção da construção de novas referências de trabalho para os grupos de apoio pedagógico institucionais e para educadores que tomam a prática docente do ensino superior como foco de seus trabalhos. O preenchimento do instrumento possibilitou também aos participantes uma revisão da caminhada efetivada, conforme registrado em alguns dos documentos coletados.

Anotações do processo: o percurso dos processos de formação docente continuada na Educação Superior

O percurso percorrido pelos grupos de estudos mais recentes vem seguindo uma trajetória que, em linhas gerais, já havia sido vivenciada em instituições anteriores, mas buscando sempre respeitar as características próprias a cada instituição, que acabam por determinar valorações, ações e culturas quanto à docência, diversas entre si. Como princípio fundante, partimos da prática profissional do grupo de trabalho, levantamos os desafios para estabelecer os objetivos e também buscamos que os participantes identificassem as suas principais qualidades para exercer a profissão docente. Essa estratégia de apresentação de grupos, que é processada com relação a seus fins e possibilidade em aula universitária, objetivou construir uma primeira representação da docência, do momento do grupo, como cada um se via como professor e o que se constituía desafio na ação docente. Esses elementos foram se agrupando em possíveis categorias de abordagem tanto teórica quanto prática, auxiliando no diagnóstico inicial e possibilitando a revisão do pré-projeto, habitualmente entregue por antecipação à instituição contratante, levando a uma formulação mais apropriada do projeto norteador do trabalho grupal.

A partir desse diagnóstico, se reafirmaram ou se revisaram os objetivos de trabalho estabelecidos no pré-projeto. A seleção dos conteúdos foi então retomada e reorganizada em relação às atividades que tomam a prática docente como foco do processo. As formas de acompanhamento ou avaliação contínua foram processadas a partir do nível das atividades produzidas ao longo do caminhar dos grupos.

Nas diversas vivências anteriores verificamos haver um desconhecimento do determinante histórico do *habitus*[3] docente predominante, tanto no que se refere à organização dos cursos de graduação como à efetivação das propostas dos mesmos na construção do percurso de formação contínua do estudante, no curso e na aula universitária. Por isso, utilizamos a problematização sobre como se organizou o projeto de curso no qual cada docente participante atua, suas características, como se insere a disciplina nesse contexto (uma vez que a maior parte dos cursos ainda atua a partir do modelo napoleônico: grade, organizada por justaposição de disciplinas, composta por um ciclo básico e um profissionalizante), como se dá a articulação dessas partes no projeto de graduação, como se organizam os planos de trabalho docente e discente em relação aos objetivos propostos no curso e em suas diversas etapas e como se dá a abordagem quanto aos conteúdos no que se refere à metodologia.

A avaliação, tomada sempre como forma de acompanhamento, é inserida de forma gradual no percurso do processo de formação continuada dos docentes.

Os elementos teóricos foram sendo buscados e relacionados com os dados da prática trazidos pelos docentes, ao realizarem as atividades propostas: leituras e estudos de textos e apresentação em grupos relacionando-os com elementos da prática, relatos de experiência em aula, construção de quadros de identificação dos modelos de ensino dominante, descrição de práticas habitualmente utilizadas, apresentações de sínteses, estudo de caso, exposição dialogada, estudo de texto, vídeos para análise, uso de ferramentas de comunicação a distância (Moodle, Tidia etc. têm sido as plataformas mais utilizadas), construção de mapas conceituais, análise de instrumentos utilizados para verificação de aprendizagem, entre outros.

Destacamos também a atividade de análise do projeto do curso e a análise da contribuição dos conteúdos com que trabalha no percurso

---

3. *Habitus*: "conjunto de disposições e de esquemas que forma uma gramática geradora de práticas, ou ação como resposta pré-programada, mas também por esquemas operatórios de alto nível". (Perrenoud, 1993, p. 108).

de formação profissional que o universitário efetiva. Com elas, objetiva-se definir e sistematizar possíveis articulações entre as áreas de conhecimento ou disciplinas, reconstruindo um quadro teórico prático global e articulado do curso, como suporte à reescrita dos Planos de Ensino em Programas de Aprendizagem,[4] numa discussão contínua acerca dos elementos teórico-práticos que vão surgindo e emergindo dos estudos, por meio das vivências de diversas estratégias de trabalho em aula (de individuais a grupais), estratégias estas que compõem um percurso avaliado pelos participantes como referência para alterações das práticas docentes tradicionalmente usadas em aula.

Ao realizarem as atividades que intercalam os encontros mensais, várias sínteses importantes são efetivadas e trazidas aos grupos de trabalho, obtendo-se assim novas sínteses de qualidade crescente em complexidade e auxiliando o envolvimento no processo; dessas sínteses, obtiveram-se elementos que foram encaminhados aos grupos decisórios da instituição e puderam ser referência para alterações em deliberações e documentos normativos institucionais.

Assim, as produções dos docentes passam a constituir-se elementos de revisão e de levantamento de questões, de dúvidas e de busca de respostas às questões da realidade educacional, funcionando também como atividade complementar a distância, computando carga horária no certificado final do curso.

Destacamos que um dos fundamentos teóricos da pedagogia universitária no trabalho com adultos (também aplicável aos universitários, quase adultos), qual seja, partir da prática social do grupo, problematizá-la, retomá-la a partir da teoria existente, realizar atividades de sistematização desses elementos recolocando-os nos cenários de práticas e voltar a analisar essa mesma prática, retomando-a e até realizando sua reescrita, tem sido validado como exequível e desejável na construção do conhecimento, e que, mesmo tendo sido proposto há décadas,[5] são vivenciados e passíveis de sistematização. Com isso, os

---

4. A respeito dos Programas de Aprendizagem, ver Anastasiou e Pessate (2007).

5. Estamos aqui nos referindo aos clássicos textos de Saviani (1982) e Vasconcellos (1994).

momentos de mobilização, construção e elaboração da síntese do conhecimento passam a ser auxiliares na reconstrução da prática docente.

Dados do processo, da ação executada e anotações dos participantes

Ao final do processo um documento de avaliação com vários itens foi sistematicamente respondido pelos participantes. Neste espaço destacaremos alguns, numa visão geral, uma vez que aspectos específicos vêm sendo e se constituirão em produção futura.

Com relação aos objetivos, foi solicitado que os participantes identificassem se cada objetivo do programa de curso havia sido: "não vivenciado, vivenciado, muito vivenciado" ou ainda "utilizado em alteração de percepção e ação".

Pelos dados obtidos, verificamos que os itens identificados como "não vivenciados" por vários participantes se referiam a ações colegiadas que exigiam intervenção nos colegiados dos cursos de origem, tais como:

- Discutir a ação colegiada docente junto a colegas do curso.
- Integrar os saberes curriculares que leciona com outros do currículo.
- Repensar o curso, disciplina ou módulo, realizando alterações no curso onde atua.
- Mobilizar e integrar docentes participantes dos grupos.

Um dos pontos de análise no trabalho com docentes universitários referente a produtos e alterações obtidos a partir do processo se dá quando estão envolvidos o conjunto de docentes de um curso, ou uma parcela numericamente significativa ou apenas um pequeno grupo ou sujeito isolado. Em nossas vivências até o momento verificamos que, quando ocorre uma participação significativa do colegiado de um curso, as possibilidades de abrangência e sistematização de avanços

PEDAGOGIA UNIVERSITÁRIA

são mais consistentes, visíveis e contagiantes, podendo também ser mais bem acompanhadas através das alterações definidas coletivamente.[6]

No caso dessa experiência, as inscrições foram individuais e em número definido (sessenta vagas em média para cada turma); os grupos de trabalho tinham a vantagem de contar com participantes de vários cursos, áreas e institutos, possibilitando trocas incríveis, mas a desvantagem de não abranger um grupo significativo de um mesmo colegiado, dificultando ações coletivas e articuladas na direção da reconstrução do projeto de curso e de uma ação coletiva e fundamentada do corpo docente num trabalho cooperativo. No entanto, vários participantes estão atualmente em atividades de revisão curricular nos seus cursos de origem, por já estarem mobilizados e se sentirem mais fortalecidos com as trocas efetivadas.

Talvez por isto, os itens marcados com maior intensidade como "vivenciados e muito vivenciados" se referiam mais diretamente a ações resultantes de conhecimento, decisão e aplicação pessoal de cada participante. Destacaram então:

- Identificar os modelos de influência, presentes na própria ação docente cotidiana.
- Identificar formas de superação da ação tradicional e aplicá-las na prática cotidiana.
- Estudar formas de ensinar e avaliar a aprendizagem.
- Repensar os objetivos de ensino utilizados no semestre.
- Reescrever o plano de ensino em programa de aprendizagem.
- Discutir formas de romper a lógica de passividade dos alunos e a lógica tradicional docente, via estratégias integrativas e desafiadoras.
- Propor ações de construção do conhecimento aos estudantes nas unidades trabalhadas.

---

6. Como foi o caso do corpo docente do Curso de Medicina da Unochapecó (2005-2006), que trabalhou coletivamente no planejamento e organização dos Programas de Aprendizagem do currículo, antecipadamente à implantação da matriz integrativa.

- Trabalhar com as categorias de construção do conhecimento, propostas por Vasconcellos.
- Mediar a evolução do processo informativo para a construção do conhecimento, com os estudantes em aula.
- Compreender o Projeto Político-Pedagógico do Curso como norteador do curso.

Para o mesmo rol de objetivos, foi solicitado ao docente que identificasse os aspectos que, além de serem vivenciados ou muito vivenciados, tivessem uma avaliação pessoal sobre "alteração de percepção e de ação"; verificamos que também aí houve a mesma ênfase citada quanto a ações pessoais no desempenho docente; os mais marcados e em ordem decrescente foram:

- Rever o perfil profissiográfico do curso em que atua, repensando a disciplina que rege.
- Repensar os objetivos de ensino utilizados no semestre.
- Reescrever o plano de ensino/programa de aprendizagem.
- Realizar atividades visando construir a síntese dos conhecimentos em aula
- Discutir formas de romper a lógica de passividade dos alunos e a lógica tradicional docente, via estratégias integrativas e desafiadoras.
- Repensar os objetivos de ensino utilizados no semestre.
- Estudar formas de ensinar e avaliar a aprendizagem.
- Mobilizar e integrar docentes participantes dos grupos.
- Compreender o Projeto Político-Pedagógico como norteador do coletivo do curso.
- Ampliar a visão do currículo, na direção de um quadro teórico-prático, articulado.
- Repensar o curso, disciplina ou módulo, realizando alterações no curso em que atua.
- Realizar a avaliação como forma de acompanhar e tomar novas decisões de ensinagem.

- Propor ações de construção do conhecimento aos estudantes nas unidades trabalhadas.
- Identificar formas de superação da ação tradicional e aplicá-las na prática cotidiana.

Se o docente revê o Projeto do Curso, o perfil profissiográfico proposto e a forma de articulação dos conteúdos, dirigindo-os a uma trajetória articulada dos saberes, percebe e efetiva alterações no curso da aula no que se refere ao ensino-aprendizagem, portanto, quanto a metodologia e formas de acompanhamento, propõe-se a superar formas de ação tradicional e registra isto, pode-se supor que os elementos da teoria pedagógica foram significativos e cumpriram o papel objetivado, neste percurso de formação continuada.

Sabe-se que a alteração da percepção não é garantia da alteração da ação, mas nas questões abertas muitos participantes deixaram depoimentos acerca das alterações que já estão efetivando. Outro movimento importante foi a indicação do Curso de Pedagogia Universitária a outros colegas de colegiado, o que verificamos no diagnóstico das turmas de 2008, e o constante depoimento acerca da falta que fazia a presença de outros colegas do colegiado para facilitar as mudanças que iam percebendo como necessárias, ao longo do processo.

Os conteúdos como meio

A partir dos objetivos citados anteriormente, a organização dos saberes da área pedagógica buscou atender aos dados do diagnóstico e ao quadro teórico-prático existente sobre pedagogia universitária a eles relacionado, num contexto de trocas deliberadas, num clima de trabalho que as facilite e produza.[7]

---

7. A este respeito, ver: Anastasiou (2008).

Esses conteúdos foram trazidos a partir de textos de estudo, exposições, vídeos, usando como suporte do trabalho grupal os momentos e as categorias de construção do conhecimento propostas por Vasconcellos,[8] categorias que foram estudadas no texto do autor citado e também processadas ao longo dos encontros, a saber: momento de mobilização para o conhecimento, o de construção do conhecimento com o suporte das categorias de significação, historicidade, problematização, continuidade-ruptura, criticidade, totalidade, práxis, e o momento de elaboração da síntese do conhecimento.

O ponto de partida de utilização desse processo com os momentos iniciou-se no diagnóstico inicial e com o estudo dos modelos históricos de influência da organização universitária, que se refletem tanto no currículo quanto na ação docente ao planejar e exercer a docência. Identificar determinantes históricos amplia a significação, a problematização, a continuidade-ruptura, a totalidade, embora a categoria básica seja a da historicidade, auxiliando na compreensão do atual *modus operandi* presente na aula universitária.

Na análise de aulas dadas, os docentes identificam as categorias em que habitualmente já trabalham, as que gostariam de acrescentar, considerando os objetivos propostos no programa de aprendizagem revisado, e como essas categorias auxiliam na compreensão e na apreensão dos conteúdos e de suas relações pelos universitários. Percebem também que cada uma dessas categorias abrange e reforça as demais.

Destacamos que esses elementos compõem um quadro que se articula com outros trabalhados no processo, tais como: a visão moderna e pós-moderna de ciência em relação à organização curricular e o desafio do trabalho articulado na superação da grade e em direção a processos de matriz integrativa, analisados também em relação aos elementos da teoria da complexidade, que nos desafia a entender o todo para além da soma, buscando a articulação das partes. Esses elementos, presentes e fundantes dos currículos em grade e/ou em matriz integrativa, foram então analisados em relação ao projeto polí-

---

8. A este respeito consultar: Vasconcellos (1994) e Anastasiou (2007, p. 36-39).

PEDAGOGIA UNIVERSITÁRIA

tico-pedagógico do curso trazido pelo participante, ao perfil profissiográfico proposto no mesmo e à mediação docente que vem sendo efetivada.

Esses elementos foram tomados como foco em relação à análise complementar de tópicos dos dispositivos legais de âmbito nacional (Lei de Diretrizes e Bases da Educação Nacional 9394/96 e as Diretrizes Curriculares para os Cursos de Graduação) e os de âmbito institucional, norteadores da graduação. Trata-se de uma rede relacional muitas vezes não conhecida ou cuja articulação não é percebida pelos docentes universitários e que influencia a visão de totalidade do trabalho docente e da função social da universidade no que se refere ao ensino de graduação.

São elementos que possibilitam ao docente rever-se como partícipe de um projeto institucional, que apresenta (pela manutenção ou mudança) percursos que podem alterar os rumos, os projetos de vida dos universitários que os vivenciam e que acabam por fazer parte (conscientemente ou não!) de um projeto de país, fato que muitas vezes escapa ao docente universitário, preocupado apenas com sua disciplina, suas aulas e suas turmas de estudantes, uma vez que lhe escapa uma visão mais ampla dessa totalidade que determina também o ensino de graduação[9] e sua atuação nele.

A partir da análise do projeto de curso e do currículo, assim como de sua atuação neste currículo, partindo dessa rede relacional citada anteriormente, efetivou-se a análise dos projetos de docência que cada professor pretende efetivar, discernindo os conteúdos que ensina como saberes (ou seja, dando ênfase à importância da tradução dos mesmos conforme o nível de apreensão dos estudantes reais com quem trabalha), estruturando-os em essenciais, complementares, de ordem cognitiva conceitual e/ou factual e relacionados aos procedimentais e

---

9. Ver Boaventura de Sousa Santos, ao pontuar que "a incapacidade política do Estado e do projeto nacional repercutiu-se numa certa incapacidade epistemológica da universidade e na criação de desorientação quanto às suas funções sociais (...) nos países periféricos e semiperiféricos no novo contexto global exige uma total reinvenção do projeto nacional sem a qual não haverá reinvenção da universidade" (SANTOS, 2005, p. 48-49).

atitudinais,[10] assim como aos níveis de abordagem introdutória, de fundamentos e até de aprofundamentos, ao longo da crescente complexidade curricular proposta no projeto do curso.

Para isso o suporte quanto ao funcionamento do cérebro, em relação às operações de pensamento mais trabalhadas e propostas no perfil profissiográfico do curso, retoma saberes docentes relativos aos processos cognitivos e à relação professor-estudante, também no que se refere a dificuldades e manejo de classe, identidade docente profissional, tanto pessoal quanto do colegiado em que atua, que planeja e se responsabiliza por determinado percurso universitário proposto aos estudantes.

Nesse contexto de desafios, estudos sobre a metodologia dialética e as formas de ensinar e apreender têm uma função importante, pois o processo de *tratar, produzir, utilizar e memorizar* as informações[11] é algo bastante complexo, ou seja, exige uma tessitura intencional, que é mais facilmente apreendida se relacionada com as questões da vivência docente que os professores apontaram no diagnóstico inicial.

Esses estudos objetivam construir ferramentas de trabalho docente em que o foco da transmissão seja superado por incorporação, por outros elementos, tais como: *no tratamento das informações*, trabalhar com o estudante a leitura dos dados, decodificar os significados, perceber e observar, avaliar e criticar as informações recebidas ou produzidas, combinando e transformando as informações.

Na *produção de informações*, que já se constitui em outro nível de trabalho docente e discente exigindo outras estratégias, Not (1993) propõe trabalhar com descoberta de novas informações, pela dedução, experimentação e percepção de analogias; além disso, redescobrir os conteúdos a aprender, tratar os conteúdos sob forma de problemas, organizar plano para busca de relação ou lei, através de uma pesquisa, efetuá-la, fazendo o balanço, e formular informações, utilizando fórmulas e símbolos, formal e/ou verbal.

---

10. Classificação adotada de Zabala (1998).

11. A esse respeito, ver Not (1993).

PEDAGOGIA UNIVERSITÁRIA

Na *utilização de informações*, o mesmo autor nos propõe estudar os casos particulares, formulando regras e leis de diversas maneiras, além de atividades que levem a reproduzir, transpor ou inventar um processo ou uma conduta, escolhendo um processo apropriado, observando seus efeitos e modificando-o, caso necessário.

Essas propostas anteriores objetivam a apropriação dos conhecimentos curriculares, que chegariam a ser memorizados de forma significativa. Para a *sistematização de processos de memorização significativa*, Not nos propõe: dividir o conteúdo a partir de grandes áreas, aproximando conteúdos novos e já memorizados, associando escrita, leitura, desenho, planos, usando de atividades variadas para reprodução sistematizada. Quando se utilizar estudos de texto, o autor sugere uma organização do processo com a divisão ou destaque dos temas, focos, palavras-chave, efetivando diversas leituras separadas do texto e a preparação a sua apresentação, que exige a produção de sínteses significativas.

Todos esses elementos constituem um quadro acerca do que seja o apreender, enquanto apropriação intencional e deliberada, que atinge e altera o funcionamento cerebral, gerando em cada aprendiz uma nova elaboração de conceitos, que podem então ser aplicados, transferidos, revisados, reconstruídos e utilizados na solução das questões profissionais (no caso da formação universitária na graduação direcionada para uma profissão, mas também para a construção da identidade do sujeito aprendiz) e mediados pela prática intencional docente, comprometida com essa formação citada.

Com esses estudos busca-se, com os docentes partícipes do processo, superar a clássica visão de ensinar como *dizer o conteúdo* enquanto condição suficiente, embora saibamos que ela é muitas vezes necessária. Portanto, reduzindo a exposição à simples transferência ou transposição da essência da realidade para o pensamento, da esfera objetiva para a subjetiva, ou reprodução ou cópia de algo exterior ao pensamento.

Por isso, ao estudar com os docentes a metodologia dialética, destacamos os momentos de síncrese ou visão inicial do estudante como ponto de partida para a ação docente e discente, visando atingir uma síntese qualitativamente superior e mais próxima possível do quadro científico e da realidade atual, através de variados processos de análise. Trata-se de um método[12] que começa por um conjunto vivo de elementos determinantes e busca, pela análise, as relações gerais, as categorias ou unidades de análise e estrutura, os sistemas estudados a partir das noções simples, visando à interpretação e compreensão, à apreensão e aplicação dos saberes apreendidos.

Isto leva a um movimento cerebral de caráter único em cada aprendiz — seja universitário ou docente — mais facilmente obtido se utilizadas as devidas mediações, uma vez que também a aprendizagem escolarizada possui um caráter social indiscutível. Entre outros, são mediadores os autores estudados, os colegas com quem se compartilham as atividades a resolver, as próprias atividades e os desafios que elas suscitam e principalmente os docentes, por dominarem os quadros teórico-práticos em níveis de complexidade, de forma indiscutível.

Sob esse aspecto, os elementos acerca do funcionamento cerebral são essenciais: se a natureza construtiva do conhecimento consiste numa representação mental construída também através da percepção e intuição, num movimento constante da síncrese inicial para a síntese qualitativamente mais bem elaborada, é sobre esse movimento que se dirige a reflexão docente ao preparar a mediação a ser planejada em seu Programa de Aprendizagem e efetivada nas aulas.

Tomando como pressuposto que o "conhecimento não é imediato, a certeza não provém de uma leitura, de um contato direto com um objeto externo, se não há um objeto inteiramente exterior se dando a conhecer, se mostrando, e se a certeza é conquistada contra a dúvida, se a certeza é resultado do erro retificado" (CARDOSO, 1988), as ações discentes e docentes em aula irão centrar-se em outros focos para além dos simples atos de repassar informações e memorizá-las para os momentos de verificação.

---

12. Conforme LIMOEIRO, M. C. O mito do método. *Cadernos da PUCSP*, n. 7, ago. 1971.

Ao se rever a ação cerebral de apreensão de saberes em situações de apropriação e construção de conhecimentos, as relações, a maneira ou o modo como as feições e situações da realidade exterior se dispõem, se compõem e se comportam ao pensamento conhecedor, em si, entre si, no objeto e no espaço, numa totalidade e nova unidade, pode-se perceber o currículo com um novo olhar: em rede, num sistema de conjunto onde os elementos se constituem mutuamente, entrosados, fundidos e congregados, articulando-se mutuamente, integrando relações que respectivamente se constituem em sistemas mais amplos e complexos, visando à totalidade.[13]

Por isso, ao partir da prática social em vigor, toma-se a grade curricular historicamente existente, muitas vezes constituída como soma ou junção de disciplinas, para visualizar o projeto do curso como uma totalidade que transcende a soma delas e sua individualidade própria: as antigas disciplinas em seus elementos determinantes podem ser rerrevisadas em conjuntos integrados e totalizados, fazendo-se elementos de conjuntos mais amplos, num quadro teórico-prático global e articulado, datado e portanto histórico, exigindo contínua atualização, organizando-se em áreas de conhecimento científico, através de eixos ou atividades intencionalmente propostas.

Essa organização curricular possibilitada hoje pela abertura que as diretrizes curriculares nos colocam[14] exige de nós, docentes universitários, a percepção e compreensão da ação viva cerebral, que engloba analisar em conjunto, comparar, reconhecer, confrontar, compreender, admitir, conceber, numa reorganização conceitual em cadeia, ao mesmo tempo interna e social.

Ao trabalhar os quadros científicos, traduzindo-os em saberes escolares, e desafiar os universitários a operar com eles, em atividades em que esses mesmos saberes sejam extraídos, inscritos, duplicados,

---

13. A esse respeito, ver Morin (2005).

14. Não estamos aqui fazendo uma apologia das Diretrizes Curriculares para os cursos de graduação; apenas destacando que existe uma abertura legal para a mudança e atualização curricular, no sentido da construção de percursos atualizados, politicamente situados, relacionados ao mundo do trabalho e superando visões de competências para o mercado de trabalho.

modificados, eliminados, manipulados em símbolos e signos, princípios e regras, num processo de computação viva e organizadora de si, a partir de si, em função de si e para si, possibilita-se que os docentes e os estudantes, como sujeitos, se assumam partícipes e seres conscientes do processo para pensá-lo, fazer escolhas, tomar decisões...

Essa ação de *computare* ou analisar em conjunto é afetada pelo código de linguagem, pelas relações interpessoais, pelas estratégias pessoais e coletivas relacionais já vividas e sedimentadas nos sujeitos em interação, pelos processos de transmissão e aquisição de informações e de conhecimento: daí a importância da formação docente continuada, para abrir espaços para reflexões dessa natureza.

O professor é uma pessoa...

Processos de profissionalização continuada em forma de curso ou de oficinas, ou com sequência de módulos, têm sido efetivados nos últimos anos, buscando profissionalizar o docente da educação superior para a docência. Temos constatado que os docentes que se inscrevem por iniciativa pessoal em processos como este aqui narrado já possuem uma preocupação com o seu fazer em sala de aula e com a preparação de ações mediadoras entre o quadro científico e os universitários.

Docentes com essa visão, ao falar no início do processo sobre as características e qualidades docentes que auxiliam e são importantes no *ser professor*, fazem os seguintes destaques: amor e gosto pela docência na graduação, indignação e enfrentamento da inércia, persistência, paciência, tolerância, crença e fé, entusiasmo, colaboração, criatividade, disponibilidade e vontade de aprender, organização, flexibilidade e respeito pela diversidade, gosto pela interdisciplinaridade, responsabilidade, compromisso, empreendedorismo, inovação, humildade, objetividade, liderança.

Essas qualidades, destacadas no primeiro encontro por grupos que vieram por opção participar de um curso de Pedagogia Universitária, com inscrição voluntária conforme já dito, revelam valorizar, no traba-

PEDAGOGIA UNIVERSITÁRIA

lho da graduação, ações associadas à mudança, à flexibilidade, a assumir-se como responsável pelo ensino de graduação, abertura à interdisciplinaridade, compromisso com a graduação, elementos essenciais para as ações hoje necessárias na mediação docente na universidade.

A ação docente, conforme já citado, é afetada pelo código de linguagem, pelas relações interpessoais, pelas estratégias pessoais e coletivas relacionais já vividas e sedimentadas nos processos de transmissão e aquisição de informações e de conhecimento, que fazem também parte da cultura institucional vigente. Muito do que o docente efetiva em aula tem uma relação direta com as experiências que vivenciou como estudante: nesse contexto se situa o *habitus* citado anteriormente.

E hoje, em sua ação relacional nas instituições de educação superior, lhe são exigidos saberes, comportamentos e atitudes que muitas vezes não foram objetos de estudo e sistematização em seus percursos anteriores. Rogério Costa[15] nos alerta para a necessidade do desenvolvimento da inteligência coletiva no contexto dos trabalhos relacionais, que exigem atividades cognitivas, de comunicação e também afetivas, levando ao extremo da capacidade de pensar, imaginar, comunicar e sentir.

Ao destacar o necessário engajamento afetivo de certas profissões para atender bem e acolher, como é o caso da docência, é necessário acrescentar: traduzir, mediar, lidar com o inesperado e o novo a cada instante podem gerar angústia, estresse, depressão.

Nesse enfrentamento, propõe como hipótese de superação o que chama de "construção de si", que exige um olhar específico: "trata-se fundamentalmente de um olhar voltado para a relação que nasce do lugar que se ocupa, mas que é provocada pela existência do outro... para uma relação andar é preciso estar lá onde ela acontece, é preciso se perceber existindo na relação". Destaca que isto exige uma percepção de interdependência, possibilitada pelo desenvolvimento da inte-

---

15. Cf. Costa (2008).

ligência coletiva, entendida como um acordar, uma consciência de que "numa rede de relação coexistem outros indivíduos que precisam se compor num processo de mútua participação, colaboração, construção coletiva" (COSTA, 2008, p. 65-67).

E é aqui que se pode falar em "construção de si", que abarca não apenas a consciência de si, "a consciência *no* indivíduo de sua *rede de sustentação subjetiva*" (COSTA, 2008, p. 65-67, grifos do autor.). "Consciência da interdependência não apenas em sua forma objetiva (dependo do trabalho de alguém), mas igualmente subjetiva (dependo da estima, do cuidado do outro) (...) a sustentação dessa interdependência está na construção da confiança, da integração de simpatias, de estima, de respeito e que a socialização dos afetos é a chave da construção e da sustentação do meio em que se vive e se trabalha" (COSTA, 2005), "tendo como principal objetivo mudar o *sentido* a partir do qual se promove a formação das redes sociais" (COSTA, 2008, p. 66).

Estes são elementos importantes para serem conhecidos, analisados e vivenciados nos grupos de profissionalização continuada do docente, uma vez que tratam de sujeitos que exercem uma profissão voltada para pessoas e grupos e exercida por pessoas e grupos, mas que historicamente não se constituem como equipes ou vinculadas em redes.

Embora se associe a cada curso universitário um corpo docente, as vivências efetivadas com os grupos de docente e também com aqueles que exercem a gestão têm trazido os desafios dos trabalhos curriculares que exigem trocas e articulações, articulações próprias e naturais e a um corpo em movimento, porque possui vida; perguntaríamos se hoje as partes do tal *corpo docente* estarão agindo como um corpo único, sintonizadas entre si e com um cérebro que oriente a articulação dessas mesmas partes. Segundo os relatos, a questão da organização departamental dificulta os processos de encontros (inclusive geográficos e presenciais) dos docentes, de reuniões onde professores que atuam num mesmo curso possam pensar, juntos, o percurso dos estudantes na universidade e o necessário revisar dos processos de ensino, fragmentado pela histórica estrutura (tanto de vínculo departamental quanto de organização fragmentada das disciplinas).

No momento do diagnóstico no primeiro encontro, nos desafios citados foram unânimes as falas quanto a: superar a estrutura departamental e organização por disciplinas, dar importância aos conselhos docentes e contatos interdepartamentais, conciliar os *tempos administrativos* para coincidir com o *tempo* de reestruturação do curso, envolver os órgãos representantes para alterações curriculares, rever a ação do departamento que atua como freio e filtro contra as mudanças, retomar a grade, que compartimentaliza os conteúdos, revisando-a. Quanto ao Projeto Político-Pedagógico, retomar resistências do corpo docente, o diálogo na própria unidade, a revisão da estrutura disciplinar, tendo o curso e não os departamentos como foco.

Destacam ainda que falta base teórica para compreender o porquê da flexibilização, para conhecer demandas da sociedade, havendo pouca formação crítica e cidadã dos profissionais; por isso o Projeto Político-Pedagógico não é fruto de construção coletiva. Daí a proposição de rever e alterar elementos da estrutura administrativa.

Do ponto de vista das relações pessoais, destacaram: enfrentar as resistências acadêmicas pessoais, as ações de retaguarda defensiva, rever as crenças, o desrespeito e a não valorização um do outro, mobilizando e envolvendo docentes e discentes para a mudança, criando atividades de diálogo entre docentes e entre estes e os discentes para superar dificuldade no trabalho com pares, por competição e rivalidades, e revisar o conceito de autonomia didática, que no senso comum é percebido como cada um fazer o que quer.

Ou seja, como outras, a questão da inteligência coletiva está posta como desafio, sendo este também mais um referencial teórico-prático a ser associado aos processos de profissionalização, possibilitado também pela abrangência e sistematização das atividades em duplas, trios e grupos que, ao serem vivenciadas pelos partícipes, apontam rumos possíveis a serem trilhados pelos colegiados dos cursos de graduação. No trabalho com gestores[16] foi importante a diferenciação

---

16. Sobre o curso com gestores encontra-se em construção uma análise e síntese específica, a ser socializada futuramente.

entre gestão de baixa e alta complexidade, também porque esses elementos puderam fazer parte de vivências e análises das formas de organização dos colegiados e setores nos quais atuavam os gestores do curso.

Daí também a importância dos grupos institucionais de apoio aos processos de profissionalização docente, que vêm se ampliando em diversas instituições públicas e privadas.

Ações institucionais de profissionalização: algumas anotações

As instituições de educação superior, que colocam o ensino de graduação como foco de tomada de decisões, têm percebido que as mudanças hoje necessárias nos currículos e formas de atuação docente e discente dependem de uma série de variáveis, e uma das fundamentais centra-se no processo institucional de profissionalização do docente, seja essa profissionalização inicial ou continuada. Embora os profissionais ingressem na docência por concurso, este nem sempre objetiva o domínio dos saberes pedagógicos necessários à docência em sua complexidade, se restringindo muitas vezes ao domínio da área a ser lecionada e à experiência com a pesquisa.

Por isso, um dos desafios relativos a esse enfrentamento refere-se à insuficiente formação para a docência exigida no ingresso e vivida pelos profissionais de diversas áreas de formação que atuam como professores, sem ter podido contar com as ferramentas teórico-práticas existentes hoje, em sua formação inicial de graduação. Constata-se também que existem programas de pós-graduação que não sistematizam saberes para a docência universitária, e, quando o fazem, essa iniciação se reduz a uma disciplina sobre Metodologia de Ensino Superior, com carga horária média de 60 horas, insuficiente para tal formação, ainda que ressalvemos sua importância.

Destacamos como exceção, na formação de graduação, os profissionais que cursaram licenciatura, pois, ainda que nesses casos os estudos tenham sido habitualmente direcionados para as séries iniciais e intermediárias, não focando a questão da mediação entre a teoria da área, o mundo do trabalho e o processo de aprendizagem dos estudantes universitários, estudaram sobre psicologia do desenvolvimento e cognição, sociologia e relações grupais, estrutura e funcionamento de ensino e as bases legais para os níveis de ensino previstos em legislação, didática e metodologia de ensino e aprendizagem, processo de avaliação, entre outros saberes necessários à docência.

É nesse contexto que temos visto se instituírem os grupos de apoio pedagógico, com várias denominações: Centro de Apoio Pedagógico (CAP), Grupo de Apoio Pedagógico (GAP), Núcleo de Apoio Pedagógico (NAP), entre outros. Esses grupos terão maior força e atuação crescente se constituídos em programa institucional que faça parte do Projeto Político Institucional, ou ligados a programas de profissionalização docente junto à Pró-Reitoria de Graduação e, acreditamos, devem ser institucionalizados, de forma a perdurar para além de uma proposta de gestão específica.

Habitualmente, esses grupos vêm sendo constituídos com docentes que se interessam pela melhoria qualitativa da docência e buscam ampliar sua formação também nesse aspecto, acabando por se tornar responsáveis por alterações curriculares e, consequentemente, pelo envolvimento dos pares e pela construção coletiva dos Projetos Políticos-Pedagógicos dos cursos em que atuam.

Embora imbuídos de um compromisso indiscutível com o ensino e aprendizagem dos estudantes e com a organização de currículos atualizados e significativos, esses professores atuantes nos grupos de apoio pedagógico sentem o desafio de se debruçar sobre a teoria e a prática existentes na docência universitária e se preparar para atuar no ensino tal como projetam ser desejável, assim como organizar grupos de estudos com seus pares dos cursos, visando a uma retomada no sentido da atualização docente. Destacamos aqui: *atualizar* tanto no sentido de colocar em ato como colocar no momento presente o necessário desempenho profissional, agindo como mediador entre o estudante universitário real, o mundo do trabalho e o currículo proposto coletiva e institucionalmente.

Alguns grupos de apoio pedagógico contam também com profissionais pedagogos, mas também estes não tiveram o foco da docência universitária contemplado de forma sistemática na formação de graduação. No entanto se debruçam sobre as sínteses existentes, discutem as teorias e realizam pesquisas na área, de forma a avançar na construção de quadro teórico-prático tão necessário. É fundamental que esses grupos se fortaleçam, que se mantenham discutindo e elaborando novos referenciais, que deem força aos grupos de docentes que têm se estruturado tanto nas instituições privadas quanto nas públicas, de norte a sul do país, como evidenciam os encontros da RIES[17] (Rede Sul-brasileira de Investigadores da Educação Superior) sediada no Sul do país e agora se estendendo também para outras regiões.

Nas vivências aqui registradas os grupos de apoio se constituem em espaços que podem, como fruto do trabalho em parceria desses grupos com os docentes, construir avanços importantes tanto na revisão curricular quanto na formação continuada dos docentes. Pontuamos, por isto, sua importância.

A mediação dos pares e com os pares desafia e exige das equipes institucionais uma ação baseada em objetivos claros e estratégias facilitadoras. Exige um *feeling* acerca do que funciona melhor em determinado momento, uma flexibilidade de alterar o que estava previsto ou programado para aquele instante, pois cada momento é do grupo, sendo preciso captar, na dinâmica do momento, qual a continuidade mais adequada, com maturidade para abrir mão de um plano determinado e que, para ser "seguro", não precisa ser inflexível.

Por isto, pontuamos ser importante não perder de vista que o objetivo principal é de efetivar a *reliance:*[18] deliberação de estabelecer vínculos sociais e profissionais em redes e alianças. Isto requer que o processo reflexivo evolua continuamente e que o vínculo vá se firmando entre os sujeitos para que as narrativas de questões, problemas e

---

17. Para mais informações sobre a Rede Sul-brasileira de Investigadores da Educação Superior, ver: <http://www.pucrs.br/faced/pos/ries/>.

18. A este respeito, ver Andaloussi (2004).

experiências sejam um fator determinante de crescimento pessoal e grupal.

Nas experiências vivenciadas até hoje, verifica-se que processos de formação continuada do docente estarão sempre desafiando os grupos de trabalho e os mediadores que neles atuam, no caso aqui narrado, os participantes dos grupos de apoio pedagógico, a estabelecerem o contrato inicial, pela combinação de um plano de trabalho geral derivado das necessidades do grupo, estabelecendo objetivos consensuados coletivamente. Para isto os mediadores precisam ter consciência do entorno, da cultura institucional em vigor e de toda força que esta possui, mas esforçando-se por ir além dela, no sentido de acreditar que novos rumos e processos podem ser traçados e vividos, havendo uma força de transformação e de novas ações se compondo em cada processo vivenciado.

No momento de trocas nos grupos de trabalho, o discurso enunciado revela o raciocínio vigente, os valores, a percepção existente. Cada depoimento é um presente, no sentido de ser doado ao grupo e no sentido de significar a percepção de um momento.

O raciocínio pode ser revisto e isto se fará mais adequadamente se o clima de trabalho for facilitador, pois as transformações de reflexão e ação vão se construindo no processo, ampliando inclusive a humildade, tão distante de nossas academias nos dias atuais. Por isto, é fundamental ser um bom ouvinte, paciente, possibilitando que a reflexão flua, pois ela é transformadora da percepção e de possíveis ações decorrentes.

É preciso atentar que os níveis de participação dos sujeitos serão variados, pois diversos são os sujeitos, estando aí a riqueza dos grupos, das trocas e da produção de atividades. Existe uma produção de saber didático proposto nos processos que é mais facilmente apropriada em processos de construção, sendo as atividades fundamentais nessa práxis, enquanto ação intencional e deliberada por parte do processo mediador e do sujeito que a operacionaliza.

A análise dos produtos auxilia na sistematização dos saberes objetivados; estes se constituíram dos quadros construídos, dos vídeos assistidos, dos textos estudados, do projeto de curso e de seu perfil pretendido, do programa de trabalho docente, mesmo que ainda como plano de ensino em reescrita como programa de aprendizagem a ser proposto aos universitários e, nesses materiais, revendo objetivos, nexos relacionais com outras áreas, métodos, estratégias e formas de acompanhamento. E se possibilita a articulação do saber científico ensinado com o mundo do trabalho no qual o docente atua como professor e o estudante deverá atuar com profissional, em seus princípios e nexos, evidenciando que o saber está diretamente relacionado a um saber que, saber por que, saber para que e saber como.

Segundo Andaloussi (2004), os sujeitos ao produzirem ações sofrem efeitos, percebem tanto a permanência quanto as transformações, as possibilidades de vir-a-ser, levando o cérebro a estabelecer novas estratégias de ação, de negociação e de compartilhamento, facilitando o vínculo e a troca. A dinâmica obtida pelos elementos da teoria e da prática, em articulação, amplia a visão de totalidade e possibilita novas tomadas de posição.

Em publicação do ano de 2000, Morin (2000, p. 28) já nos alertava para a necessária ampliação da consciência, ao dizer que "encontramo-nos em um ponto em que o conhecimento científico está sem consciência. Sem consciência moral, sem consciência reflexiva e também subjetiva. Cada vez mais o desenvolvimento extraordinário do conhecimento científico vai tornar menos praticável a própria possibilidade de reflexão do sujeito sobre a sua pesquisa". Por isso, esses espaços de formação continuada são tão importantes, no que se refere a um espaço dos sujeitos refletindo e revisando ações profissionais e também pessoais, no que cabe ao grupo de trabalho.

Sugere assim a restituição do diálogo como espaço de reconquista do eu, encarando-se o problema da subjetividade. As trocas podem se tornar o espaço de autoconhecimento e conhecimento coletivo; "a questão não é que cada um perca sua competência, mas que cada um a desenvolva o suficiente para articulá-la a outras competências, que, ligadas em cadeia, formariam um círculo completo e dinâmico, o anel do conhecimento do conhecimento" (MORIN, 2000, p. 69).

Por isso, nossa sugestão, ao encerrar este espaço de reflexões, é que os grupos de apoio pedagógico busquem e se atualizem como grupos vinculados por objetivos pessoais e institucionais, e que essa formação se amplie nos processos coletivos de formação continuada com os grupos com que efetivam as trocas.

E que as instituições criem espaços contínuos de formação continuada dos docentes, também no sentido da profissionalização para a docência, ampliando a cultura institucional para além dos espaços já existentes de formação e pesquisa de suas áreas específicas. Nesse sentido, parabenizamos a atual gestão da Pró-Reitoria de Graduação da USP pela condução que vem sendo dada no encaminhamento dos processos de institucionalização dos grupos de apoio pedagógico e as demais ações direcionadas à melhoria da ação docente nos cursos de graduação. E agradecemos a oportunidade das vivências efetivas e da aprendizagem delas decorrentes.

Referências bibliográficas

ANASTASIOU, L. G. C. Ação pedagógica e pesquisa-ação: interfaces da pesquisa-ação e ação pedagógica na profissionalização continuada. In: *Trajetórias e processos de ensinar a aprender*: didática e formação de professores. Porto Alegre: EDIPUCRS, 2008. Livro I.

_____; PESSATE, L. A. *Processos de ensinagem na universidade*: pressupostos para as estratégias de trabalho em aula. 7. ed. Joinville: Editora Univille, 2007.

ANDALOUSSI, El Khalid. *Pesquisas-ações*: ciência, desenvolvimento e democracia. São Carlos: EduFSCAR, 2004.

CARDOSO, M. L. *A periodização e a ciência da história*. jun. 1988. (Mimeo.)

_____. O mito do método. *Cadernos da PUCSP*, n. 7, ago. 1971.

COSTA, Rogério da. Inteligência coletiva: comunicação, capitalismo cognitivo e micropolítica. *Revista FAMECOS*, Porto Alegre, n. 37, dez. 2008.

_____. Por um novo conceito de comunidade: redes sociais, comunidades pessoais, inteligência coletiva. *Revista Interface — Comunicação, Saúde, Educação,*. São Paulo: Unesp, v. 9, n. 17, p. 235-248, mar./ago. 2005.

CUNHA, M. I. da (Org.). *Pedagogia universitária*: energias emancipatórias em tempos neoliberais. Araraquara: Junqueira & Martin, 2006.

DIRETRIZES para a Pró-Reitoria de Graduação, Biênio 2006-2007, USP. (Mimeo.)

MORIN, E. *O Método 3*: o conhecimento do conhecimento. Porto Alegre: Sulina, 2005.

_____; MOIGNE, J. L. *A inteligência da complexidade*. São Paulo: Peirópolis, 2000.

NOT, L. *Ensinando a aprender*: elementos de psicodidática geral. São Paulo: Summus, 1993.

PERRENOUD, P. *Prática pedagógica, profissão docente e formação*: perspectivas sociológicas. Portugal: Publicações Dom Quixote, 1993.

PIMENTA, S. G.; ANASTASIOU, L. G. C. Preparação pedagógica: uma experiência em discussão. *Revista do Programa de Aperfeiçoamento de Ensino — PAEUSP*, São Paulo: Pró-Reitoria de Pós-Graduação, 2002.

REDE SUL-BRASILEIRA de Investigadores da Educação Superior. Disponível em: <http://www.pucrs.br/faced/pos/ries/>.

SANTOS, Boaventura de Sousa. *A universidade no século XXI*: para uma reforma democrática e emancipatória da universidade. São Paulo: Cortez, 2005.

SAVIANI, D. *Escola e democracia*. São Paulo: Cortez, 1982.

VASCONCELLOS, C. *Construção do conhecimento em sala de aula*. São Paulo: Libertad, 1994. (Cadernos Pedagógicos Libertad, 2.)

ZABALA, V. A. *A prática educativa*: como ensinar. Porto Alegre: Artmed, 1998.

FORMAÇÃO PEDAGÓGICA DO PROFESSOR UNIVERSITÁRIO
reflexões a partir de uma experiência*

Adriana Katia Corrêa[1] • *Cláudia Maria Bógus*[2] • *Léa das Graças Camargos Anastasiou*[3] • *Lia de Alencar Coelho*[4] • *Luiz Eduardo P. B. Tourinho Dantas*[5] • *Noeli Prestes Padilha Rivas*[6] • *Raphael Liguori Neto*[7] • *Sílvia Maria Amado João*[8] • *Simone Rocha de Vasconcelos Hage*[9] • *Vilanice Alves de Araújo Püschel*[10] • *Yassuko Iamamoto*[11]

---

* Trabalho desenvolvido coletivamente pelos docentes do GAP — Grupo de Apoio Pedagógico da Universidade de São Paulo.

1. Professora doutora da Escola de Enfermagem de Ribeirão Preto/USP e Coordenadora do GAP — *campus* Ribeirão Preto/USP.

2. Professora-associada da Faculdade de Saúde Pública e coordenadora do GAP — FSP/USP.

3. Professora doutora aposentada da Universidade Federal do Paraná; docente ministrante dos Cursos de Pedagogia Universitária da USP 2007-2009.

4. Professora-associada da Faculdade de Zootecnia e Engenharia de Alimentos e membro do GAP — FZEA/USP.

5. Professor doutor da Escola de Educação Física e Esporte e membro do GAP da EEFE-USP.

6. Professora doutora da Faculdade de Filosofia, Ciências e Letras e membro do GAP — *campus* Ribeirão Preto/USP. *E-mail*: <noerivas@ffclrp.usp.br>.

7. Professor doutor do Instituto de Física, vice-coordenador do GAP — Central e coordenador do GAP — IF/USP. *E-mail*: <rliguori@if.usp.br>.

8. Professora doutora do Departamento de Fisioterapia, Fonoaudiologia e Terapia Ocupacional da Faculdade de Medicina e coordenadora da Comissão Coordenadora do Curso de Fisioterapia da FMUSP.

9. Professora doutora da Faculdade de Odontologia e membro do GAP — FOB/USP — *campus* Bauru.

10. Professora doutora da Escola de Enfermagem da USP e coordenadora do GAP — EE/USP.

11. Professora titular da Faculdade de Filosofia, Ciências e Letras, coordenadora do GAP-Central e membro do GAP — *campus* Ribeirão Preto/USP. *E-mail*: <iamamoto@usp.br>.

Introdução

A prática cotidiana na universidade pública, no Brasil, vem despertando inquietações e a busca de conhecimentos sobre a formação pedagógica para a docência. Essa temática tem sido mundialmente estudada por diversos autores, o que demonstra a sua relevância, tais como Nóvoa (1992), Giroux (1997), Contreras (2002), Zabalza (2004), Pimenta e Anastasiou (2005), Tardif e Lessard (2005), Cunha (2007, 2010), Veiga (2008) e Gatti (2009).

Nóvoa (1992) menciona que formação continuada é um processo individual de apropriação que depende da capacidade de integrarmos um conjunto de informações e possibilidades e de transformarmos isso em material de formação, de conhecimento, de uma maneira nova de ser professor. Argumenta que a formação deve estimular uma perspectiva crítico-reflexiva, que favoreça um pensamento autônomo e facilite uma dinâmica de autoformação participativa. Assim, para o autor, "estar em formação implica um investimento pessoal, um trabalho livre e criativo sobre os percursos e os projetos próprios, com vista à construção de uma identidade que é também uma identidade profissional" (p. 25). O autor defende ainda práticas de formação que levem em conta dimensões coletivas, que possam contribuir para a emancipação profissional e para a autonomia dos docentes. A formação se faz na ação, na mudança organizacional e na mudança das práticas educativas.

Considerando-se esses aspectos, o objetivo deste trabalho é descrever e refletir sobre o processo de formação pedagógica para a docência universitária, no contexto de uma política de valorização do ensino de graduação na Universidade de São Paulo (USP).

O Grupo de Apoio Pedagógico (GAP Central), formado pelos coordenadores dos GAPs de unidades e/ou *campus* (o que envolve articulação de várias unidades) da USP, foi constituído em 2004, a partir de Portaria[12] que o oficializou como grupo de trabalho junto ao

---

12. Portaria Interna Pró-Graduação n. 04/2004. Dispõe sobre as principais ações de apoio pedagógico ao docente na Universidade de São Paulo.

Conselho de Graduação da Pró-Reitoria de Graduação da Universidade. Essa Portaria assinala a necessidade de valorizar as atividades de graduação, de construir espaços de aperfeiçoamento docente, considerando a prática pedagógica e apoio ao professor no cumprimento das proposições acerca dos objetivos e diretrizes nacionais de graduação (UNIVERSIDADE DE SÃO PAULO, 2004).

Cabe destacar que em sua origem, previamente à oficialização, esse grupo foi resultante de um movimento que começou a partir dos desejos e expectativas de docentes de áreas diversas que, preocupados com o ensino de graduação no cotidiano de seus cursos, percebiam a necessidade de organização de um grupo que se constituísse como um espaço potencializador e articulador para mudanças mais efetivas nas práticas pedagógicas dos professores.

Em 2009, em substituição ao GAP Central, instituiu-se a Comissão de Apoio Pedagógico (Resolução CoG n. 5510). Essa comissão passou a constituir-se como uma Comissão Assessora da Pró-Reitoria de Graduação, com a finalidade de assessorar o Conselho de Graduação (CoG), suas Câmaras e a Pró-Reitoria de Graduação (Pró-G), na elaboração e implementação de política de aperfeiçoamento pedagógico dos professores da USP, considerando as Diretrizes Nacionais da Graduação (UNIVERSIDADE DE SÃO PAULO, 2009).

A constituição, o reconhecimento e a oficialização desse grupo de apoio pedagógico vêm configurando-se em um movimento gradativo que articula anseios e projetos individuais e grupais de docentes com diretrizes políticas externas e internas à Universidade. A articulação desses elementos mostra-se fértil para a construção de projetos de formação docente que respondam às atuais demandas do ensino de graduação.

Em 2007, o GAP Central participou ativamente da organização de Cursos de Pedagogia Universitária, com carga horária variando de 180 a 260 horas.[13] Esses cursos têm promovido um espaço formativo essencial para a discussão e análise da prática docente cotidiana e para

---

13. Entre atividades presenciais e não presenciais.

a apropriação de conhecimentos específicos do campo da pedagogia, tendo em vista a complexidade da formação do professor da educação superior e a tensão que se estabelece entre os saberes pedagógicos e os saberes científicos.

Nessa perspectiva, essa política de formação continuada busca superar por meio desses cursos as limitações relativas aos processos formativos breves e pontuais, propondo ações que permeadas pela realidade cotidiana em articulação com a base teórico-conceitual possibilitem ressignificar e refletir sobre a docência universitária. A esse respeito, comenta Anastasiou (2004) que um dos elementos essenciais da profissionalização docente é o tempo dispendido no processo. Ou seja, essa profissionalização não se refere unicamente a processo informativo que possa ser sanado em palestras ministradas em algumas horas. Não negando a validade dessa estratégia, todavia, a autora ressalta que a preparação docente envolve estabelecimento de objetivos, encaminhamentos e reencaminhamentos ao longo de tempo preestabelecido, tempo esse que seja suficiente para enfrentamento de problemas diagnosticados e transformados em metas.

Esse entendimento sobre a continuidade, a profundidade e a articulação teórico-prática, questões fundamentais para a formação do professor, foi sendo percebido pelo grupo na troca de vivências e conhecimentos prévios que apontavam para a importância dessa estratégia. Um ponto essencial quando do planejamento desse curso foi a possibilidade de discutir a proposta apresentada pela ministrante, professora convidada de outra instituição, pesquisadora no campo de saber da docência universitária, o que possibilitou ponderar acerca das especificidades docentes em nosso contexto e, ao mesmo tempo, nos permitiu ter a clareza quanto à nossa própria participação, nesse momento, também, como estudantes do referido curso.

Cabe destacar que, no Brasil, como em outros países do mundo, não há exigência de formação pedagógica específica para o exercício da docência no ensino superior. A legislação vigente sobre a educação superior prevê que tal formação dar-se-á nos cursos de Pós-Graduação *stricto sensu*. A esse respeito, comenta Masetto (2003) que os professores são recrutados entre profissionais, dos quais é exigido um aprofundamento em cursos de Pós-Graduação, *stricto sensu*, o que os tornam mais competentes na compreensão e investigação do conhecimento. Não são ainda exigidas competências profissionais de um educador no que se refere ao saber pedagógico e à dimensão político-social. O autor observa que apenas recentemente os docentes universitários começaram a ter consciência de seu papel de professor, que esse papel exige formação própria e não somente diploma de bacharel, mestre e/ou doutor, ou mesmo apenas experiência no campo profissional. A docência universitária demanda competências pedagógicas.

Essa ideia nos remete a um "senso de profissionalismo". Nessa direção, comentando sobre o contexto da formação de professores de outros níveis de ensino, Libâneo (2006) aponta que:

> (...) profissionalismo significa compromisso com um projeto político democrático, participação na construção coletiva do projeto pedagógico, dedicação ao trabalho de ensinar a todos, domínio da matéria e dos métodos de ensino, respeito à cultura dos alunos, assiduidade (...). (p. 90)

Percebemos que tais ideias podem ser estendidas para a docência universitária, pois esses elementos difundidos na literatura específica e em alguns espaços da própria universidade ainda não são reconhecidos pela maioria docente, até porque reconhecê-los é explicitar nossos próprios limites. Isso, como será visto adiante, não se refere apenas a responsabilidades individuais, mas, também, a responsabilidades político-institucionais. Todavia, não deixa de envolver também o quanto cada um de nós está mais ou menos implicado com seu cotidiano docente.

Consideramos importante nossa participação tanto na organização, quanto na atuação como estudantes do Curso de Pedagogia Universitária, pois, na verdade, a experiência de sermos estudantes nesse processo formativo permite-nos revisitar nossa prática pedagógica, bem como buscar elementos teórico-conceituais que fundamentem a docência universitária e criem novas possibilidades para o fazer pedagógico. Esse é um exercício ímpar, pois temos compreendido que ao dirigirmos nossas ações para a formação docente em nossa universidade temos a clareza da necessidade de abertura e disponibilidade para reconhecermo-nos como aprendizes.

Cabe considerar que, além da preocupação mais específica com a atuação docente propriamente dita, muitos de nós estamos envolvidos com a gestão de nossos cursos junto aos docentes com quem atuamos e a possibilidade de discutirmos aspectos relativos à coordenação de curso tem sido muito valiosa.

Tendo em vista as atividades criadas por esse grupo, bem como os conteúdos e vivências dos referidos cursos, desenvolvidos entre 2007 e 2009, apresentamos alguns eixos para reflexão: a especificidade da docência na universidade, tendo em vista os aspectos político-organizacionais, a prática cotidiana da gestão do ensino, o processo ensino-aprendizagem como foco da atuação docente e o papel dos grupos de apoio pedagógico na educação continuada de professores, enfocando a relevância da constituição de grupos de estudos e de apoio pedagógico.

A especificidade da docência universitária

No que se refere à docência universitária, verificamos que, no caso brasileiro, a inserção na universidade tem valorizado mais os conhecimentos e as atividades relacionadas à investigação, em detrimento da formação pedagógica. Ainda que detentor de um corpo de conhecimentos específicos, quando ingressam na universidade, esses profissionais nem sempre apresentam atributos específicos, necessários e desejados para a vertente docente dessa profissão. Com isso, o exercício da docência tem por base muito mais a imitação da docência que tiveram, do que propriamente a incorporação do que de fato significa ser docente na educação superior.

No contexto da universidade, a competência docente é processo que vai sendo construído individualmente, por tentativas e erros, tendo como base os modelos de professor já observados ao longo da própria formação na Educação Básica e Superior. Esse modo de se constituir docente não facilita avanços significativos, dificultando a construção de inovações na prática pedagógica.

A pouca valorização dos processos inovadores de ensinar e aprender está relacionada à desvalorização da dimensão do ensino no espaço acadêmico, principalmente se cotejada com a pesquisa. Isso é mais significativo em alguns campos do conhecimento que em outros, porém se constitui em generalizada realidade, reforçada por processos de avaliação externa. Desse modo, o que traz prestígio ao professor, do ponto de vista da carreira e da cultura acadêmica, são a pesquisa, a publicação, a participação em bancas examinadoras, as conferências ministradas e os financiamentos obtidos das agências de fomento para subsidiar pesquisas (CUNHA, 2007). O *campo da pesquisa* constitui-se como estruturante da profissão do professor universitário no processo de construção de conhecimentos, enquanto o *campo da docência*, considerado de baixo prestígio acadêmico e social, expressa a socialização e a difusão do conhecimento

Percebemos, assim, que vai se configurando uma cultura que é reproduzida cotidianamente. Em pesquisa realizada com docentes de vários campos do saber, dessa universidade, aqueles com menos de nove anos de inserção comentam que, se pudessem, prefeririam diminuir a carga horária destinada ao ensino de graduação, tendo em vista que são muito mais valorizados pela produção científica, em termos de publicações e participações em eventos e bancas, do que pela atuação docente propriamente dita (UNIVERSIDADE DE SÃO PAULO, PRÓ-REITORIA DE GRADUAÇÃO, 2005).[14]

Essa situação tende a se agravar na medida em que a universidade é pressionada a atuar não como uma instituição social, mas como organização social. A esse respeito comenta Chaui (2003) que, com a reforma do Estado, na década de 1990, a instituição Universidade, que

---

14. Pesquisa realizada pelo GAP Central, em 2005, que investigou a opinião dos docentes sobre a distribuição de suas atividades na universidade, com a participação de 2.610 sujeitos (50,8% do número total de docentes da universidade nesse ano) que responderam a um questionário eletrônico.

tem a sociedade como princípio e referência normativa e valorativa, começa a se constituir como organização social que pouco questiona sua própria existência e função, preocupando-se mais com sua eficácia e sucesso relacionados a índices de produtividade, com ênfase na avaliação quantitativa, o que no ensino se traduz pela transmissão rápida de conhecimentos, perdendo-se o que há de essencial na finalidade da docência: a formação.

O docente iniciante na instituição fica assim estimulado a dedicar-se mais efetivamente à pesquisa em detrimento da formação e aprimoramento da docência. Cabe considerar que não se trata de desvalorizar a produção de conhecimento, também função precípua da universidade, mas ressignificá-la em real articulação com a função docente.

Para Marafon (2001), a formação de professores universitários é uma preocupação presente desde o I Plano Nacional de Pós-Graduação (PNG), elaborado em 1974, porém, foi somente o Plano Nacional de Graduação, aprovado em 1999 no XII Fórum Nacional de Pró-Reitores de Graduação das Universidades Brasileiras (ForGrad), que expressou a qualidade da formação desejada.[15]

> A pós-graduação precisa integrar à sua missão básica de formar o pesquisador a responsabilidade de formação do professor de graduação, integrando, expressamente, questões pedagógicas às que dizem respeito ao rigor dos métodos específicos de produção do saber, em perspectiva epistêmica. (p. 72)

Embora a discussão em torno da necessidade de formação pedagógica do professor universitário tenha se ampliado, percebe-se que ainda restam parcelas da comunidade acadêmica e indivíduos responsáveis pelas políticas educacionais nacionais que entendem o preparo pedagógico para o exercício da docência como algo supérfluo.

Para Pimenta e Anastasiou (2005), o conhecimento desse sistema é de extrema importância, pois

---

15. Cf. o livro organizado por Maria E. F. Rodrigues, *Resgatando espaços e construindo ideias*: ForGrad 1997 a 2002 (Niterói: EdUFF, 2002).

as condições de trabalho dos professores são diversas entre os diferentes tipos de IES brasileiras e, dependendo do tipo de instituição ao qual o professor se vincula, um tipo de produção diferente será exigido dele, seja ela relativa a atividades de docência, de extensão ou pesquisa, cabendo lembrar que a docência estará presente em todas. (p. 141)

Transmitir conhecimento hoje é tido como um sacerdócio ou como algo vocacionado pela maioria das pessoas. Acreditamos que esta seja a maior ambiguidade na qual convive o "ser professor" — o sacerdócio/vocacionado e o profissional. Talvez este seja um dos principais motivos pelo qual não se reflita mais acerca da necessidade de uma formação inicial consistente.

Para Imbérnon (2006), é na formação inicial que o futuro docente deve adquirir as bases para "poder construir um conhecimento pedagógico especializado" (p. 65). O autor explica que os cursos de formação devem fornecer aos futuros docentes uma bagagem sólida nos âmbitos científico, cultural, psicopedagógico e pessoal, que lhes permitam "assumir a tarefa educativa em toda sua complexidade, atuando reflexivamente com a flexibilidade e o rigor necessários" (p. 60). Entendemos por formação inicial do professor universitário um conjunto de atividades organizadas com o objetivo de proporcionar ao futuro docente os conhecimentos, destrezas e disposições necessárias para desempenhar sua docência. E para isso é preciso que haja um maior comprometimento das IES e demais instituições formadoras.

Enfocando especificamente a docência no ensino superior, Pimenta e Anastasiou (2005) indicam a necessidade de desenvolvimento profissional, considerando que os professores iniciam sua prática docente sem questionamento sobre o significado de ser professor e a instituição não desenvolve efetivamente processos formativos, sendo os Cursos de Pós-Graduação (mestrado e doutorado), como já apontado, vias de formação, porém, com poucos momentos de aprofundamento na docência. Além disso, as autoras apontam ainda que, ao ingressarem na universidade, os docentes passam a atuar em cursos e disciplinas já aprovados e definidos.

Em vários momentos dos Cursos de Pedagogia Universitária, os docentes das distintas áreas de saber fazem relatos de situações formais e informais de seu cotidiano em que explicitam serem cobrados pela produtividade em pesquisa, o que é evidenciado pela publicação de artigos de alto impacto avaliados segundo critérios da Capes. Essa produtividade reforça processos de trabalho que não priorizam oportunidades formais para discussão crítica acerca do sentido da pesquisa e da própria universidade para a sociedade. Em contraposição a essa situação generalizada, os referidos docentes apontam que não há solicitação formal significativa, para além das oito horas mínimas de aula, quanto ao desempenho como professor no ensino de graduação. Mas, alguns docentes, inquietos com as verdades inquestionáveis relacionadas aos modelos curriculares disciplinares, saberes hierárquicos, processos de ensino e aprendizagem tradicionais, buscam ressignificar a profissão para além do velho modelo iluminista de ensino. Essa busca é amparada pela política de valorização do ensino, uma das principais metas das últimas gestões da Pró-Reitoria de Graduação da Universidade de São Paulo, o que tem sido demonstrado pelo desenvolvimento de várias atividades ligadas ao ensino, uma das funções precípuas da universidade, e que envolve propostas de mudanças curriculares, revisão de projetos político-pedagógicos, bem como novos aportes para os processos de avaliação de cursos de graduação.

Neste contexto, mesmo considerando que este é um processo de caráter ainda inicial, podemos aquilatar que essa política de valorização do ensino no âmbito da graduação tem impulsionado ações inovadoras no campo da docência e da formação continuada, consubstanciadas nas várias edições do Curso de Pedagogia Universitária e em estudos e revisões curriculares que vêm ocorrendo em cursos da USP.

A nossa participação no GAP Central e nos Cursos de Pedagogia Universitária tem nos dado a oportunidade para iniciar uma leitura crítica da realidade, gerando questionamentos dos valores presentes nas políticas e no modo de organizar o trabalho na universidade, tendo em vista o contexto sociopolítico brasileiro. Nessa leitura, fica explícito que a docência não comporta apenas uma dimensão técnica, mas pedagógica e política, ou seja, o domínio dos saberes desses campos pode atuar como mola propulsora para o desenvolvimento do compromisso social pelo docente.

Nesse sentido, nos apoiamos em Freire (1979), destacando que

(...) somente um ser que é capaz de sair de seu contexto, de distanciar-se dele para ficar com ele, capaz de admirá-lo para objetivando-o, transformá-lo e transformando-o saber-se transformado por sua própria criação; um ser que é e está sendo no tempo, que é o seu, um ser histórico, somente este é capaz, por tudo isso, de comprometer-se. (p. 28)

Ainda a esse respeito, Severino (2002) refere que o investimento na formação e na atuação profissional do educador não pode se reduzir à qualificação somente técnica. Precisa ser também política, expressando sensibilidade às condições histórico-sociais da existência dos sujeitos que estão envolvidos com a educação. Ao serem consideradas em sua dimensão política, a educação e a cultura tornam-se intrinsecamente éticas, relacionando-se ao preparo de cidadãos para a vida. Investir na formação para além da dimensão técnica tem sido a tônica dos Cursos de Pedagogia Universitária. De modo geral, os docentes participantes vêm também em busca de constituir espaços férteis para discussão dos problemas do cotidiano que interferem significativamente em suas práticas pedagógicas. Dessa forma, a proposta do GAP Central é atuar no sentido de fortalecer e despertar a inquietação, instigando a prática do trabalho coletivo e solidário, pois a prática docente é, portanto, um lócus de formação e produção de saberes. Tardif e Lessard (2005, p. 91) ressaltam que a relação dos docentes com os saberes "não se reduz a uma função de transmissão dos conhecimentos já constituídos. Ou seja, os docentes estão continuamente produzindo saberes específicos, tácitos, oriundos da formação profissional, das disciplinas, dos currículos, enfim de sua experiência, os quais são constantemente mobilizados, construídos e reconstruídos".

Nessa direção, Cunha (2010) nos alerta que a organização dos saberes dos professores corresponde a uma matriz, que se relaciona com o campo pedagógico explicitada a partir dos saberes próprios da docência, quais sejam: *saberes relacionados com o contexto da prática pedagógica* (abrangem conhecimentos relacionados à escola como instituição social, as políticas educacionais e curriculares num determinado espaço e tempo); *saberes referentes à dimensão relacional e coletiva das situações de trabalho e dos processos de formação* (abrangem as parcerias que o docente estabelece com seus pares e outros atores educativos); *saberes relacionados com a ambiência da aprendizagem* (abrangem aspectos relacionados com o conhecimento das condições de aprendizagem dos alunos e as múltiplas articulações com a prática social); *saberes relacionados com o contexto sócio-histórico dos alunos* (abrangem as habilidades e os processos de ensino e aprendizagem que o docente desenvolve num determinado contexto histórico e social, visando à aprendizagem do estudante); *saberes relacionados com o planejamento das atividades de ensino* (compreendem o delineamento dos objetivos, conteúdos, métodos, estratégias de ensino e propostas de desenvolvimento de uma efetiva prática pedagógica); *saberes relacionados com a condução da aula nas suas múltiplas possibilidades* (envolvem as condições que permitem ao docente exercer o seu protagonismo intelectual junto aos seus estudantes, para que os mesmos tenham acesso aos bens culturais, ancorados nas estruturas culturais, afetivas e cognitivas); e *saberes relacionados com a avaliação da aprendizagem* (contemplam conhecimentos técnicos dos instrumentos e estratégias avaliativas utilizados pelo docente, os quais possibilitam ao aluno uma aprendizagem significativa, bem como a revisão de seus percursos). Esses saberes configuram uma perspectiva de docência e refletem a complexidade da ação pedagógica, que aglutina dimensões subjetivas, culturais e históricas.

A prática cotidiana da gestão do ensino

Esse eixo trata da formação da ação coordenadora, exercida por docentes de cursos determinados que têm a responsabilidade de coordenar o trabalho de um grupo designado Comissão Coordenadora

PEDAGOGIA UNIVERSITÁRIA

de Curso,[16] orientando, acompanhando e avaliando o seu desenvolvimento. Essa atividade, muitas vezes, acaba limitando-se a aspectos de ordem mais burocrática, uma vez que os docentes não têm formação específica para a gestão pedagógica do curso e, quando o têm, encontram muitos obstáculos, como efetivar mudanças nas práticas pedagógicas tradicionais e nos modelos curriculares disciplinares já arraigados. Além disso, o processo de trabalho docente fortemente individualizado dificulta sobremaneira a construção coletiva, elemento essencial de uma gestão participativa.

Nesse contexto, ainda predominam currículos que se perpetuam, organizados por disciplinas justapostas, atuando o professor como mero transmissor de conteúdos fragmentados e, muitas vezes, pouco significativos para o estudante, para o momento histórico e para os problemas que a realidade apresenta (PIMENTA; ANASTASIOU, 2005), apesar de a Lei de Diretrizes e Bases da Educação Nacional (LDBEN — 9394/96) e as Diretrizes Curriculares para os Cursos de Graduação proporem explicitamente a construção coletiva de projetos pedagógicos pelos docentes responsáveis por um curso.

Atualmente, tal modelo disciplinar predominante não acompanha as diretrizes propostas para os cursos de graduação, uma vez que não abre espaços para, por exemplo, interdisciplinaridade, articulação teoria-prática, flexibilização curricular com proposta de atividades curriculares e extracurriculares mais integrativas e culturais, baseadas em uma perspectiva formativa e não apenas informativa.

No campo pedagógico, os currículos tendem a refletir uma perspectiva reducionista de ciência, dividindo conhecimento em partes lógicas de modo a torná-lo compatível com a capacidade de armazenamento do estudante, e acreditando que o conhecimento das partes (disciplinas) somadas levará à apreensão de um todo coerente. Assim, o professor não precisa compreender a estrutura e as relações de sua

---

16. Comissões Coordenadoras de Curso: grupo de docentes de um respectivo curso responsável pela sua gestão pedagógica; assessoram a Comissão de Graduação (colegiado que faz a administração de todos os cursos de uma faculdade).

disciplina com as demais, nem suas implicações históricas e socio-culturais.

Nos Cursos de Pedagogia Universitária tem sido incentivada a discussão sobre a possibilidade de construir desenhos curriculares que articulem campos de saber, como os modulares/integrativos, a partir da discussão ampliada e crítica do perfil de profissional a ser formado, considerando dimensões políticas, éticas e técnicas, articulando formação profissional e cidadã, na perspectiva de transcender a lógica tradicional predominante. Nas trocas de experiências entre os professores que participam dos Cursos de Pedagogia Universitária, percebe-se que, de modo geral, historicamente há dificuldades em construir mudanças significativas na organização curricular dos diversos cursos e, quando essas ocorrem, as inovações são discretas, pontuais e marcadas por dificuldades de mantê-las no cotidiano.

A busca por construções curriculares globalizantes é um desafio. Zabala (2002) refere-se a métodos globalizados como aqueles que organizam os conteúdos a partir de situações, temas ou ações, independentemente da existência ou não de determinadas disciplinas que precisam ser ensinadas. Nesses métodos, os estudantes têm que se mobilizar para resolver problemas, fazer determinadas construções mentais propostas nos currículos e mediadas pelo docente. Para tal, eles precisam utilizar e aprender fatos, conceitos, técnicas, habilidades e atitudes que estão relacionados a disciplinas tradicionais. Todavia, o objetivo direto não é simplesmente aprender esses conteúdos disciplinares, mas alcançar o objetivo de conhecimento ou de elaboração. Assim, nos métodos globalizados, as disciplinas não são o objeto de estudo nelas mesmas, mas os saberes sistematizados se tornam o meio para que seja obtido conhecimento que possa responder a problemas e questões que a realidade coloca. Há possibilidade de aprendizagem de enfrentamento de problemas reais, nos quais todos os conhecimentos têm um sentido que ultrapassa a superação de demandas escolares com diferentes níveis de profundidade.

Trata-se de uma proposta que questiona o tradicional fazer docente, pois essa articulação curricular representa um desafio na medida em que construí-la significa extrapolar uma lógica de conhecimento que até então foi predominante na comunidade docente, na direção do resgate da complexidade presente na realidade, trazendo-a para a aula.

Por nossa formação e prática de trabalho disciplinar que considera a grade curricular como elemento fundante, nosso pensamento é disjuntivo e redutor. Aprendemos a separar o objeto de seu ambiente, em relação ao observador, desconsiderando o problema da complexidade. Isto é apontado por Morin (1996) como um obstáculo profundo que precisa ser superado pelo pensamento complexo. Pensamento esse que religa saberes separados e dispersos; desfaz o fechamento dos conhecimentos em disciplinas estanques; procura reunir as disciplinas que foram separadas (interdisciplinaridade, transdisciplinaridade); busca a circularidade entre a análise (a disjunção) e a síntese (a religação); reconhece que existe multiplicidade na unidade e vice-versa e reconhece a circularidade entre as partes e o todo (MORIN, 1996; MARIOTTI, 2007).

A organização curricular em perspectiva mais integrativa exige novos modos de organizar o trabalho docente e de gestão do ensino. Desse modo, além dessa possibilidade de refletir sobre o modelo tradicional de organização curricular, buscando analisá-lo criticamente, bem como de aproximação a outros desenhos curriculares, temos participado de ricos espaços de troca de experiências e conhecimentos relacionados às dificuldades e perspectivas para a construção de trabalho coletivo, envolvendo o desenvolvimento de saberes políticos, pedagógicos e relacionais. A gestão de curso mostra-se para além do simples cumprimento de algumas regras já predeterminadas, tornando-se espaço privilegiado para a constituição coletiva de novos olhares e práticas.

A descentralização dos processos de organização e de tomada de decisão, na construção da autonomia, exige o desenvolvimento do trabalho em equipe e o princípio da gestão compartilhada. Cabe ressaltar que a lógica da gestão orienta-se por princípios democráticos, valorizando a importância da participação consciente e esclarecida das pessoas nas decisões que envolvem orientação, organização, planejamento e implementação de seu trabalho (Lück, 2006).

A ideia de projeto de curso construído coletivamente é fundamental nessa perspectiva. Comenta Cunha (2007) que propostas curriculares que tenham a intenção de promover articulações em torno de um projeto de curso demandam a condição de trabalho coletivo. Isso implica um professor que estabeleça diálogo com seus pares, que faça planejamento em conjunto, que exponha as suas condições de ensino, que discuta sobre a aprendizagem dos estudantes e a sua formação como docente. Além disso, faz-se necessário um professor que tenha flexibilidade mental para transgredir as fronteiras de sua própria disciplina, interpretando a cultura e reconhecendo o contexto no qual se processa o ensino.

Os docentes envolvidos com os Cursos de Pedagogia Universitária, principalmente aqueles que estão mais próximos das Comissões Coordenadoras de Curso, têm se mostrado abertos para o aprendizado e vivência da construção coletiva. Porém, para realmente construí-la não bastam atitudes e conhecimentos a respeito, mas condições político-estruturais que a promovam. Nesse sentido, a organização departamental da maioria das faculdades da Universidade de São Paulo, na forma como se apresenta hoje, vem representando mais um elemento limitante à emergência e manutenção de propostas mais coletivas de organização do ensino de graduação. Urge ainda reconhecer que transformações, por menores que sejam, são processuais, passíveis de muitas idas e vindas e contextualizadas, ou seja, não é possível a proposição de modos únicos de construir novas propostas.

Cabe considerar que práticas interdisciplinares podem se mostrar em diversos níveis de profundidade, em cenários distintos, não se devendo rotular como não sendo interdisciplinar a prática de professores que se esforçam para construir um fazer interdisciplinar, mesmo que ainda estejam apenas dialogando entre si acerca de seus conteúdos, não estabelecendo uma visão mais ampliada da realidade. Assim, é importante identificar esforços, valorizá-los, bem como as transformações construídas, orientando o alcance de novos níveis de visão interdisciplinar (LÜCK, 2006). Ou seja, acreditamos que seja importante articular ações mais discretas, pontuais, que podem aos poucos se capilarizar institucionalmente com ações mais abrangentes que toquem, inclusive, na estrutura organizacional. Ambas, sem dúvida, são complexas e construídas processualmente pelos sujeitos envolvidos. Consideramos que, a partir da troca de experiências entre os docentes de diferentes áreas do conhecimento nos Cursos de Pedagogia Universitária, refletir sobre o projeto pedagógico do curso é um mote para a promoção de espaço coletivo e desenvolvimento de ações que contemplam organização e acompanhamento dos respectivos cursos de graduação. Nessa perspectiva, o envolvimento e o comprometimento com o projeto pedagógico podem se constituir como importante instrumento de gestão pedagógica colegiada dos cursos de graduação.

O processo ensino-aprendizagem como foco da atuação docente

Esse eixo vem sendo enfatizado na medida em que as pesquisas apontam o compromisso do docente para com a aprendizagem. Considerando a incipiente formação pedagógica, o trabalho mais individualizado, fragmentado e a própria desvalorização das atividades de ensino, é no espaço da sala de aula que se desenvolve o ensino-aprendizagem e se efetivam com clareza os limites da prática docente: dificuldades relativas ao conteúdo de ensino, à metodologia, ao relacionamento com o estudante, às práticas de avaliação do processo ensino-aprendizagem. Esses elementos emergem significativamente e, no âmbito das discussões no GAP Central e nos encontros dos Cursos de Pedagogia Universitária, tais dificuldades deixam de ser banalizadas/naturalizadas ou vividas silenciosamente pelos docentes para encontrar a oportunidade de serem trazidas à tona e vistas como realidade a ser problematizada e refletida para, a partir dela, serem construídos conhecimentos pedagógicos que possibilitem a reconfiguração dessa realidade. Desse modo, um ponto essencial a ser enfatizado é que nesses espaços os professores não recebem conhecimentos prontos que poderiam não fazer sentido ao seu cotidiano, sendo valorizada a sua prática como ponto de partida para uma aprendizagem significativa e participativa.

Nos cursos de Pedagogia Universitária tem sido utilizada a metodologia dialética que desenvolve a participação e reflexão crítica. Uma metodologia em perspectiva dialética concebe o homem como ser ativo e de relações. Dessa forma, o conhecimento não é depositado pelo outro nem inventado pelo sujeito, mas é por ele construído em suas relações com os outros e com o mundo (Vasconcellos, 1996).

Trata-se de buscar outros modos de conceber a aula: essa pode ser compreendida como convivência que denota "vida" e vida traz consigo o sentido de realidade. Para Masetto (2009), a aula como vivência implica que seja fundamental integrá-la à realidade, favorecendo espaço que promova:

> (...) a presença, a discussão, o estudo, a pesquisa, o debate e o enfrentamento de tudo o que constitui o ser, a existência, as evoluções, as transformações, o dinamismo e a força do mundo, do homem, dos grupos humanos, da sociedade humana, existindo numa realidade contextualizada temporal e espacialmente, num processo histórico em movimento. A aula deve ser assumida como um tempo e espaço de estudos e contatos com especialistas. (p. 108-109)

Isso implica superar a compreensão da aula como espaço apenas de transmissão de saber, emergindo o professor como mediador da aprendizagem, como sujeito que faz a intermediação universitário-conhecimento, a partir da problematização da realidade. Trata-se de investir na construção de aprendizagem significativa na qual o aprendiz faz uso dos significados que já internalizou, de modo substantivo e não arbitrário, para ter condições de captar os significados dos materiais educativos. Assim, ao mesmo tempo, o aprendiz progressivamente diferencia sua estrutura cognitiva e faz uma reconciliação integradora para identificar diferenças e semelhanças, reorganizando seu conhecimento. Ou seja, o aprendiz produz seu conhecimento (Moreira, 2008).

O desafio, desse modo, é inserir o estudante como sujeito do processo de apropriação dos saberes, tornando-o corresponsável pelo desenvolvimento do programa de aprendizagem proposto (ANASTA-SIOU, 2007). No contexto dos Cursos de Pedagogia Universitária, além dos conhecimentos pedagógicos que puderam ser ampliados e solidificados, essa experiência apresentou-se, para o professor, como referência de sistematização das suas atividades em sala de aula. Isso mostra o quanto é importante a participação do docente em espaços nos quais ele é formalmente o sujeito aprendiz, tendo a oportunidade de eleger, com outros colegas, elementos de sua prática para reflexão, com ela dialogando. Os saberes já constituídos apoiam a sistematização e a construção de novas formas de ação.

Nessa sistemática, há muitos docentes que relataram suas reflexões sobre questões inerentes ao processo ensino-aprendizagem, ousando construir aulas mais dinâmicas e participativas que favoreçam aprendizado significativo. Isso se torna possível na medida em que o professor, no processo formativo, sente-se mobilizado, com novos elementos conceituais e amparado por outros colegas que também compartilham suas inquietações e a necessidade de novos modos de construir aulas.

É preciso reconhecer que, do professor, nas atividades de ensino, se exigem conhecimentos, habilidades, atitudes mentais e disponibilidades que, em parte, diferem das exigidas de um pesquisador, no sentido estrito dessa palavra. Já é de conhecimento da academia que muitos bons pesquisadores não conseguem ter o mesmo nível de qualidade na docência. O que se espera dos professores, em qualquer nível de ensino, como assinala André (2001), é que assumam de forma competente e responsável a sua tarefa de ensinar, a fim de que a grande maioria dos estudantes desenvolva uma atividade intelectual significativa, apropriando-se de conhecimentos fundamentais para uma inserção comprometida e ativa na sociedade. Dessa forma, o docente tem a tarefa de transmitir e recriar conhecimentos junto aos estudantes, fazendo-os partilhar de uma cultura geral e da especializada, com fundamentos, linguagens e lógicas próprias, que perpassam a concepção de professor como *intelectual crítico-reflexivo* (GIROUX, 1997).

O papel dos Grupos de Apoio Pedagógico na educação continuada de professores

Outro eixo que se mostra essencial diz respeito à reflexão sobre a educação continuada de professores com enfoque na relevância da constituição de Grupos de Apoio Pedagógico. Têm havido significativos estímulo e apoio da Pró-Reitoria de Graduação para a constituição de Grupos de Apoio Pedagógico nas diversas unidades, todavia, há necessidade de fortalecimento da formação dos docentes para que tais grupos funcionem efetivamente como espaços abertos à reflexão, o que extrapola a realização apenas de eventos amplos com palestras para apresentações de temas de interesse, como já sinalizado neste trabalho. Assim, destaca-se a construção de práticas formativas alicerçadas em pesquisas, promotoras de reflexão, estudo e apoio a transformações na prática pedagógica cotidiana, envolvendo, muitas vezes, o trabalho articulado às Comissões de Graduação e Comissões Coordenadoras de Curso. Cabe destacar que um dos Cursos de Pedagogia Universitária, oferecido em 2007, teve como público os docentes que estão atuando como membros dos GAPs das distintas unidades. Apesar de a temática da formação continuada de professores estar presente, a maioria dos docentes tinha a sala de aula e o processo ensino-aprendizagem como focos fundamentais de suas preocupações e interesses imediatos. Assim, cabe continuar os investimentos em prol do fortalecimento dos GAPs na universidade como lócus privilegiado acerca da discussão da docência universitária.

Anastasiou (2004), ao comentar sobre elementos considerados fundamentais nos processos de profissionalização docente já vivenciados, destaca a questão da abrangência: quando uma proposta envolve um coletivo docente há mais chances de serem possibilitadas mudanças significativas no curso de graduação ao qual pertencem os professores. Em contextos em que apenas uma parte do colegiado institucional participa do processo de profissionalização continuada, tornam-se mais difíceis mudanças gerais, especialmente se os grupos forem compostos por docentes de diversos departamentos ou cursos. Todavia, é iniciada institucionalmente uma disseminação de novo modo de pensar e ensinar. Além disso, a autora comenta sobre a importância da presença de coordenadores em processos formativos, uma vez que eles ocupam cargos decisórios, facilitando mudanças.

Cabe ainda considerar que o aprendizado coletivo, envolvendo a troca de experiências entre docentes de distintas áreas de saber que compõem o GAP Central e participam no Curso de Pedagogia Universitária, tem mobilizado o potencial crítico-criativo dos docentes, integrando-nos em um projeto comum de formação em prol do ensino na universidade, cujo desafio assenta-se "(...) na passagem de uma docência baseada no ensino para a docência baseada na aprendizagem (...)" (ZABALZA, 2004, p. 106).

Nossa experiência e reflexão têm nos levado a concordar com Nóvoa (1992) ao afirmar que a formação docente envolve três processos: o desenvolvimento pessoal; o desenvolvimento profissional e o desenvolvimento institucional/organizacional. Quanto ao desenvolvimento pessoal, o autor comenta que a formação precisa estimular uma perspectiva crítico-reflexiva, oferecendo aos professores os meios para um pensamento autônomo que promova a autoformação participativa. Portanto, isso se relaciona à produção da vida do professor. Estar em formação envolve investimento pessoal, um modo próprio, criativo de traçar percursos e projetos, tendo em vista a construção de uma identidade que também é profissional. Esse autor comenta que a formação não é construída pela acumulação (cursos, conhecimentos, técnicas), mas também por trabalho reflexivo crítico acerca das práticas, reconstruindo permanentemente a identidade pessoal. A experiência vivida no curso citado tem confirmado essa situação.

Quanto ao desenvolvimento profissional, Nóvoa (1992) aponta que práticas de formação contínua individualizadas promovem aquisição de conhecimentos e de técnicas, porém facilitam o isolamento, intensificando a visão de que os professores são apenas transmissores de um saber produzido exteriormente à profissão. Por outro lado, práticas formativas coletivas promovem a emancipação profissional e a consolidação da profissão em sua autonomia de produção de seus saberes e valores. A formação de professores precisa ser compreendida como um dos elementos de mudança, em articulação com outros setores e campos de intervenção, não sendo, pois, condição prévia à mudança. Ou seja, a formação não se constrói anteriormente à mudança, mas durante as mudanças. Finalmente, ao enfocar o desenvolvimento organizacional, refere que são necessárias mudanças na organização e no funcionamento das escolas. A busca de articulação desses três processos — o desenvolvimento pessoal, profissional e institucional/organizacional — faz-se presente em nossa atuação, como docentes do GAP Central. Isso denota nosso envolvimento contínuo com as discussões e proposição de novas ações concernentes ao ensino de graduação compreendendo, como pontua Garcia (1992), que a noção de desenvolvimento tem conotação de continuidade, superando a tradicional justaposição entre formação inicial e aperfeiçoamento. Isso faz sentido quando retomamos inclusive que, na educação superior, em nosso contexto, não podemos sequer falar sobre uma formação inicial para a docência, o que demanda um árduo investimento contínuo nas distintas dimensões do desenvolvimento para a formação docente.

Considerações finais

A participação efetiva no GAP Central e nos Cursos de Pedagogia Universitária tem mostrado que são fundamentais a problematização e a fundamentação teórico-prática para a proposição de estratégias impulsionadoras de mudanças coletivas e individuais, tendo em vista a construção de um saber-fazer docente reflexivo, democrático, ético e socialmente comprometido.

Nesses contextos, temos tido a oportunidade de revisitar nossa prática pedagógica em sala de aula e nossa atuação em Comissões Coordenadoras de Curso e Grupos de Apoio Pedagógico, vislumbrando que não há caminhos precisos a serem seguidos, mas pistas pautadas em valores democráticos que podem nos nortear na construção de projetos comuns.

Tocar nas questões referentes à formação pedagógica do professor universitário coloca-nos frente a frente com a construção da identidade docente, ficando nítido que sermos profissionais de distintas áreas de saber e pesquisadores não nos torna automaticamente professores. Isso para nós mostra-se como um desafio: construirmo-nos como docentes nas práticas cotidianas, nos espaços compartilhados com universitários e docentes, elegendo nossas práticas como fecundas experiências para reflexão que podem ser compreendidas, analisadas, ressignificadas e reconstruídas pelo diálogo crítico com os elementos teórico-conceituais do campo de saber da pedagogia universitária.

Para finalizar, resgatamos que

> (...) uma identidade profissional se constrói, pois, a partir da significação social da profissão; da revisão constante dos significados sociais da profissão; da revisão das tradições. Mas também da reafirmação de práticas consagradas culturalmente e que permanecem significativas. Práticas que resistem a inovações porque prenhes de saberes válidos às necessidades da realidade. (...) Constrói-se, também, pelo significado que cada professor, enquanto ator e autor, confere à atividade docente no seu cotidiano a partir de seus valores, de seu modo de situar-se no mundo, de sua história de vida, de suas representações, de seus saberes, de suas angústias e anseios, do sentido que tem em sua vida o ser professor. Assim como a partir de sua rede de relações com outros professores, nas escolas, nos sindicatos e em outros agrupamentos. (PIMENTA, 1999, p. 19)

Refletir coletivamente sobre o sentido da docência e sua complexidade é um desafio tendo em vista a historicidade da universidade brasileira. Consideramos que a constituição do GAP Central e a realização dos Cursos de Pedagogia Universitária representam avanços no enfrentamento das problemáticas apontadas e, assim, sinalizamos como fundamental que o trabalho de apoio pedagógico seja mantido como política de valorização da ação docente, contribuindo significativamente para a qualidade do ensino de graduação.

Referências bibliográficas

ANASTASIOU, L. G. C. Profissionalização continuada: aproximações da teoria e da prática. In: BARBOSA, R. L. L. (Org.). *Trajetórias e perspectivas da formação de educadores*. São Paulo: Unesp, 2004.

_____. Propostas curriculares em questão: saberes docentes e trajetórias de formação. In: CUNHA, M. I. (Org.). *Reflexões e práticas em pedagogia universitária*. Campinas: Papirus, 2007.

ANDRÉ, M. P. *O papel da pesquisa na formação e na prática dos professores*. Campinas: Papirus, 2001.

CHAUI, M. A universidade pública sob nova perspectiva. In: REUNIÃO ANUAL DA ASSOCIAÇÃO NACIONAL DE PESQUISA EM EDUCAÇÃO — ANPED, 26., 2003. Poços de Caldas. *Anais...* Poços de Caldas: ANPED, 2003.

CONTRERAS, J. *A autonomia de professores*. São Paulo: Cortez, 2002.

CUNHA, M. I. O lugar da formação do professor universitário: a condição profissional em questão. In: CUNHA, M. I. (Org.). *Reflexões e práticas em pedagogia universitária*. Campinas: Papirus, 2007.

_____ (Org.). *Trajetórias e lugares de formação universitária: da perspectiva individual ao espaço institucional*. Araraquara: Junqueira & Marin, 2010.

FREIRE, P. *Educação e mudança*. 12. ed. Rio de Janeiro: Paz e Terra, 1979.

GARCIA, C. M. A formação de professores: centro de atenção e pedra de toque. In: NÓVOA, A. *Os professores e sua formação*. Lisboa: Publicações Dom Quixote, 1992.

GATTI, B. A. Formação de professores: condições e problemas atuais. *Revista Brasileira de Formação de Professores*, Cristalina, v. 1, n. 1, p. 90-103, 2009.

GIROUX, H. A. *Os professores como intelectuais*. Porto Alegre: Artmed, 1997.

IMBERNÓN, F. *Formação docente e profissional*: formar-se para a mudança e a incerteza. 6. ed. São Paulo: Cortez, 2006.

LIBÂNEO, J. C. *Adeus professor, adeus professora?* Novas exigências educacionais e profissão docente. 9. ed. São Paulo: Cortez, 2006.

LÜCK, H. *Gestão educacional*: uma questão paradigmática. 2. ed. Petrópolis: Vozes, 2006.

MARAFON, M. R. C. *Articulação pós-graduação e graduação*: desafio para a educação superior. 2001. 208 p. Tese (Doutorado em Educação) — Faculdade de Educação, Unicamp, Campinas, 2001.

MARIOTTI, H. *Pensamento complexo*. São Paulo: Atlas, 2007.

MASETTO, M. T. *Competência pedagógica do professor universitário*. São Paulo: Summus, 2003.

_____. Formação continuada de docentes do ensino superior numa sociedade do conhecimento. In: CUNHA, M. I. et al. (Orgs.). *Docência universitária*: profissionalização e práticas educativas. Feira de Santana: UFES Editora, 2009.

MOREIRA, A. F. B. Estudos de currículo: avanços e desafios no processo de internacionalização. *Cadernos de Pesquisa*, São Paulo, v. 39, n. 137. p. 367-381, maio/ago. 2008. Disponível em: <www.scielo.br/scielo.php?>. Acesso em: 17 jun. 2010.

MORIN, E. Epistemologia da complexidade. In: SCHNITMAN, D. F. (Org.). *Novos paradigmas, cultura e subjetividade*. Porto Alegre: Artes Médicas, 1996.

NÓVOA, A. A formação de professores e profissão docente. In: NÓVOA, A. (Org.). *Os professores e sua formação*. Lisboa: Dom Quixote, 1992.

PIMENTA, S. G. Formação de professores: identidade e saberes da docência. In: _____ (Org.). *Saberes pedagógicos e atividade docente*. São Paulo: Cortez, 1999.

_____; ANASTASIOU, L. G. C. *Docência no ensino superior*. 2. ed. São Paulo: Cortez, 2005.

SEVERINO, A. J. Educação e universidade: conhecimento e construção da cidadania. *Interface — Comunicação, Saúde, Educação*, v. 6, n. 10, p. 117-124, 2002.

TARDIF, M.; LESSARD, C. *O trabalho docente*. Petrópolis: Vozes, 2005.

UNIVERSIDADE DE SÃO PAULO. Pró-Reitoria de Graduação, Portaria Interna Pró-G n. 04/2004. Dispõe sobre as principais ações de apoio pedagógico ao docente na Universidade de São Paulo, 2004.

_____. Pró-Reitoria de Graduação, Grupo de Apoio Pedagógico. Relatório sobre a pesquisa: Atividades de Docentes da USP, 2005.

_____. Pró-Reitoria de Graduação, Resolução CoG n. 5510. Institui a Comissão de Apoio Pedagógico (CAP), em substituição ao GAP Central, 2009.

VASCONCELOS, C. S. Construção do conhecimento em sala de aula. *Cadernos Pedagógicos da Libertad*. São Paulo: Libertad, n. 2, 1996.

VEIGA, I. P. A. Docência como atividade profissional. In: VEIGA, I. P. A.; ÁVILA, C. (Org.). *Profissão docente*: novos sentidos, novas perspectivas. Campinas: Papirus, 2008.

ZABALA, A. et al. *Enfoque globalizador e pensamento complexo*: uma proposta para o currículo escolar. Porto Alegre: Artmed, 2002.

ZABALZA, M. A. *O ensino universitário*: seu cenário e seus protagonistas. Porto Alegre: Artmed, 2004.

Eixo 2

Buscas e Impasses na Universidade Contemporânea

DIREITOS HUMANOS NA DOCÊNCIA UNIVERSITÁRIA

Aida Maria Monteiro Silva[1]

Introdução

Tratar da docência universitária sob a ótica dos direitos humanos é uma exigência e ao mesmo tempo uma necessidade, considerando que o fortalecimento da democracia, em nosso país, implica a formação de profissionais que compreendam o seu papel na sociedade, os processos históricos, sociais e culturais da formação do povo brasileiro que se constituíram ao longo da construção dos direitos e deveres da história local e mundial, e as formas de intervenção na sociedade.

A necessidade de fortalecer a democracia deve-se ao fato de que no Brasil, e no conjunto dos países da América Latina, esta é, ainda, muito frágil diante dos altos índices de pauperização das condições de vida de grande parcela da população e do desconhecimento da

---

1. Doutora em Educação e Especialista em Direitos Humanos. Professora do Centro de Educação da Universidade Federal de Pernambuco. Membro do Grupo de Investigação sobre Direitos Humanos no Brasil do Centro de Estudos Brasileiros da Universidade de Salamanca/ Espanha. Membro atual do Comitê Nacional de Educação em Direitos Humanos (CNEDH) da Secretaria Especial de Direitos Humanos da Presidência da República. Exerceu o cargo de secretária executiva da Secretaria de Educação do estado de Pernambuco e de coordenadora do CNEDH. *E-mail*: <trevoam@terra.com.br>.

maioria do povo brasileiro sobre os seus direitos e responsabilidades. Essas condições se evidenciam nas desigualdades sociais, nas violências em todas as formas, e no desrespeito aos direitos fundamentais do ser humano, com destaque principalmente para os negros, mulheres, crianças, idosos, pessoas com orientação sexual diferente, indígenas e quilombolas.

Concordamos com Viola (2010, p. 16) ao afirmar que

> O debate sobre os Direitos Humanos (DH) são tardios na América Latina e especialmente no Brasil. Embora alguns dos enunciados fundamentais dos DH, como o princípio da liberdade, já estivessem presentes nas lutas anticolonialistas e antiescravistas dos séculos XVIII e XIX, e o princípio da igualdade estivesse no centro das reivindicações dos movimentos operários do século XX, estas manifestações não eram feitas em nome da defesa de direitos humanos.

Na história da cultura e formação do povo brasileiro, os direitos humanos aparecem na agenda nacional a partir dos movimentos sociais, especialmente nas décadas de 1960, 1970 e 1980 na luta pelo restabelecimento da democracia, diante do Estado autoritário, violento e violentador dos direitos humanos que se instalou nos governos por várias décadas.

Esse contexto apresentou repercussões negativas em todas as esferas da sociedade brasileira, com destaque para a educação de várias gerações, que foi impedida de ter acesso ao conhecimento que estava sendo construído sobre a conjuntura política, social e econômica, considerando que o conhecimento da realidade é a expressão maior do fortalecimento, da cultura e da autonomia de um povo.

É nesse contexto que os processos de formação dos profissionais em todas as áreas, níveis e modalidades de ensino excluíram das políticas educacionais, dos currículos, dos livros e manuais didáticos o conhecimento e a crítica sobre essa realidade, e da construção histórica que representaram o conjunto das lutas, os entraves, as dificuldades e os avanços dos direitos humanos. Isso contribuiu para uma *"certa alienação"* de gerações sobre os contextos, fatos, história real e as interdependências sociopolíticas do país e das outras nações, e consequentemente para uma maior dificuldade para o fortalecimento da democracia, no sentido da garantia dos direitos sociais básicos para todos. A grande luta nessas décadas estava concentrada na restauração dos direitos políticos e civis, tais como: liberdade de expressão, de organização, do direito de ir e vir, de participação e da escolha dos representantes da nação brasileira.

Mas, é na resistência, na ousadia e no compromisso pela construção de uma sociedade mais justa, mais inclusiva no seu sentido amplo, principalmente dos movimentos sociais e de algumas organizações, que começa a mudar a face dessa história. E um dos grandes marcos da retomada da democracia foi a elaboração da Constituição Brasileira de 1988, que assegura o conjunto dos direitos fundamentais — econômicos, sociais, culturais, políticos, ambientais, através do regime político do Estado Democrático de Direito. Isso significa que qualquer cidadão ou cidadã brasileiro(a) pode reclamar os direitos não materializados pelos poderes constituídos.

É nesse processo que o Brasil, nos últimos anos, embora tenha avançado significativamente nos acordos, pactos, na elaboração de leis e normas nacionais e internacionais em defesa dos direitos humanos e da ampliação da cidadania, ainda não conseguiu dar concretude, através de políticas públicas, ao conjunto desses direitos. E no campo específico da educação, há lacunas que se observam em relação aos direitos à educação e da inserção de conteúdos da área de direitos humanos nos processos formativos, nos diferentes níveis, modalidades e áreas de ensino, pesquisa e extensão.

Portanto, essa tarefa constitucional não está concluída ao compreendermos que os direitos humanos são históricos porque representam construções de gerações com avanços e recuos; são interdependentes, uma vez que a conquista de um direito implica a concretude dos outros direitos, e em especial o da educação, considerando que é através da informação/formação, das práticas de cidadania ativa, que possibilitam a conquista dos direitos.

Nessa direção, referendamos Dallari (2007, p. 46) ao explicitar que

[...] Com base no conjunto das situações e na realidade de agora podemos dizer que os Direitos Humanos, entre os quais estão aqueles que a Constituição enumerou como direitos fundamentais, ainda não adquiriram existência real para grande número de brasileiros. A marginalização social e os desníveis regionais são imensos e a discriminação econômica e social é favorecida e protegida por aplicações distorcidas de preceitos legais ou simplesmente da não aplicação de dispositivos da Constituição. [...] Desse modo, pode-se concluir que, passada mais de uma década da promulgação da Constituição de 1988, grande parte de seus dispositivos, especialmente aqueles relacionados com a garantia de efetivação dos direitos econômicos, sociais e culturais, que se constituem em condição para que haja liberdade real para todos, associando o direito de ser livre do poder de ser livre, continuam à espera de aplicação.

Trazer, portanto, a educação sob a égide dos direitos humanos para a agenda das políticas públicas, planos, processos e ações se constitui um dos grandes desafios nessas próximas décadas, até porque a educação, nessa perspectiva, é parte das agendas das sociedades que buscam avançar no fortalecimento da democracia, na construção de relações sociais solidárias e da formação humanizadora. Compreendemos a educação como ação que possibilita o respeito ao outro nas suas diferenças, na diversidade e na dignidade de ser humano, independentemente da raça, cor, etnia, condição de classe social, gênero, opção política e religiosa e orientação sexual.

Nessa direção, a Lei de Diretrizes e Bases da Educação Nacional — LDB (1996) enfatiza que a finalidade da educação universitária é a participação no processo de desenvolvimento a partir da criação e difusão cultural, incentivo à pesquisa, colaboração na formação continuada de profissionais e divulgação de conhecimentos culturais, científicos e técnicos, o que supõe a inclusão da temática dos direitos humanos como contribuição nesse processo de desenvolvimento. Assim, não é possível assegurar a materialidade dos direitos sem a concretização de um desenvolvimento econômico, social e cultural capaz de garantir a dignidade da pessoa. E entendemos dignidade humana

PEDAGOGIA UNIVERSITÁRIA

conforme afirma Benevides ao buscar em Comparato a compreensão que é

> (...) a qualidade própria da espécie humana que confere a todos e a cada um o direito à realização plena como ser. (...) é aquele valor — sem preço! — que está encarnado em todo ser humano. Direito que lhe confere o direito ao respeito e à segurança — contra a opressão, o medo e a necessidade — com todas as exigências que, na atual etapa da humanidade, são cruciais para sua constante humanização (COMPARATO apud BENEVIDES, 2005, p. 12).

Assim, entendemos que a docência universitária requer uma formação profissional para o seu exercício que dê conta não apenas dos conhecimentos específicos, mas que dialogue com os conhecimentos, contextos, valores, habilidades e atitudes na direção da defesa, ampliação e concretude dos direitos de todas as pessoas.

Essa posição é referendada por Novais e Cicilian (2010, p. 26), ao enfatizarem que

> (...) a universidade pública, enquanto bem social, está atrelada a uma série de responsabilidades que, por si sós, apontam para um repensar sobre a ideia etimológica do termo ensino e docência. [...] requer repensar que docência é uma ação política. O ensino [...] entendido como prática cultural e política que não tangencia apenas o transmitir informações, mas as práticas que se produzem; a pesquisa, compreendida como algo ligado intrinsecamente ao ato de ensinar [...]; e a extensão, percebida como algo relativo aos desdobramentos dessa construção/produção de conhecimento, são caminhos que constituem o que se entende por universidade e sua função social.

Mas diante de todo esse caminho percorrido pela sociedade brasileira, como a educação em direitos humanos se entrelaça com essa história e quais os principais percursos, conteúdos e etapas vivenciadas por parte da sociedade que buscava o restabelecimento e o fortalecimento do regime democrático?

Vera Candau (2009) chama a atenção para questões que estão na agenda das discussões mais recentes na área de direitos humanos e devem permear a formação dos profissionais, que são as relativas à: *justiça, redistribuição, superação das desigualdades e democratização de oportunidades, e as referidas ao reconhecimento de diferentes grupos culturais.* (p. 156)

1. A educação em direitos humanos no Brasil, suas trajetórias e reflexos no ensino superior

A história da educação no país mostra que a ela tem sido pautada, predominantemente, pelo conservadorismo, pela preservação de valores individuais, clientelistas, patrimonialistas e autoritários, embora algumas experiências nas últimas décadas tenham possibilitado o desenvolvimento de uma educação voltada para o respeito aos direitos humanos.

Ao analisarmos o percurso da Educação em Direitos Humanos no Brasil, podemos destacar *quatro fases* que não podem ser compreendidas de forma dicotomizada. Elas são interligadas, intermediadas e se entrecruzam, uma vez que o processo histórico é dinâmico e não acontece por etapas, mas com avanços e recuos que estão imbricados.

Com essa compreensão, denominamos a primeira fase de *ativismo político*, a que engloba as décadas de 1960 e 1970, uma vez que a educação na perspectiva da defesa dos direitos humanos era desenvolvida na clandestinidade, de forma espontaneísta e baseada no senso comum. Os princípios e fundamentos teórico-metodológicos não tinham um respaldo científico, mas eram orientados por um ideal de construção de um novo modelo de sociedade, cuja referência principal era o socialismo soviético.

Esse foi o período de maior fechamento político da ditadura vigente no país, em que as práticas educativas que buscavam romper com o modelo de Estado autoritário não podiam ser explícitas, mas desenvolvidas aproveitando-se alguns "espaços", algumas "brechas", em que a sociedade civil teve papel preponderante nos processos de resistência, de luta e de busca de alternativas para a reconquista dos direitos civis e políticos, ou seja, na abertura de uma nova democracia no país.

Por outro lado, o aparato do Estado autoritário vigente no país forjava o ufanismo nacionalista como uma das formas de camuflar a repressão. As reformas educacionais, inspiradas no modelo norte-americano, entre elas, a universitária, proposta através da Lei n. 5.540/1968, provocou a reorganização da universidade e a política de ensino superior, em termos administrativos e pedagógicos. Essa reforma estruturou os institutos/faculdades em departamentos, e a organização curricular, introduzindo o sistema de créditos, com o objetivo de desativar e enfraquecer as organizações estudantis e docentes nas universidades, em especial, nas instituições públicas e nas confessionais.

Ao mesmo tempo, a política de repressão ganha força junto aos estudantes e profissionais da docência universitária como forma de desestabilizar, desmobilizar as resistências ao regime ditatorial e, assim, garantir a desnacionalização do ensino (CORREA. Disponível em: <http:// leonildoc.orgfree.com/resenha1.htm>. Acesso em: 15 maio 2011).

Ainda, segundo esse autor,

> (...) o regime militar precisava dispor de uma estrutura legal que preparasse o terreno para adaptar o sistema universitário ao novo modelo econômico que se pretendia implantar. Seria preciso preparar quadros técnicos para as multinacionais que aqui se instalariam, bem como preparar pessoal capaz de mover a infraestrutura de comunicação, transporte, energia etc., necessária para o funcionamento daquelas empresas.

Mas, é em dezembro de 1968 que o regime endurece de forma mais decisiva, com perseguições e violações dos direitos políticos e civis, quando o Executivo decretou o Ato Institucional n. 5 (AI-5) e passa a concentrar poderes excepcionais, transformando o regime político *"oficialmente"* em uma ditadura, cuja fase mais violenta e repressiva estendeu-se até 1974. E, ainda, o Decreto-Lei n. 477/69, que fortaleceu o autoritarismo do regime militar no campo da educação universitária e proibiu qualquer tipo de manifestação de professores, estudantes ou funcionários, o que poderia causar ações de perdas de direitos e prisão aos que fossem contrários a esse regime. É nesse período que muitos dos intelectuais e estudantes brasileiros foram obrigados a se afastar das suas funções, e a deixarem o país e se exilarem, perdendo, inclusive, a titularidade dos seus postos de trabalho e dos seus cursos.

Com a vigência da Lei de Diretrizes e Bases da Educação Nacional n. 5.692/1971, foi criada a disciplina Educação Moral e Cívica, para ser ministrada nos sistemas de ensino com o objetivo de fomentar a ideologia e a manutenção do modelo de Estado autoritário vigente.

Assim, todas as formas de trabalho educativo arregimentadas pela sociedade civil, na perspectiva de mudança do regime, eram esporádicas, descontínuas, porém direcionadas, essencialmente, à restauração dos direitos civis e políticos. A grande luta era em defesa dos presos políticos e a denúncia das violações aos direitos humanos, o que de certa forma forjava uma educação voltada para a conscientização dessas violações e da necessidade de mudança do regime autoritário e defesa da soberania nacional, em relação à dependência político-ideológica e econômica dos Estados Unidos.

É importante destacar que esse processo de resistência era fomentado com o apoio de pessoas/profissionais ligados às áreas da música, do teatro, da literatura, dos sindicatos, da imprensa clandestina, da ala progressista da Igreja católica (Comissões Justiça e Paz, podendo-se destacar as de São Paulo e Pernambuco), da Ordem dos Advogados do Brasil (OAB) e de instituições científicas, a exemplo da Sociedade Brasileira para o Progresso da Ciência — SBPC e a Associação Nacional de Pós-Graduação e Pesquisa em Educação — ANPED, e as Conferências Brasileiras de Educação — CBEs, entre outras, que se constituíram em *locus* de resistência à ditadura e defesa da democracia, através da participação e mobilização dos intelectuais. É na década de 1970 que têm início os cursos de Pós-Graduação em Educação no Brasil, favorecendo a produção de novos aportes teóricos sobre a conjuntura brasileira.

A segunda fase da Educação em Direitos Humanos é o que denominamos de *tateamento pedagógico*, a partir da década de 1980, ou seja, é a busca de um redirecionamento das ações da sociedade civil na perspectiva da formação da cidadania e da ampliação dos direitos humanos, sem, contudo, ter uma definição mais clara do que é e de como educar em direitos humanos.

Com o processo de transição política e o retorno da democracia política no Brasil, as organizações da sociedade redirecionam suas ações com vistas ao início dos processos de formação/conscientização. Essa nova direção é centrada na luta pela reparação das violações e na responsabilização do Estado brasileiro por elas. É importante destacar a criação do Movimento Nacional de Direitos Humanos (MNDH) em 1982 — um movimento organizado da sociedade civil, sem fins lucrativos, democrático, ecumênico, suprapartidário, que atua na promoção dos Direitos Humanos em sua universalidade, interdependência e indivisibilidade.

Nesse contexto, a educação em direitos humanos começa a ser valorizada com vistas ao desenvolvimento de uma nova cultura — a do reconhecimento da pessoa como sujeito de direito, que tem como grande motivação o processo de elaboração da nova Constituição brasileira.

Essa segunda fase se fortalece no final dos anos 1980, em especial a partir de 1986, com os novos governos eleitos através de eleições diretas. Várias experiências começam a ser vivenciadas, no Brasil, na busca da retomada da democracia, cujo foco principal é a participação da sociedade nas esferas das políticas públicas. Na educação, a preocupação estava centrada na ampliação do acesso, através da oferta de vagas, em especial, no ensino fundamental, e na formação crítica das pessoas, tendo como principal fundamento a educação libertadora e emancipadora proposta na Pedagogia de Paulo Freire, expressa, entre outros, no livro *Pedagogia do oprimido* (1968), referência da sua produção, e que na época influenciou o pensamento pedagógico de educadores de vanguarda e dos movimentos sociais, não só no Brasil, mas também em outros países (Chile, Argentina, Angola, Cabo Verde, Guiné-Bissau — ex-colônia portuguesa —, São Tomé e Príncipe, Nicarágua). Para Paulo Freire, a pedagogia do oprimido é aquela que tem que ser forjada com ele e não para ele, enquanto homens ou povos, na luta incessante de recuperação da sua humanidade. Pedagogia que faça da opressão e de suas causas objeto de reflexão dos oprimidos, de que resultará o seu engajamento necessário na luta por sua libertação, em que esta pedagogia se fará e refará. (1968, p. 17)

Ainda nessa década, é possível destacar algumas experiências que surgem no âmbito institucional, enquanto políticas públicas nos sistemas de ensino nos estados de Pernambuco, Rio de Janeiro, São Paulo e Santa Catarina. Essas experiências buscavam introduzir a temática dos Direitos Humanos relacionando-a aos conteúdos curriculares e aos projetos pedagógicos dos cursos. Outro eixo norteador dessas políticas educacionais era o desvelamento do modelo de sociedade repressora vigente. O grande objetivo era construir um novo formato de educação que contribuísse para que estudantes e educadores compreendessem o contexto político e econômico brasileiro, as variáveis que determinam o modelo de Estado e as perspectivas de organização de uma sociedade mais igualitária, mais justa e mais solidária.

Nesse período, um conjunto de instrumentos, tanto no âmbito nacional quanto no internacional, passaram a fazer parte do arcabouço jurídico do país, favorecendo assim o início das condições de respeito e proteção aos direitos humanos. Entre estes instrumentos é importante destacar a Constituição Federal de 1988, que assegura um conjunto de direitos, razão da sua denominação de Constituição Cidadã, e o Estatuto da Criança e do Adolescente — ECA (1990). São instrumentos que garantem a educação como um direito subjetivo que pode ser reclamado por qualquer pessoa que tenha esse direito violado. E a criança e o adolescente, conforme artigo 15 do ECA, são considerados "como sujeitos de direitos civis, humanos e sociais garantidos na Constituição e nas leis" e não mais tutelados pelo Estado. No âmbito internacional a referência principal era a Declaração Universal dos Direitos Humanos (1948), como marco para a exigibilidade dos Direitos Humanos pelos países signatários.

Esse processo foi evoluindo no Brasil, e, na década de 1990, o denominamos de terceira fase — a da *expansão da Educação em Direitos Humanos*. Nessa década foi criada a Secretaria de Estado dos Direitos Humanos, no âmbito do governo federal, que se constituiu em aporte fundamental para essa expansão, e tem início a profissionalização dos militantes/promotores de direitos humanos, através da oferta de cursos em níveis e instâncias variadas da sociedade.

Há, neste período, um fortalecimento e uma ampliação das organizações da sociedade civil e de entidades que atuam na área da Educação em Direitos Humanos. O exemplo da criação da Rede Brasileira de Educação em Direitos Humanos que surge da articulação de várias entidades e profissionais que atuavam na área de direitos humanos, com o objetivo de estimular e fortalecer ações nessa área. Vale destacar, também, a criação da DHNET — Rede de Direitos Humanos e Cultura, com sede em Natal-RN, que desenvolve trabalho de forma virtual, com o objetivo de fomentar uma nova cultura de respeito aos direitos humanos, através de ações de mobilização, da produção de materiais audiovisuais e de capacitação. Ainda nessa direção, destacamos a Novamerica — Organização Não Governamental localizada no estado do Rio de Janeiro, e sua atuação tem como um dos eixos a formação dos profissionais da educação das redes pública e privada de ensino e com lideranças comunitárias — promotores populares. Produz materiais pedagógicos para os vários níveis de ensino, e mantém articulação de trabalho com entidades de países da América Latina que realizam trabalho nessa área.

Esse movimento interno da sociedade civil no Brasil e o movimento de entidades/instituições externas pressionaram o governo a tomar posições e a desenvolver iniciativas nessa área.

Em 1993, na II Conferência Internacional de Direitos Humanos, realizada em Viena, foi legitimada a concepção de indivisibilidade dos Direitos Humanos e enfatizados os direitos de solidariedade, o direito à paz, o direito ao desenvolvimento e os direitos ambientais. Para dar efetividade às recomendações da Conferência de Viena, o governo brasileiro, com a participação da sociedade civil organizada, construiu, entre 1995 e 1996, a primeira versão do Programa Nacional de Direitos Humanos (PNDH), e em 2002 lançou a versão revisada do PNDH e a terceira edição em 2010. As versões tiveram como objetivos subsidiar a elaboração de planos específicos de direitos humanos nas diversas áreas; enfrentar a problemática da violência em todas as suas formas de manifestação; e consolidar as bases culturais para superar as práticas históricas de violações dos direitos humanos, oriundas de uma tradição histórica de colonialismo, escravidão e autoritarismo.

Ainda no campo governamental, há um conjunto de iniciativas que fortalece esse movimento. A criação dos Conselhos de Defesa dos Direitos, dos Conselhos Tutelares de Defesa da Criança e do Adolescente, a Lei de Diretrizes e Bases da Educação Nacional n. 9.394 de 1996, a realização das Conferências Nacionais de Direitos Humanos em que a educação é tematizada, e a elaboração dos Parâmetros Curriculares Nacionais (PCNs) (1997) — política educacional que tem como finalidade orientar a elaboração dos currículos estaduais e municipais, buscando trabalhar a formação da cidadania através dos conteúdos curriculares. Aliado a essa política, foi elaborado o Programa Nacional do Livro Didático tendo como um dos objetivos rever os conteúdos e metodologias que apresentassem discriminações de qualquer natureza.

É importante destacar que os PCNs e as propostas elaboradas por instituições mais organizadas da sociedade apontam para a inserção dos conteúdos referentes à temática da educação em direitos humanos através do projeto político-pedagógico dos cursos e como tema transversal, perpassando todos os conteúdos do currículo escolar, especialmente no Ensino Fundamental e Médio. Nessa concepção, os conteúdos de direitos humanos devem ser trabalhados como eixo norteador do currículo escolar e como conteúdos integralizados ao conjunto dos conteúdos específicos das áreas que compõem o currículo.

No entanto, a distância entre os marcos jurídicos e a proteção aos direitos humanos, e a realidade de violações constantes, fizeram com que os países da América Latina, inclusive o Brasil, elaborassem e assinassem declarações, pactos, leis e documentos de referência na área. É possível destacar alguns exemplos: a) Declaração e o Programa de Ação de Viena (1993) — que enfatizou a importância de incorporar o conteúdo dos direitos humanos nos programas educacionais; b) Declaração de Mérida (Venezuela, 1997) — destacou a promoção do fortalecimento de programas de formação da cidadania e da educação para democracia; c) o documento final da Conferência Mundial contra o racismo, a discriminação racial, a xenofobia e formas correlatas de intolerância (2001), contemplando parte dedicada à educação em direitos humanos; d) o documento da Unesco em que estabelece a Década das Nações Unidas para a educação em direitos humanos e para uma cultura de paz (1995-2004), sendo esta década referendada na Declaração do México sobre educação em diretos humanos na América Latina e no Caribe (2001), que concebe a educação em direitos humanos centrada no sujeito individual e coletivo, e reforça a universalidade e a indivisibilidade dos direitos humanos.

A quarta fase é a que denominamos de *Profissionalização e Valorização da Educação em Direitos Humanos*, principalmente a partir do ano 2000. No contexto do governo brasileiro é importante destacar o surgimento de várias experiências de formação e capacitação. No nível dos cursos da graduação observa-se a oferta de disciplina de Direitos Humanos nos currículos, em especial, das áreas da Pedagogia e do Direito; em atividades de extensão; em cursos de pós-graduação/especialização e mestrado.

É importante destacar o início da pesquisa científica de forma mais sistemática nessa área, e a criação da Associação Nacional de Direitos Humanos — Pesquisa e Pós-Graduação — ANDHEP. Esta foi fundada em junho de 2003, com a finalidade de contribuir para a formação de uma comunidade de pesquisadores especializados em Direitos Humanos. Entre os principais objetivos da ANDHEP estão: promover o avanço da pesquisa, do corpo de pesquisadores e do ensino de direitos humanos, em pós-graduação; auxiliar na formulação e implantação de políticas de ciência e tecnologia, de educação e de pesquisa, que afetem o domínio dos Direitos Humanos, e auxiliar a formulação e implantação de políticas de proteção e/ou promoção de Direitos Humanos.

No âmbito da Educação Básica, há experiências nos sistemas de ensino, que por iniciativa das escolas elaboram projetos mais amplos que envolvem a comunidade escolar como um todo, e também por iniciativas isoladas de práticas pedagógicas de profissionais preocupados com a educação voltada para os direitos humanos, ou através de políticas governamentais, a exemplo do Programa Ético e Cidadania: construindo valores na escola e na sociedade. Esse Programa elaborado pelo Ministério da Educação e a Secretaria Especial dos Direitos Humanos/2004 tem como objetivo "aprofundar ações educativas que levem à formação ética e moral da comunidade escolar e está voltado para os alunos matriculados nas escolas de ensino fundamental e médio do país".

Isso tem demonstrado uma nova percepção da sociedade em termos da necessidade de formação de profissionais, em especial, na área da educação. Há uma preocupação, também, das Organizações Não Governamentais e no âmbito do Governo Federal em desenvolver a profissionalização dos seus quadros de pessoal na temática dos direitos humanos. Essas instituições têm promovido seminários, encontros e participado de processos formativos mais contínuos com o apoio do Movimento Nacional de Direitos Humanos, da Associação de Organizações Não Governamentais — Abong e de órgãos de financiamento.

Para fomentar uma cultura de respeito aos direitos humanos e dar condições de ampliar e fortalecer a demanda social de formação e capacitação, o Governo Federal, dando prosseguimento ao Plano Nacional de Direitos Humanos — PNDH (2002) constituiu, através da Portaria n. 66, de 12 de maio de 2003, da Secretaria Especial de Direitos Humanos da Presidência da República, o Comitê Nacional de Educação em Direitos Humanos, formado por especialistas ligados a essa temática. Entre as diversas atribuições definidas para este Comitê foi priorizada a elaboração do Plano Nacional de Educação em Direitos Humanos (PNEDH), lançado, em sua primeira versão, em 10 de dezembro de 2003, e uma última versão em 2006, fruto de uma ampla discussão em todos os estados e no Distrito Federal.

O conteúdo do PNEDH parte do entendimento da educação em direitos humanos como

[...] um processo sistemático e multidimensional que orienta a formação do sujeito de direitos, articulando as seguintes dimensões: a) apreensão de conhecimentos historicamente construídos sobre direitos humanos e a sua relação com os contextos internacional, nacional e local; b) afirmação de valores, atitudes e práticas sociais que expressem a cultura dos direitos humanos em todos os espaços da sociedade; c) formação de uma consciência cidadã capaz de se fazer presente em níveis cognitivo, social, ético e político; d) desenvolvimento de processos metodológicos participativos e de construção coletiva, utilizando linguagens e materiais didáticos contextualizados; e) fortalecimento de práticas individuais e sociais que gerem ações e instrumentos em favor da promoção, da proteção e da defesa dos direitos humanos, bem como da reparação de violações (PNEDH, Brasil, 2006, p. 26).

É importante destacar que a educação, nessa compreensão, não se restrige à contextualização política dos conteúdos curriculares das diferentes formações. Ela vai além dessa tarefa, pois, ao se constituir em área de conhecimento com *status* próprio, requer a apropriação dos conhecimentos específicos da área, desenvolvidos por meio de metodologia dialógica, problematizadora e de forma que articule o conhecimento local ao conhecimento global.

O PNEDH (BRASIL, 2006) vem responder também a demandas estabelecidas pelo Programa Mundial de Educação em Direitos Humanos — PMEDH (UNESCO, 2005), destacando-se a elaboração de planos e políticas educacionais que incorporem a área de direitos humanos nos currículos, em especial na educação básica, e a ampliação da produção de materiais didáticos pelo Governo Federal através do MEC, pela Secretaria de Educação Continuada, Alfabetização e Diversidade — Secad, e pela Secretaria de Direitos Humanos da Presidência da República — SDH.

O PNEDH (BRASIL, 2006) tem como finalidade orientar os sistemas de ensino na elaboração, implantação e monitoramento de políticas de Educação em Direitos Humanos, como política pública, buscando fortalecer o respeito aos direitos humanos e às liberdades fundamentais; promover o pleno desenvolvimento da personalidade e dignidade humana; fomentar o entendimento, a tolerância, a igualdade de gênero e a amizade entre as nações, os povos indígenas e grupos raciais, nacionais, étnicos, religiosos e linguísticos; estimular a participação efetiva das pessoas em uma sociedade livre e democrática governada pelo Estado de Direito; construir, promover e manter a paz na formação de uma cidadania planetária e ativa que englobe a solidariedade internacional e o respeito aos povos e nações.

Na estrutura e organização, o PNEDH (Brasil, 2006) abrange cinco eixos estratégicos considerados fundamentais nos processos dessa formação, que se articulam e têm como objetivo principal o exercício da cidadania ativa e da formação de sujeitos que compreendam e fortaleçam a defesa dos direitos humanos: Educação Básica; Educação Superior; Educação Não Formal; Educação dos Profissionais de Justiça e Segurança; Educação e Mídia.

Todo esse movimento na sociedade provocou a elaboração da Lei n. 10.639/2003, que alterou a LDB/1996, estabelecendo a obrigatoriedade da história e da cultura afro-brasileira e africana no currículo escolar dos sistemas de ensino, e posteriormente a Lei n. 11.645/2008, que incorpora também a história indígena nos currículo oficial das redes de ensino. O que se busca com essas legislações é educar as pessoas para um pertencimento étnico-racial, descendentes de africanos, povos indígenas, descendentes de europeus, asiáticos, para interagirem na construção de uma nação democrática, ou seja, é a garantia do direito à educação para todos os brasileiros independente da sua condição racial.

É com essa compreensão e buscando dar materialidade ao PNEDH (Brasil, 2006) e às legislações vigentes que o governo de Pernambuco implantou, através da Secretaria de Educação, no período de 2007 a 2010, a política educacional no sistema de ensino da Educação Básica, com os conteúdos de Direitos Humanos no currículo escolar, como política pública em todas as escolas. Assim, em consonância com as diretrizes da política educacional do Estado — a educação como instrumento de formação da cidadania — dois eixos orientaram a sua organização: 1) a educação como direito social básico que deve ser garantida pelo poder público; 2) a educação como instrumento de formação para a defesa e ampliação dos direitos de todas as pessoas.

Essa política de educação possibilitou a inserção dos conteúdos de direitos humanos como disciplina optativa e de forma transversal, nos projetos político-pedagógicos das escolas; a organização de fóruns regionais, em que contou com a participação das organizações da sociedade civil; os processos de formação continuada dos profissionais da educação, a elaboração e seleção de materiais didáticos para subsidiar o trabalho pedagógico junto aos estudantes e profissionais da educação.

Em 2010, o Ministério da Educação, por meio da Secretaria de Educação Continuada, Alfabetização e Diversidade (Secad), estimulou e orientou as Secretarias de Educação dos 26 estados e do Distrito Federal a elaborarem Planos de Ação que viabilizassem o desenvolvimento do PNEDH nos sistemas de ensino, na perspectiva de políticas públicas na educação básica.

A afirmação da temática da educação em direitos humanos também foi referendada no Documento Final da Conferência Nacional de Educação (Conae), o que remete à urgência de repensar a formação docente, ao recomendar que: 1) os conteúdos de educação em direitos humanos devem ser introduzidos nos currículos dos cursos de Pedagogia e nas demais Licenciaturas, considerando os aspectos cognitivo, o desenvolvimento emocional e social dos futuros profissionais, na perspectiva da proteção, promoção e reparação das violações dos direitos humanos; 2) nas diretrizes curriculares aprovadas pelo MEC, esses conteúdos devem ser desenvolvidos de forma transversal (CONFERÊNCIA NACIONAL DE EDUCAÇÃO EM DIREITOS HUMANOS, 2010, p. 162-163).

2. A formação docente e a docência no ensino superior na perspectiva dos direitos humanos

De acordo com o PNEDH (BRASIL, 2006), a Educação Superior visa articular os conhecimentos de direitos humanos nas funções principais que as instituições de ensino superior exercem de acordo com seu papel social: ensino, pesquisa e extensão em todas as áreas profissionais.

É papel da instituição de ensino superior contribuir com a investigação científica, a criação, a crítica com a produção e a sistematização de novos conhecimentos na área dos direitos humanos e na sua socialização, perpassando todos os eixos do PNEDH (BRASIL, 2006). A extensão universitária foi a área que se iniciou no interior das universidades públicas no conjunto de ações na educação em direitos humanos, principalmente com experiências de educação popular e de apoio ao conjunto das Organizações Não Governamentais.

Conforme o PNEDH (BRASIL, 2008, p. 38-39):

> a contribuição da educação superior na área da educação em direitos humanos implica considerar: a universidade como criadora e disseminadora de conhecimento [...] e comprometida com a democracia e a cidadania; os preceitos da igualdade, da liberdade e da justiça devem guiar as ações universitárias; a educação em direitos humanos deve se constituir em princípio ético-político orientador da formulação e crítica da prática das instituições de ensino superior.

Os avanços no Ensino Superior são percebidos com a oferta de disciplinas nos cursos de graduação e pós-graduação (especialização, mestrado e doutorado), podendo-se destacar o trabalho pioneiro que vem sendo desenvolvido em universidades como: a Universidade de São Paulo (SP), PUC (Rio de Janeiro), Universidades Federais de Pernambuco, da Paraíba, de Goiás, a Universidade do Vale do Rio dos Sinos (RS) e Universidade de Passo Fundo (RS), entre outras. Essas instituições têm contribuído de forma relevante com a formação de profissionais, de diferentes áreas do conhecimento, com a oferta de cursos cujo foco são os conteúdos de direitos humanos, com atividades de pesquisa e extensão.

Na direção da formação de profissionais em direitos humanos foi estruturado um curso em módulos com produção de material didático específico, com apoio das universidades e coordenado pela UFPB, realizado em 15 estados da federação brasileira, o que originou a Rede de Educação em Direitos Humanos (MEC-SECAD/2009). Também foram criados Comitês Estaduais de Educação em Direitos Humanos, em 22 estados, nas universidades, com o objetivo de mobilizar as instituições para dar materialidade às ações do PNEDH; a institucionalização de núcleos de estudos e pesquisas nas universidades para tratar de temáticas voltadas para educação em direitos humanos. Essas ações tiveram predominância na última década e foram estimuladas por editais públicos promovidos pelo MEC e a Secretaria dos Direitos Humanos da Presidência da República.

Está em curso um movimento institucional com a participação do Ministério da Educação, da Secretaria de Direitos Humanos e de universidades coordenado pelo Conselho Nacional de Educação/MEC para formalizar Diretrizes Curriculares para a Educação em Direitos Humanos na educação básica e no ensino superior de todas as áreas de conhecimento. Esse movimento irá, possivelmente, trazer repercussões significativas para os processos formativos em todos os níveis de ensino, e reformulações nos currículos das diversas áreas, na produção de materiais didáticos e nas ações de capacitação docente.

O que se espera é que os conteúdos da área de Direitos Humanos possam ser trabalhados nos currículos, das diversas áreas de conhecimento, como disciplina obrigatória ou optativa e que transversalizem o projeto político-pedagógico da instituição, de tal foma que a docência universitária seja permeada por esses conteúdos. As metodologias devem possibilitar a problematização, a crítica, a contextualização, criação e processos avaliativos que considerem os estudantes e docentes em permanentes aprendizagens. A transversalidade "pressupõe um tratamento integrado das áreas e dos conteúdos trabalhados no currículo escolar, e um compromisso com as relações interpessoais e sociais com as questões que estão envolvidas nos temas dessa área" (SILVA, 2010).

Isso requer entender a docência universitária no sentido mais amplo, ou seja, envolve todas as ações pedagógicas do conjunto das instituições, e a docência deve estar permanentemente vinculada aos processos da investigação científica, da pesquisa, e no confronto com a realidade, através de atividades de extensão, em que os conteúdos de direitos humanos possam ser incorporados e integralizados.

Compreendemos que a universidade tem um papel fundamental na construção dos conhecimentos em direitos humanos, e concordamos com Rodino quando afirma: "La universidad tiene una responsabilidad social medular en educar en la filosofía y la práctica de los derechos humanos [...] deben ser abordados por ella en forma explícita y sistemática, analítica y crítica, sostenida y comprometida" (2003, p. 55).

Esses avanços só poderão consolidar-se à medida que as instituições universitárias assumam nos seus projetos político-pedagógicos os direitos humanos como princípio e eixo orientador das ações formativas. É necessário que essas instituições se comprometam com a causa e os incorporem como conteúdo curricular nos cursos de ensino superior, nas linhas de pesquisa e nas ações de extensão.

3. Considerações finais

Nesse percurso da Educação em Direitos Humanos no Brasil fica evidenciado que historicamente houve avanços consideráveis nessa área, materializados pelo reconhecimento da sociedade civil e política sobre a importância de uma educação que fomente uma cultura de paz, que contribua para que os indivíduos se reconheçam como sujeitos de direitos e que fortaleça a democracia. No entanto, é possível perceber nesse processo ações que estão mais no campo da sensibilização, motivação, do que no campo da formação que permita mudanças de valores, de comportamentos, de atitudes que possibilitem a intervenção.

Como síntese dessas décadas, é possível destacar: 1) ampliação do debate e do conhecimento dos documentos legais que garantem direitos e as reparações em casos de violação; 2) elaboração de leis e decretos, para proteção e reparação dos direitos das mulheres, crianças e adolescentes; idosos; negros; povos indígenas, pessoas deficientes;

contra homofobia, entre outros; 3) a ampliação da oferta de disciplinas em direitos humanos em cursos de graduação, pós-graduação em especialização, mestrado e, mais recentemente, em doutorado; 4) ampliação de pesquisas nessa área e da produção de material didático; 5) maior consciência da população no requerimento ou reparação dos direitos por meio do Ministério Público e da mídia; 6) inserção na mídia de temas considerados polêmicos como questões referentes a uso de droga; alcoolismo; relações bissexuais e transsexuais; raça, gênero e ingresso de pessoas negras em papéis de referência nas telenovelas, o que até recentemente era vetado; 7) maior liberdade de imprensa e de pensamento; 8) maior participação da sociedade nas ações dos governos e a ampliação da capacidade crítica e de intervenção nas instituições públicas; 9) reconhecimento internacional da efetividade de construção de instrumentos que fortalecem e podem garantir políticas públicas de educação em direitos humanos, como ação de Estado; 10) ampliação do reconhecimento das pessoas como sujeito de direitos e como integrantes da sociedade, observados nos vários momentos da efetivação das eleições para os diferentes cargos públicos, com a participação ampla da sociedade (SILVA, 2011).

Entendemos que o reconhecimento e a concretização dos direitos para todo e qualquer cidadão só é possível com a implantação de políticas públicas de qualidade. Para isso, a sociedade civil tem um papel imprescindível, na vigilância da *"res"* pública, enquanto construção de políticas a favor do bem comum, na cobrança da execução das políticas, em especial, das sociais, e no seu acompanhamento. Essa nova cultura de participação, de pertencimento a uma organização social, e da responsabilidade de todos com a construção do modelo de sociedade é tarefa urgente e inalienável da Educação em Direitos Humanos. Portanto, é tarefa de todos os cidadãos e cidadãs lutarem na ampliação, e na concretização dos direitos, e contra as constantes violações destes, o que requer compreender a docência universitária como um grande espaço de conhecimento científico que possa instrumentalizar e capacitar os profissionais para dar materialidade aos direitos humanos.

Referências bibliográficas

BENEVIDES, M. Victoria. Prefácio. In: SCHILLING, Flávia (Org.). *Direitos Humanos e educação*: outras palavras, outras práticas. São Paulo: Cortez, 2005.

BRASIL. Constituição (1988). *Constituição da República Federativa do Brasil*. 11. ed. São Paulo: Ridel, 2005.

_____. Presidência da República. Lei n. 8.069, de 13 de julho de 1990. Estatuto da Criança e do Adolescente. Dispõe sobre o Estatuto da Criança e do Adolescente e dá outras providências. *Diário Oficial [da] República Federativa do Brasil*, Poder Executivo. Brasília, 16 jul. 1990. Disponível em: <http://www.planalto.gov.br/ccivil/LEIS/L8069.htm>. Acesso em: 5 fev. 2011.

_____. Lei n. 5.692, de 11 de agosto de 1971 — Lei de Diretrizes e Bases da Educação Nacional. Estabelece as diretrizes e bases da educação nacional. *Diário Oficial [da] República Federativa do Brasil*, Poder Executivo, Brasília, 11 ago. 1971.

_____. Lei n. 9.394, de 20 de dezembro de 1996. Lei de Diretrizes e Bases da Educação Nacional. Estabelece as diretrizes e bases da educação nacional. *Diário Oficial [da] República Federativa do Brasil*, Poder Executivo, Brasília, 23 dez. 1996a. Disponível em: <http://www.planalto.gov.br/ccivil_03/Leis/L9394.htm>. Acesso em: 5 fev. 2011.

_____. Comitê Nacional de Educação em Direitos Humanos. *Plano Nacional de Educação em Direitos Humanos*. Brasília: MEC; MJ; Unesco, 2008.

_____. Secretaria Especial dos Direitos Humanos. *Programa Nacional de Direitos Humanos 1*. Brasília, 1996b.

_____. *Programa Nacional de Direitos Humanos 2*. Brasília, 2002.

_____. *Programa Nacional de Direitos Humanos*. Brasília, 2006.

_____. *Programa Nacional de Direitos Humanos 3*. Brasília, 2009.

_____. Secretaria de Ensino Fundamental. *Parâmetros Curriculares Nacionais*. Brasília: MEC, 1997.

_____. Presidência da República. Lei n. 10.639, de 9 de janeiro de 2003. Altera a Lei n. 9.394, de 20 de dezembro de 1996, que estabelece as diretrizes e bases da educação nacional, para incluir no currículo oficial da rede de ensino a obrigatoriedade da temática "História e Cultura Afro-Brasileira" e dá outras providências. Brasília, 2003.

_____. Presidência da República. Lei n. 11.645, de 10 de março de 2008. Altera a Lei n. 9.394, de 20 de dezembro de 1996, modificada pela Lei n. 10.639, de 9 de janeiro de 2003, que estabelece as diretrizes e bases da educação nacional, para incluir no currículo oficial da rede de ensino a obrigatoriedade da temática "História e Cultura Afro-Brasileira e Indígena". Brasília, 2008.

_____. Ministério da Educação/Conselho Nacional de Educação. *Diretrizes Curriculares Nacionais para a Educação das Relações Étnico-Raciais e para o Ensino de História e Cultura Afro-Brasileira e Africana*. Brasília: MEC/CNE, 2004.

_____. Secretaria de Educação Básica. *Programa Ética e Cidadania*. Brasília: MEC, 2004.

CANDAU, Vera M. Direitos humanos, educação e interculturalidade: as tensões entre igualdade e diferença. In: CANDAU, Vera M. (Org.). *Educação intercultural na América Latina*: entre concepções, tensões e propostas. Rio de Janeiro: 7 Letras, 2009.

CONFERÊNCIA MUNDIAL DOS DIREITOS HUMANOS, 2, 1993, Viena. *Declaração e Programa de Ação de Viena*. Viena, 1993.

CONFERÊNCIA NACIONAL DE EDUCAÇÃO, 2010, Brasília. *Construindo o sistema nacional articulado de educação*: o plano nacional de educação, diretrizes e estratégias de ação: documento final. Brasília: Ministério da Educação, 2010. Disponível em: <http://www.todospelaeducacao.org.br/Arquivos/Biblioteca/015b684a-3712-423f-bc5d-299fd85b4547.pdf>. Acesso em: 23 abr. 2010.

CORREA, Leonildo. Resenha crítica da Lei Universitária dos Militares. Disponível em: <http://leonildoc.orgfree.com/resenha1.htm>. Acesso em: 15 maio 2011.

DALLARI, D. de A. O Brasil rumo à sociedade justa. In: SILVEIRA, R. M. G.; DIAS, A. A.; FERREIRA, L. F. G.; FEITOSA, M. L. P. A. M.; ZENAIDE, M. N. T. *Educação em direitos humanos*: fundamentos teórico-metodológicos. João Pessoa: Ed. da UFPB, 2007. p. 29-49.

DHNET. Rede de Direitos Humanos e Cultura, Natal-RN. Disponível em: <www.dhnet.org.br>.

FREIRE, Paulo. *Pedagogia do Oprimido*. Rio de Janeiro: Paz e Terra. 1968.

IIDH. Instituto Interamericano de Educação em Direitos Humanos. *Declaración de México sobre Educación en Derechos Humanos en América Latina y el Caribe*,

México, 28 nov. de 2001. Disponível em: <www.iidh.org>. Acesso em: 24 de out. 2007

NAÇÕES UNIDAS. Assembleia Geral, 3, 1948, Nova Yorque. *Declaração Universal dos Direitos Humanos*. Legislação internacional adotada e proclamada pela Resolução n. 217 A da 3ª Sessão Ordinária da Assembleia Geral das Nações Unidas, em 10 de dezembro de 1948. Disponível em: <http://portal. mj.gov.br/sedh/ct/legis_intern/ddh_bib_inter_universal.htm>. Acesso em: 2 mar. 2011.

NOVAIS, Gercina J. Professores universitários e sua formação: concepções de docência e prática pedagógica. In: NOVAIS, Gercina J.; CICILIAN, Graça A. (Orgs.). *Formação docente e práticas pedagógicas*: olhares que se entrelaçam. Araraquara: Junqueira & Marin; Belo Horizonte: FAPEMIG, 2010.

NOVAMERICA. Disponível em: <http://www.novamerica.org.br/home. asp>. Rio de Janeiro.

PERNAMBUCO. *Educação em direitos humanos como política de Estado*: educando na diferença e na diversidade. Recife: Secretaria de Educação de Pernambuco, 2007-2008.

REDE BRASILEIRA DE EDUCAÇÃO EM DIREITOS HUMANOS. *Jornal da Rede*. São Paulo: RBEDH, 1997. Edição Especial — O I Congresso da Rede.

RODINO, Ana M. Visón y propuestas para la región. In: UNESCO. *La educación en derechos humanos en la America Latina y el Caribe*. México: Universidad Nacional Autónoma de México y Universidad Iberoamericana/Unesco, 2003. p. 53-70.

SILVA, Aida M. M. A educação em direitos humanos no Brasil: uma política de Estado ou projetos? In: COLOQUIO INTERAMERICANO EDUCACIÓN Y DERECHOS HUMANOS, 3. Anais... Argentina, Universidade de Quilmes, 2011.

_____. Direitos humanos na educação básica: qual o significado? In: SILVA, Aida M. M.; TAVARES, Celma (Orgs.). *Políticas e fundamentos da educação em direitos humanos*. São Paulo: Cortez, 2010.

UNESCO. *Programa mundial para educação em direitos humanos*. Brasília, 2005.

_____. *Conferência Mundial contra o racismo, a discriminação racial, a xenofobia e formas correlatas de intolerância*. Brasília, 2001.

UNESCO. *Década das Nações Unidas para a educação em direitos humanos e para uma cultura de paz.* Brasília, 1995-2004.

VENEZUELA. *Declaração de Mérida.* Presidência da República, Caracas, 1997.

VIOLA, Solon E. A. *Políticas de educação em direitos humanos.* In: SILVA, Aida M. M.; TAVARES, Celma. (Orgs.). *Políticas e fundamentos da educação em direitos humanos.* São Paulo: Cortez, 2010.

DILEMAS E TENSÕES DA ATUAÇÃO DA UNIVERSIDADE FRENTE À FORMAÇÃO DE PROFISSIONAIS DE DESENVOLVIMENTO HUMANO

João Formosinho[1]

Os profissionais de desenvolvimento humano

A universidade tem vindo a ser confrontada desde as últimas décadas do século passado com os desafios, tensões e dilemas que a formação universitária de profissionais de desenvolvimento humano comporta.

O conceito de profissionais de desenvolvimento humano

O conceito de *profissionais de desenvolvimento humano* abrange as profissões que trabalham com pessoas em contato interpessoal direto, sendo essa interação o próprio processo e parte significativa do conteúdo da intervenção profissional. Os efeitos desses processos

---

1. Instituto de Estudos da Criança da Universidade do Minho. E-*mail*: <joaomanuelformosinho@gmail.com>.

PEDAGOGIA UNIVERSITÁRIA

de desenvolvimento humano assumem a forma de aprendizagem e desenvolvimento, modificação de comportamento, atitudes ou hábitos, adesão a normas ou modos de vida, conforme as áreas de intervenção.

O conceito abrange um conjunto de profissionais de *saúde e bem-estar*[2] (enfermeiros, terapeutas, psicólogos, nutricionistas), de *trabalho social* (assistentes sociais/técnicos de serviço social, educadores sociais, agentes familiares), de *trabalho comunitário* (animadores comunitários, técnicos comunitários, técnicos de saúde comunitária, animadores culturais), de *educação* (professores, educadores de infância, pedagogos, educólogos, formadores, assistentes técnicos pedagógicos).

Desde as décadas de 1980 e 1990 que várias profissões que trabalham com pessoas têm vindo a integrar-se na universidade.[3] Anteriormente a formação destes profissionais era feita no ensino médio ou em ensino superior não universitário de curta duração.

Estas profissões que trabalham com pessoas, que chamamos aqui profissões de desenvolvimento humano, não eram consideradas pela sociologia funcionalista como verdadeiras profissões, mas como semiprofissões (ETZIONI, 1969) ou pseudoprofissões, por não serem vistas como necessitando de um saber especializado, de uma formação intelectual de nível superior e por permitirem um controlo hierárquico por superiores e não apenas o controle profissional pelos pares. Estas eram as características consideradas pela sociologia clássica como definidora das profissões, no conceito anglo-saxônico da profissão (por oposição à ocupação).

---

2. A Medicina já passou por um processo similar mas ultrapassou-o há mais de um século. Aliás, neste momento, a Medicina é considerada, em várias áreas do conhecimento médico, uma ciência e técnica previsível e certa, controlando seguramente a interação do paciente. Esta percepção de Medicina como atividade previsível e de resultados seguros vem trazendo, curiosamente, tensões e desconforto à classe médica pelos riscos de atribuição causal como incompetência ou negligência médica de reações imprevistas dos pacientes.

3. A entrada na universidade da formação dos diversos profissionais de desenvolvimento humano tem momentos diferentes conforme os países e o tipo de profissões — na maior parte dos países e das profissões, as áreas de saúde e de educação entraram primeiro na universidade.

A menor valorização pela universidade das profissões de desenvolvimento humano

A menor valorização pela universidade destas profissões de desenvolvimento humano, em relação às profissões (liberais) clássicas (médicos, juízes, advogados, engenheiros, economistas etc.) tem a ver com vários fatores.

Tem a ver, em primeiro lugar, com a *componente de cuidados* que a maioria destas profissões exige, pensando-se, por isso, que a preparação para o seu desempenho seria obtida mais por recrutamento de pessoas com dedicação e senso comum do que por preparação intelectual. Essa dedicação foi conceitualizada para muitas profissões como resultando de um chamamento missionário ou uma vocação social.[4] Com todas estas características, estas profissões de desenvolvimento humano foram percebidas por muitos setores sociais como profissões femininas — inerentemente feminina, nalguns casos, predominantemente femininas noutros. É assim que se fala das enfermeiras, das professoras de educação infantil, das professoras de ensino primário, das assistentes sociais etc. Na menor consideração pela universidade tradicional das profissões de desenvolvimento humano há uma reprodução de estereótipos de gênero, articulada também com os de estatuto social.

Esta menor valorização tem a ver, em segundo lugar, com o *caráter interativo e interpessoal do desempenho*. Como já dissemos, nas profissões de desenvolvimento humano o desempenho profissional é interativo, isto é, o trabalho com pessoas é feito através da interação com essas mesmas pessoas, sendo essa interação o meio e parte significativa do próprio conteúdo do desempenho. Numa profissão que trabalha com pessoas à vontade, o afeto e a emoção, e a inteligência destas mesmas pessoas são um fator natural do (in)sucesso da intervenção. Não estamos

---

4. Nas áreas de trabalho social e do trabalho comunitário e, parcialmente, também na área da educação, esta vocação pode assumir um caráter militante e estar articulada com opções ideológicas.

perante profissões técnicas em que o objeto a transformar — a matéria-prima — não tem volição, emoção ou cognição.

Considerando essa interação, podemos mesmo considerar que neste desempenho há uma dupla componente — a componente profissional da intervenção e a componente pessoal da pessoa (a sua reação à intervenção). O sucesso depende também do envolvimento das próprias pessoas no processo e, sobretudo, da interação entre estas duas componentes do desempenho.

Como a intervenção de desenvolvimento humano de quem trabalha com pessoas tem uma importante componente de participação das próprias pessoas, é natural que estas discutam no quotidiano essas questões das quais depende muito da sua vida. É também natural que frequentemente contraponham o seu conhecimento do senso comum ao conhecimento profissional que lhes é proposto — toda a gente discute a educação dos seus filhos e, logo, os professores, as escolas, os currículos e a própria educação escolar; toda a gente discute a sua saúde e, logo, o atendimento hospitalar, a saúde pública e o próprio sistema de saúde.

Para a lógica académica tradicional, esta dificuldade de impor uma distância entre o saber científico e técnico e o saber do senso comum é muito perturbante, até porque a definição tradicional de conhecimento científico implica a ruptura com esse senso comum. Esta mesma dificuldade embaraça quer a legitimação social do saber profissional quer um exercício, semelhante ao das profissões clássicas consolidadas, de uma asserção de estatuto social superior baseada no estatuto epistemológico do saber.

Uma última linha de considerações tem a ver com *a ambiguidade, a incerteza e o holismo* inerentes ao desempenho profissional de quem trabalha com pessoas. Neste desempenho profissional, quer os fins quer os meios são incertos, discutíveis e discutidos (por todas as pessoas no seu quotidiano, como acabamos de referir). Não há técnicas inteiramente sucedidas e, muitas vezes, não há consenso profissional em muitas áreas de ação, quer em relação aos meios quer em relação aos próprios fins. Estes dissensos profissionais têm a ver com diferentes opções teóricas, naturais em qualquer área do saber, mas também, mais do que noutras áreas, com diferenças significativas de crenças, valores e ideologias.

Por outro lado, o desempenho profissional de desenvolvimento humano, por ser baseado na interação interpessoal, é muito mais holístico e integrado. Como tal, é, numa lógica académica tradicional, mais "impuro" porque não permite separar visivelmente a componente intelectual do desempenho da componente relacional (que envolve emoção e afeto), não consegue separar nitidamente a componente técnica da ideológica.

Por último, há no desempenho profissional de quem trabalha com pessoas uma *inevitável margem de insucesso* correspondente à reação dessas mesmas pessoas Ou seja, mesmo um desempenho profissional competente não garante o sucesso.[5]

Todas estas características do desempenho das profissões de desenvolvimento humano — a envolvência da componente de cuidados e o apelo à vocação social para a sua realização, a ação profissional interativa e a consequente contingência do sucesso da intervenção à reação das pessoas, a apropriação pelo senso comum de áreas de discussão profissional, um desempenho ao mesmo tempo incerto e ambíguo, a "dependência" ideológica, o caráter holístico e integrado de um desempenho cujo sucesso não depende apenas da competência profissional — tudo isto são fatores de desconforto para a universidade tradicional. Assim, durante muito tempo, esta mesma universidade considerou que estas profissões não teriam a objetividade e o rigor necessários para a concessão de um estatuto universitário aos seus agentes.

Esta conferência visa problematizar os dilemas e tensões que a entrada da formação destes profissionais de desenvolvimento humano tem trazido à universidade. Começaremos por analisar estes dilemas

---

5. Uma previsibilidade absoluta na ação profissional dos agentes de desenvolvimento humano teria de ser baseada em coação ou em manipulação, implicando atropelos inaceitáveis à dignidade humana. A margem inevitável de insucesso é, em grande parte, a margem da liberdade humana.

PEDAGOGIA UNIVERSITÁRIA

e tensões e depois apresentar os riscos e as vantagens, do ponto de vista da adequação da formação, da integração destes cursos na universidade. Acabaremos discutindo o impacto desta entrada na produção do conhecimento no seio da universidade.

Os riscos da formação de profissionais de desenvolvimento humano na lógica académica tradicional

Iremos analisar alguns riscos da formação de profissionais de desenvolvimento humano numa universidade que responda a essa entrada dos profissionais de desenvolvimento humano tentando manter nessa formação a lógica académica tradicional, o que representa a academização da formação de profissionais de desenvolvimento humano. Começaremos por apresentar brevemente a lógica académica tradicional da universidade e caracterizar o processo de academização como um processo de fechamento.

A lógica académica tradicional da universidade

A universidade tradicional tem sido caracterizada institucionalmente por uma cultura académica baseada predominantemente na compartimentação disciplinar, na fragmentação feudal do poder centrada em territórios de base disciplinar e num individualismo competitivo que resiste a uma coordenação docente e obstaculiza posturas solidárias.

Nesta lógica académica tradicional, a *estrutura orgânica* da instituição de formação (escola, departamento, grupo disciplinar, área) baseia-se numa compartimentação disciplinar que, alimentada pela busca de novos territórios de carreira, se vai progressivamente fragmentando em subgrupos ou procurando novas áreas disciplinares.

Na *estrutura curricular*, os planos de estudo vão refletindo a fragmentação curricular, produto da contínua especialização e da emergência de novos territórios de carreira. Essa fragmentação faz progressivamente proliferar o número de disciplinas e torna difícil qualquer coordenação curricular.

Esta estrutura orgânica está articulada com uma *organização de ensino* que a nível de distribuição do serviço docente e atribuição de responsabilidade docente por disciplinas procura seguir os territórios disciplinares,[6] em detrimento de uma lógica de especialização em problemáticas profissionais que incorpore o estudo dos problemas percebidos no terreno pelos profissionais. A organização pedagógica do ensino vai sendo permeada por *aulas expositivas* distanciadas da introdução de elementos oriundos da prática.

Nesta lógica académica tradicional, a *articulação entre a pesquisa e a docência* faz-se mais pela imposição dos territórios gerados pela investigação à dinâmica da docência do que pela introdução dos alunos aos métodos e processos da pesquisa científica.

A lógica da *organização e gestão dos professores universitários* faz-se mais pela emergência de novos territórios de carreira e competição pelos recursos do que pela cooperação e pelo trabalho de projeto.

Esta cultura institucional desvaloriza muitas vezes as componentes profissionais da formação e promove frequentemente uma versão corporativa da autonomia coletiva e uma versão narcísica da autonomia individual.

Como a formação dos profissionais de desenvolvimento humano exige um espírito de missão, uma forte coordenação docente em direção aos objectivos profissionais da formação, uma convergência solidária de esforços e uma prática interdisciplinar da atuação docente.

Há, assim, uma tensão entre a cultura predominante da instituição da universidade baseada na especialização disciplinar estrita e na produção de conhecimento abstrato e a formação de profissionais de desenvolvimento humano baseada na promoção de competências interpessoais que convocam de forma contextualizada saberes de várias disciplinas.

---

6. Nesta lógica, os conflitos surgem geralmente pela emergência assertiva de novos territórios disciplinares, a partir de territórios de carreira emergentes.

Uma primeira resposta a esta tensão é a manutenção da lógica académica tradicional a estes novos cursos de formação de profissionais de desenvolvimento humano — é o que designamos por academização da formação de profissionais de desenvolvimento humano.

A academização da formação de profissionais de desenvolvimento humano na universidade

A *academização da formação de profissionais de desenvolvimento humano*[7] é a progressiva subordinação dos cursos onde se faz esta formação à lógica de ação tradicional da universidade (na estrutura orgânica, na organização do ensino, na formulação e desenvolvimento do currículo, na gestão das carreiras) em detrimento da lógica inerente a uma formação profissional.

Usaremos a designação *lógica académica* e *lógica profissional* para designar as duas racionalidades presentes numa instituição que faz formação de profissionais de desenvolvimento humano. A lógica institucional nunca é inteiramente académica ou profissional, daí que a expressão academizante ou profissionalizante seja mais adequada para designar os processos de construção destas lógicas.

Designaremos como *academização* o processo de construção de uma lógica predominantemente académica num curso de formação profissional. A academização representa a invasão pela lógica académica de áreas e níveis de decisão que, numa instituição que tem como uma das suas missões formar profissionais de desenvolvimento humano, se devem manter no âmbito da lógica profissional.

O conceito de academização é, assim, utilizado para descrever e interpretar a progressiva subordinação dos cursos de formação profis-

---

7. Utilizaremos a expressão *universitarização* da formação de profissionais de desenvolvimento humano para designar a transformação da formação de todos os profissionais de desenvolvimento humano em ensino de nível superior. Utilizaremos a expressão *academização* para designar o processo de manutenção da lógica tradicional num novo contexto de formação.

sional à lógica académica nas diferentes dimensões institucionais — orgânicas, curriculares, pedagógicas, investigativas, de gestão do pessoal.

De um modo geral, esta lógica corresponde a um *processo de fechamento* a um encerramento da academia sobre si, funcionando em circuito fechado, potenciando os seus conflitos, em detrimento da interação com a comunidade para cuja promoção profissional contribui. As metáforas da universidade torre de marfim ou da instituição a contemplar o seu umbigo têm sido usadas para descrever estes processos academizantes.

Iremos analisar alguns processos e riscos dessa academização da formação de profissionais de desenvolvimento humano.

A formação de profissionais de desenvolvimento humano em instituições baseadas estritamente na especialização disciplinar

O aprofundamento do saber é uma função constituinte da universidade; daí deriva a sua razão de ser. Tal aprofundamento tem vindo, no século XX, dentro do paradigma moderno de construção do saber, a seguir cada vez mais o molde da especialização monodisciplinar e, dentro de cada disciplina, o molde da especialização monotemática. Quer isto dizer que o especialista é cada vez mais aquele que sabe de um só tema numa disciplina, mas é também o que cada vez mais sabe menos de outros temas da sua disciplina e sabe menos de outras disciplinas.

Embora questionado pela pós-modernidade, este paradigma continua, em termos práticos (e mesmo retóricos), a ser o paradigma largamente predominante na estruturação da profissionalidade dos professores universitários.[8]

---

8. A especialização monodisciplinar monotemática é construída pelo percurso científico (recrutamento, orientação científica de provas, intercâmbio científico), pela orientação da carreira docente e pela socialização académica nos grupos de pertença. Por isso, alguém definiu o especialista moderno como aquele que só domina um tema e aí está cheio de dúvidas.

A transposição institucional normal, a coberto geralmente de um discurso de maior rigor e de superior estatuto de uma formação assim concebida, leva geralmente a desvalorizar a coordenação pedagógica e a orientação profissional do curso. Não acreditamos poder construir-se um perfil de profissional de desenvolvimento humano adequado baseado apenas na justaposição de contributos especializados no molde monodisciplinar.

Baseada na especialização disciplinar, muitas vezes ditada pelos territórios de carreira dos professores universitários, uma cultura académica tende, por isomorfismo de processos de formação,[9] a promover nos futuros profissionais de desenvolvimento humano uma concepção do seu saber profissional como uma justaposição de disciplinas e de práticas de trabalho fragmentado, não favorecendo a análise interdisciplinar e o trabalho colaborativo exigidos pelas características dos contextos de desempenho profissional.

Professores dos cursos de formação de profissionais de desenvolvimento humano como formadores não assumidos e investigadores não comprometidos

Os professores dos cursos de formação de profissionais de desenvolvimento humano podem assumir o seu papel de formadores ou ignorar o contexto profissional e as dimensões profissionais no seu ensino.

Num processo profissionalizante, a grande maioria dos professores assume-se como formadores; num processo academizante, apenas uma minoria arrisca afirmar-se como formador. Neste caso a transferibilidade dos conhecimentos apresentados é considerada responsabi-

---

9. "É raro que os saberes se transmitam por via puramente discursiva. Este modo de aquisição só é válido para aprendizes capazes de construírem os seus conhecimentos de forma instantânea e invisível (…). A maior parte dos aprendizes tem necessidade, para assimilar saberes, de atividades menos teóricas (…) (TARDIFF; LESSARD; GAUTHIER, 1999, p. 154).

lidade exclusiva do aluno, no momento em que vier a ser profissional no seu contexto de trabalho.

Como na lógica universitária tradicional o estatuto profissional na instituição está geralmente ligado ao afastamento das preocupações pragmáticas, isto é, às componentes mais profissionalizantes, muitos professores destes cursos de formação não se assumem como formadores de profissionais de desenvolvimento humano,[10] até porque o processo academizante prevalecente tende a estabelecer uma lógica de estatuto descendente entre os formadores não assumidos e os formadores assumidos.[11]

Assim, quanto mais académica for a cultura da universidade, maior distância haverá entre a componente disciplinar e a componente profissionalizante, maior diferença de estatuto e menor interação haverá entre os diversos tipos de formadores envolvidos.

A academização torna visível a dissociação entre a cultura académica institucional e a natureza da missão profissional cometida à universidade, pois que o estatuto académico e profissional na instituição se mantém ligado ao afastamento das preocupações pragmáticas, isto é, às componentes mais profissionalizantes.

Uma organização do ensino inadequada a uma formação profissional[12]

As práticas organizadoras do ensino são um instrumento importante para manter na formação de profissionais de desenvolvimento

---

10. Com o decorrer do tempo, mesmo professores que inicialmente incorporaram na sua prática docente a consciência do seu papel de formador vão-se remetendo apenas ao papel de investigadores descomprometidos com os coletivos comunitários, profissionais e organizacionais para que formam os seus alunos.

11. Evidentemente que esta hierarquização interatua com muitos outros fatores, entre os quais a posição formal na carreira docente, o prestígio científico, a visibilidade profissional, o prestígio junto das escolas e dos professores. Interatua quer com o estatuto hierárquico quer com o prestígio e visibilidade académicas — isto é, científica, profissional, institucional e social.

12. No caso específico da formação de professores, a transmissão da base de legitimidade profissional ocorre, de forma indireta ou direta, ao longo de todo o curso, pois há convergência

PEDAGOGIA UNIVERSITÁRIA

humano a lógica académica tradicional, consolidando o processo de academização.

Nesta lógica academizante, as regras relativas à distribuição do serviço docente e à atribuição da coordenação científica e pedagógica de disciplinas obedecem predominantemente a duas regras — hierarquia académica e território disciplinar.

O formato do tempo escolar — calendário escolar e horário escolar (unidade horária, horário dos professores, carga docente e horário dos alunos) — condiciona decisivamente as práticas curriculares da instituição. O conjunto de normas relativas ao formato das aulas, articuladas com as regras de constituição de turmas, pode impor ou induzir uma distinção clara entre aulas teóricas e práticas, com formatos diferentes, dimensões de turma diferentes, unidades horárias diferentes e, frequentemente, com professores diferentes. Cruza-se, assim, a compartimentação disciplinar com a compartimentação metodológica.

Na lógica tradicional, as regras de *avaliação* e as relativas ao *progresso escolar* (passagem e reprovação de disciplina e de ano, progresso na escolaridade) promovem uma certa conformidade e não fomentam, ou dificultam mesmo, a implementação de práticas avaliativas inovadoras.

Os benefícios da formação de profissionais de desenvolvimento humano numa universidade que adote uma lógica profissionalizante na sua formação

A experiência de muitos países mostra que a universitarização da formação inicial dos profissionais de desenvolvimento humano pode

---

entre o ofício do formador (profissional de ensino), o ofício para que o formando está a ser formado (profissional de ensino) e o modo de formação (ensino de ser profissional de ensino). Esta especificidade torna inevitável que as práticas de ensino dos formadores sejam importantes modelos de aprendizagem da profissão (FORMOSINHO, 2001b). Assim, um componente importante da formação prática do futuro professor consiste na prática docente dos seus formadores no curso da formação inicial.

trazer vários benefícios quando não é interpretada como academização. É que as universidades se distinguem de outras organizações educacionais pela sua ênfase na produção autônoma de saber — não são apenas instituições de ensino, mas de pesquisa, extensão, reflexão e análise crítica.

Assim, essa universitarização pode trazer uma fundamentação teórica mais sólida da ação profissional, a valorização do estatuto da própria profissão e mais pesquisa em vários domínios que relevam para o desempenho profissional.

Nesta perspectiva, naquelas instituições em que a universitarização foi acompanhada de uma perspectiva profissional de formação, houve múltiplos benefícios para o estudo aplicado das problemáticas reais: mais pesquisa sobre os profissionais de desenvolvimento humano e os seus contextos de trabalho, o alargamento das perspectivas destes profissionais, a emergência de projectos de intervenção e pesquisa-ação e uma maior aproximação da universidade às realidades sociais e profissionais.

Iremos agora analisar mais detalhadamente esses benefícios.

A formação de profissionais com competências de concepção e contextualização da ação profissional e com capacidade crítica

A universidade não exige apenas que se ensine e se pesquise, mas que haja uma interação entre a pesquisa, o ensino e a extensão de modo a que os conhecimentos obtidos através da investigação possam ser incorporados nestes. Assim, as universidades quando formam profissionais de desenvolvimento humano não formam executantes nem técnicos com autonomia limitada, mas pessoas com *capacidade de concepção* e com *autonomia para organizar o próprio trabalho*. É essa a distinção principal entre a formação universitária e uma formação politécnica.

Uma fundamentação teórica mais sólida do desempenho profissional deve visar às capacidades de concepção e organização do próprio trabalho que, sendo inerente à missão da universidade, corresponde às necessidades de *(re)contextualização social e organizacional* do trabalho na sociedade contemporânea.

Assim, a universidade ao formar agentes de desenvolvimento humano deve fomentar um espírito de pesquisa para a resolução dos problemas profissionais e uma autonomia profissional, individual e coletiva, que se traduza em competências e atitudes relevantes para a vida dos contextos profissionais e organizacionais em que decorre a atividade laboral.

Mas não se trata de algo que decorre apenas na esfera dos indivíduos, pois essa melhoria individual reflete-se no desenvolvimento da profissão. Deste modo, ao reconhecer que os profissionais de desenvolvimento humano devem ser profissionais reflexivos mas atuantes, críticos mas comprometidos, promovendo a melhoria das práticas e dos contextos, ao dar uma fundamentação mais consistente à sua atividade, a universidade pode contribuir também para promover as profissões e não apenas os profissionais, melhorar os coletivos e os contextos e não apenas os indivíduos.

A necessidade de construir estruturas de formação profissional na universidade

Ao atender a novos grupos ocupacionais até aí ignorados e com estatuto socioprofissional mais baixo que os até aí atendidos, a universidade deve dedicar-lhes especial atenção, numa estratégia de discriminação positiva. Esta estratégia pode ser concretizada na criação de unidades específicas de ensino, pesquisa e extensão — faculdades, departamentos, áreas ou grupos de pesquisa.

Estas estruturas específicas não se destinam, como é óbvio, a sedimentar o estatuto de marginalidade (em relação à universidade) desses novos grupos, mas pretende ser o veículo para a inserção deste novo público na lógica estruturante da universidade, não o deixando periférico a essa lógica.

É que a captação pela universidade de novos grupos profissionais obriga à consideração das suas problemáticas específicas, sob pena de ser um exercício inútil ou oportunista. Assim a lógica social está evidentemente relacionada com a lógica científica, isto é, exige que a universidade produza pesquisa e conhecimento nas novas áreas.

É que as organizações têm razoável influência no comportamento dos seus membros, pelo que a existência de unidades de ensino, pesquisa e extensão específicas influencia a canalização dos esforços dos docentes e investigadores para o ensino e a pesquisa nas novas áreas. Há outros mecanismos organizacionais que também contribuem para este efeito — o perfil de recrutamento, as decisões sobre o percurso científico (aprovação dos temas e projetos de provas académicas), o subsídio a projetos de pesquisa, a estruturação da carreira docente.

A produção de pesquisa sobre as novas profissões e as novas áreas de conhecimento

As universidades distinguem-se de outras organizações educacionais pela ênfase na produção autônoma de saber. São também instituições de pesquisa e reflexão; aliás, a pesquisa é uma componente estruturante da sua própria organização.

As unidades orgânicas, a carreira docente, as recompensas sociais, o "ethos" estão centrados numa cultura de produção de saber. Há unidades e grupos dedicados à pesquisa, há incentivos organizacionais à pesquisa, a progressão na carreira acadêmica depende em boa parte de provas sucedidas nesse âmbito, as recompensas dos pares e o prestígio são obtidos em boa parte por aí.

A carreira dos docentes formadores coloca uma grande ênfase na pesquisa. Isto tem consequências importantes na produção científica e no investimento no estudo e pesquisa, mas também na estrutura interna e na distribuição do poder.

PEDAGOGIA UNIVERSITÁRIA

A universidade não exige apenas que se ensine e se investigue, mas que haja uma interação entre a pesquisa e o ensino de modo a que os conhecimentos obtidos pela pesquisa possam ser incorporados ao ensino.

Se os docentes universitários não investigam nas áreas em que ensinam, essa pesquisa dificilmente contribuirá para a melhoria e renovação do seu ensino na formação dos profissionais de desenvolvimento humano. Esta interação só se consegue se os docentes interatuarem dentro do mesmo espaço organizacional e estiverem inequivocamente orientados para a realização de uma carreira académica (de ensino e pesquisa) centrada nestas novas problemáticas.

Assim, a universitarização da formação inicial dos profissionais de desenvolvimento humano, quando não interpretada como academização, pode trazer vários benefícios. Pode trazer, nomeadamente, uma fundamentação teórica mais sólida da ação profissional de desenvolvimento humano, uma maior capacidade de contextualizar a aplicação relevante dos conhecimentos, a valorização do estatuto das profissões envolvidas e o fomento de pesquisa nos vários domínios relevantes para a compreensão e aplicação do conhecimento profissional.

O caso específico da formação de professores — professores de crianças e professores de disciplinas

Iremos agora analisar como é que numa profissão dedicada à mediação geracional do saber e da cultura — a de professor — os preconceitos sobre a menor valorização das dimensões relacionais do desenvolvimento humano foram atuantes até há bem pouco tempo.

Este tratamento diferenciado dado pelos estados à formação dos professores de crianças e à formação dos professores de adolescentes e jovens deriva de haver grandes diferenças entre a profissionalidade docente de uns e de outros baseadas na importância da componente de cuidados.

As diferenças de profissionalidade e estatuto entre os professores de crianças e os professores de disciplinas

Há grandes diferenças entre a profissionalidade docente dos professores de crianças (professores de educação infantil, professores do ensino primário) e a dos professores de disciplinas (professores do ensino secundário.[13] Essas diferenças remetem para o fato de nos professores de crianças estarem muito mais acentuadas as dimensões do desenvolvimento humano. A menor qualificação académica e profissional dos professores de crianças em relação aos professores de disciplina até à década de 1980 provém exatamente desse preconceito em relação às profissões de desenvolvimento humano.

A prática docente quotidiana configura-os como professores de um *grupo constante de alunos,* com quem estão todo o tempo escolar, e não como professores de uma disciplina, lecionada em unidades horárias compartimentadas, a vários grupos de alunos. Assim, os professores de crianças são, geralmente, professores de duas ou três dezenas de alunos; os professores de disciplina são professores de uma ou duas (ou mais) centenas de alunos.

É evidente que a permanência constante com o grupo de alunos leva a um *maior conhecimento e também maior acompanhamento* de cada uma das crianças e a um acentuar da dimensão afetiva da componente relacional.

A profissionalidade dos professores de crianças leva-os também a uma *responsabilidade integral* por tudo o que se passa com os alunos e na sala.

Em relação às educadoras de infância, Oliveira-Formosinho (2001) explicita claramente o caráter interativo da profissionalidade exigida ao educador de infância.

---

13. Utilizamos a terminologia da educação comparada — educação de infância, ensino primário e ensino secundário — porque se aplica a vários contextos nacionais e explica a distinção básica entre professores de crianças e professores de disciplinas.

A globalidade da educação da criança pequena que reflecte a forma holística pela qual a criança aprende e se desenvolve, a dependência da criança em relação ao adulto nas rotinas de cuidados, a sua vulnerabilidade, a necessidade de atenção privilegiada aos aspectos emocionais, tecem, na educação de infância, uma ligação inextricável entre educação e "cuidados" que impõem uma abrangência de papel ao professor de crianças pequenas. (OLIVEIRA-FORMOSINHO, 2001, p. 24)

Requer-se do educador de infância relações e interações várias — com as crianças, com os pais e mães, com as auxiliares da ação educativa, com voluntários, com outros profissionais (professores do ensino primário, psicólogos, terapeutas, assistentes sociais), com dirigentes comunitários e autoridades locais. Podemos assim dizer que a profissionalidade da professora de educação infantil se situa no mundo da interação (OLIVEIRA-FORMOSINHO, 2001).

A universitarização da formação de todos os professores

Desde a década de 1970 e 1980, a União Europeia transformou toda a formação de professores em ensino de nível superior;[14] os professores de crianças deixaram, assim, de ter uma formação de nível médio e passaram a ter uma formação de nível superior. Tal foi o caso de Portugal, a partir da década de 1980, com a criação das Escolas Superiores de Educação e com a entrada das universidades novas na formação de educadores de infância e de professores do ensino primário.

Para descrever esta política de transformar toda a formação de professores em formação de nível superior, tem sido utilizada na literatura a designação *universitarização da formação de professores* (BUCHBERGER,

---

14. A maioria dos países da União Europeia transformou a formação de professores em ensino de nível superior universitário. As excepções a esta regra de incorporar toda a formação de professores no ensino superior são a Alemanha e a Áustria — ver Gassner (2002). Ver sobre a temática da universitarização em Formosinho (2000, 2001b, 2002a, 2002b). Para uma análise da situação no contexto da União Europeia ver Formosinho (2002a); para uma análise endereçada ao contexto brasileiro ver Formosinho (2002b).

2000; Formosinho, 2000a, 2002), já que a universidade é a instituição de ensino superior mais difundida no mundo ocidental, não havendo, na maioria dos países europeus e americanos, uma clara separação entre ensino universitário e politécnico.

Esta entrada da formação dos professores de crianças na universidade gera uma tensão inevitável entre a cultura profissional de docentes com práticas de desempenho generalista e a cultura institucional tradicional da universidade baseada na especialização disciplinar. Logo surge uma questão óbvia: será possível formar professores generalistas a partir da especialização estrita? Poderá construir-se um perfil de professor generalista adequado baseado apenas na justaposição de contributos especializados no molde monodisciplinar?[15]

A evidente necessidade deste questionamento deveria ter levado as universidades a perspectivar criticamente a integração da formação dos educadores de infância e professores de ensino primário.[16] Questionar criticamente não significa rejeitar o desafio proposto, como é evidente, mas antes considerá-lo na perspectiva da necessidade de adequação da instituição às novas responsabilidades.

Não tendo havido, em muitas universidades, esse questionamento, o processo de universitarização da formação de professores de crianças foi, frequentemente, nos países europeus, um processo de academização[17] (Buchberger, 2000; Formosinho, 2000; Tardiff,

---

15. Em Portugal, as problemáticas curriculares, pedagógicas e organizacionais específicas que esta integração coloca não foram, no início, consideradas pela maioria das universidades. Posteriormente houve mudanças. O estudo do sinuoso percurso institucional dos CIFOP nas universidades novas em Portugal (Açores, Aveiro, Évora, Minho, Trás os Montes), transformados durante muitos anos, com exceção da Universidade do Minho, em autênticos zombies institucionais, poderia dar um bom contributo para a elucidação da problemática da integração da formação de professores generalistas na universidade portuguesa.

16. Escrevi na altura (1989) um texto que equaciona algumas destas questões e alerta para os riscos de uma integração acrítica dos cursos de formação de professores de crianças na universidade. O texto em causa é *Modelos de integração da educação infantil e básica na universidade*.

17. Este fenômeno de academização da formação de professores tem constituído objeto de reflexão em vários países — ver Büchberger (2000), Büchberger, Campos, Kallos e Stephenson, (2000), Formosinho (2002a), Hargreaves (1998), Nóvoa e Popkewitz (1992), Santer (1996), Tardiff, Lessard e Gauthier (1999).

LESARD e GAUTHIER, 1999). Este processo transformou a formação inicial destes profissionais de desenvolvimento humano numa formação teórica e afastada das preocupações dos práticos do terreno, pois que, na lógica académica, o estatuto está geralmente ligado ao afastamento das preocupações pragmáticas, isto é, das componentes mais profissionalizantes da formação.

Para a criação de um conhecimento universitário relevante na formação de profissionais de desenvolvimento humano

As universidades têm um papel insubstituível na formação de profissionais, pois ao fazerem um investimento constitutivo na produção de conhecimento e na análise crítica da realidade e da sociedade, criam um substrato que permite formar profissionais reflexivos com capacidade de concepção e contextualização.

Há, pois, um dilema na formação de profissionais de desenvolvimento humano que é também um dilema da universidade no mundo atual — ser capaz, ao mesmo tempo, de produzir conhecimento e incentivar a reflexão crítica e de promover as dimensões formativas da sua missão.

Nesta última seção, daremos alguns contributos para superar este dilema. Iremos defender que a construção de uma formação relevante dos profissionais de desenvolvimento humano passa pela necessidade de promover um conhecimento mais contextual ("pluriversitário"), que aceita a necessidade e virtude do conhecimento profissional prático, que valoriza o conhecimento tácito e aceita a importância de novos modos de investigação como a pesquisa-ação.

Conhecimento universitário e conhecimento pluriversitário

A criação de cultura universitária relevante para a formação de profissionais de desenvolvimento humano implica aceitar a promoção de um conhecimento pluriversitário. Utilizando a síntese de Sousa Santos:

> O *conhecimento universitário* (...) foi, ao longo do século XX, um conhecimento predominantemente disciplinar cuja autonomia impôs um processo de produção relativamente descontextualizado em relação às premências do quotidiano das sociedades. Segundo a lógica deste processo, são os investigadores quem determina os problemas científicos a resolver, define a sua relevância e estabelece as metodologias e os ritmos de pesquisa.
>
> (...) É um conhecimento assente na distinção entre pesquisa científica e desenvolvimento tecnológico e a autonomia do investigador traduz-se numa certa irresponsabilidade social deste ante os resultados da aplicação do conhecimento. Ainda na lógica deste processo de produção de conhecimento universitário a distinção entre conhecimento científico e outros conhecimentos é absoluta, tal como o é a relação entre ciência e sociedade. A universidade produz conhecimento que a sociedade aplica ou não, uma alternativa que, por mais relevante socialmente, é indiferente ou irrelevante para o conhecimento produzido. (Sousa Santos e Almeida Filho, 2008, p. 34)

Ao contrário do conhecimento universitário descrito no parágrafo anterior,

> O *conhecimento pluriversitário* é um conhecimento contextual na medida em que o princípio organizador da sua produção é a aplicação que lhe pode ser dada. Como essa aplicação ocorre extramuros, a iniciativa da formulação dos problemas que se pretende resolver e a determinação dos critérios da relevência destes é o resultado de uma partilha entre pesquisadores e utilizadores. É um conhecimento transdisciplinar que, pela sua própria contextualização, obriga a um diálogo ou confronto com outros tipos de conhecimento, o que o torna internamente mais heterogêneo e mais adequado a ser produzido em sistemas abertos menos perenes e de organização menos rígida e hierárquica. (...) A sociedade deixa de ser um objeto das interpelações da ciência para ser ela própria sujeita de interpelações à ciência. (Sousa Santos e Almeida Filho, 2008, p. 35)

PEDAGOGIA UNIVERSITÁRIA

A promoção desse conhecimento contextual é essencial para a aproximação da universidade às profissões de desenvolvimento humano e para a relevância na sua formação.

A profissão de desenvolvimento humano como prática social[18]

Entender a profissão de desenvolvimento humano como prática social é vê-la como a veem os seus praticantes e como produto da sua história, bem como ter uma ideia da forma em que muda. A classificação da profissão como prática social "depende não tanto do que se faz, mas do porquê se faz; isto é, do seu objetivo global" (LANGFORD, 1993). Assim, a profissão de desenvolvimento humano como prática social depende, para a sua existência e identidade, do objetivo global que partilham os seus praticantes. Por sua vez, os profissionais têm consciência recíproca desta partilha e é a posse de crenças e objetivos que torna possível a sua implicação em tais práticas, elas mesmas incorporando habilidades e conhecimentos alicerçados em tradições. A maior ou menor clareza do objetivo global permitirá a fixação de metas mais ou menos precisas e a sua maior ou menor prossecução.

Contudo, a perspectiva epistemológica da prática profissional, a concepção do conhecimento de um prático afeta em grande medida a descrição das funções e das interações do conhecimento profissional e da arte profissional (SCHÖN, 1992). Segundo uma *concepção objectivista* da relação do prático com a realidade que conhece, o conhecimento profissional baseia-se fundamentalmente numa base de fatos: os fatos são o que são e a verdade das crenças comprova-se com toda a exatidão mediante a referência a estes, podendo todos os desacordos significativos resolver-se, pelo menos em princípio, mediante a referência aos fatos. Segundo uma *concepção construtivista* da realidade com que se confrontam, os práticos constroem as situações da sua prática, não

---

18. Seguimos nesta seção e na seguinte o capítulo dez do livro de João Formosinho e Joaquim Machado (2009), *Equipas educativas: para uma nova organização da escola.*

apenas no exercício da arte profissional mas também em todos os outros modos de competência profissional, as suas percepções, apreciações e crenças têm as suas raízes nos mundos que eles mesmos configuram e que acabam por *aceitar* como realidade (SCHÖN, 1992).

Esta perspectiva *construtivista* da aprendizagem profissional está na base da proposta de formação prática dos profissionais que, sendo *reflexiva*, associa investigação e prática — a investigação *na* prática ou, como prefere dizer David Schön, a reflexão sobre a reflexão na ação —, porquanto aprende-se fazendo, a tutoria prevalece sobre o ensino e estabelece-se diálogo entre o tutor e o estudante sobre a mútua reflexão na ação (1992).

Esta perspectiva *construtivista* da aprendizagem profissional requer a prática profissional desde o início da formação inicial — e não apenas no fim como uma ideia adicional do currículo normativo — introduzindo o aprender fazendo no coração do currículo (1992, p. 272).

Donald Schön (1992) afirma que hoje se evidencia a falta de conexão existente entre a ideia de conhecimento profissional que prevalece nas escolas de formação inicial e aquelas competências que são exigidas aos profissionais no terreno da realidade, onde emerge a complexidade, a instabilidade, a incerteza e o dilema ético. Por isso, este autor problematiza o tipo de formação profissional que de modo algum forma profissionais *inteligentes* — "De que outro modo podem os profissionais aprender a ser inteligentes se não é através da reflexão sobre os dilemas da prática?" — e argumenta a favor de uma nova epistemologia da prática, que realce a questão do conhecimento profissional que se alicerce também na reflexão na ação, o "pensar no que se faz enquanto se está fazendo" utilizado pelos profissionais em situações de incerteza, singularidade e conflito de valores (SCHÖN, 1992).

Esta constatação de que as áreas mais importantes da prática profissional extravasam os limites convencionais da competência profissional, que o conhecimento construído e sistematizado pelas ciências básicas e transmitido na formação inicial é insuficiente para garantir uma prática eficaz e ética, e que os práticos mostram certo tipo de competências em situações de prática problemáticas levam Donald

Schön a inverter a forma de colocar a questão da relação entre a competência na prática e o conhecimento profissional:

> Não deveríamos começar por perguntar como fazer um melhor uso do conhecimento científico mas que podemos aprender a partir de um atento exame da arte, isto é, da competência pela qual na realidade os práticos são capazes de manejar as zonas indeterminadas da prática independentemente daqueloutra competência que se pode relacionar com a racionalidade ética. (SCHÖN, 1992, p. 25-26)

Assim, a produção de um conhecimento prático relevante baseia-se numa inversão epistemológica.

O papel da pesquisa-ação na construção de conhecimento prático relevante[19]

Tradicionalmente, as universidades desenvolveram uma epistemologia institucional que valoriza um modo específico de erudição: a obtenção do conhecimento como valor em si mesmo, para ser discutido e transmitido dentro da elite académica. Como elas foram incorporando a formação dos profissionais de desenvolvimento humano, foi inevitável o desafio de rever a epistemologia institucional, abrindo-a ao conhecimento prático, pois a formação de profissionais tem um referencial central na epistemologia da prática.

O reconhecimento da natureza complexa do conhecimento prático tem sido debatido por filósofos, por sociólogos e, evidentemente, por formadores. Esse reconhecimento pelos formadores visa à criação de um dispositivo pedagógico que permita que o conhecimento prático seja o sustentáculo da renovação epistemológica.

O conhecimento profissional prático é uma janela para uma melhor compreensão e apropriação da prática profissional. Não pode ser conceptualizado nem como conhecimento provindo da reflexão de um

---

19. Seguimos nesta seção o capítulo de Júlia Oliveira-Formosinho, "A investigação-ação e a construção de conhecimento profissional relevante", in: Pimenta e Franco (2008, p. 27-41).

prático individual, nem como conhecimento provindo da teorização de um formador individual. O conhecimento prático é construído em contextos culturais, sociais e educacionais específicos, tem características coletivas que cada profissional experiencia na sua história de vida. É, assim, experienciado por cada profissional nos níveis inter e intrapessoal. (Oliveira-Formosinho, 2008)

Na perspectiva da ciência moderna, positivista, o conhecimento científico é objetivo, rigoroso, quantificável, causal, generalizável, universal, esta integração leva muitos a negar a investigação-ação como processo válido de produção de informação e conhecimento.

Sousa Santos afirma que a ciência pós-moderna deve dialogar com outras formas de conhecimento, designadamente com o senso comum, o conhecimento vulgar e prático com que no quotidiano orientamos as nossas ações e damos sentido à nossa vida (Sousa Santos, 1989).

Como o conhecimento do senso comum é prático e pragmático e emerge das trajetórias e das experiências de vida dos sujeitos ou de grupos sociais, o seu diálogo com o conhecimento científico amplia a dimensão do conhecimento. Este diálogo dá origem a uma nova racionalidade, a uma outra forma de conhecimento que é simultaneamente mais reflexivo e mais prático, mais democrático e mais emancipador do que qualquer deles em separado.

Reflexão final

Terminaremos dizendo que o novo tipo de conhecimento relevante para a formação de profissionais de desenvolvimento humano aceita esta alavancagem do conhecimento profissional no conhecimento proveniente do quotidiano e da experiência no terreno, promove a dimensão contextual (pluriversitária) desse mesmo conhecimento e nele incorpora a dimensão interativa do desempenho, aceitando que mesmo a componente intelectual e técnica deste desempenho é inerentemente relacional.

Referências bibliográficas

ALARCÃO, I. (Org.). *Formação reflexiva de professores*: estratégias de supervisão. Porto: Porto Editora, 1996.

BUCHBERGER, F. Teacher Education Policies in the European Union: critical analysis and identification of main issues. In: CAMPOS, B. (Coord.). *Teacher Education Policies in the European Union*. Lisbon: Presidency of the Council of the European Union, 2000.

CAMPOS, B. (Coord.). *Teacher Education Policies in the European Union*. Lisbon: Presidency of the Council of the European Union, 2000.

CAMPOS, B. *Challenges of professional teacher education in autonomous universities*. Portugal: National Institute for Accreditation of Teacher Education, 2001.

CANÁRIO, R. (Org.). *Formação e situações de trabalho*. Porto: Porto Editora, 1997.

ETZIONI, A. (Ed.). *The Semi-Professions and their Organization*. London: Collier-Macmillan, 1969.

FERREIRA, F. I. *Dinâmicas locais de formação*: um estudo da actividade de um Centro de Formação de Associação de Escolas. Braga: Universidade do Minho, 1998.

FORMOSINHO, J. *Modelos de integração da educação infantil e básica na universidade*. Colóquio Internacional Perspectivas da Educação para o Ano 2000, maio de 1989. Universidade de Trás-os-Montes e Alto Douro, Vila Real.

_____. Teacher education in Portugal: teacher training and teacher professionality. In: CAMPOS, B. (Coord.). *Teacher Education Policies in the European Union*. Lisbon: Presidency of the Council of the European Union, 2000.

_____. Universitisation of teacher education in Portugal. In: GASSNER, Otmar. *Strategies of change in teacher education — European views*. ENTEP, European Network on Teacher Education Policies. Feldkirch, Áustria, 2002a.

_____. A universidade e a formação de educadores de infância: potencialidades e dilemas. In: MACHADO, Maria Lúcia de A. (Org.). *Encontros e desencontros em educação infantil*. São Paulo: Cortez, 2002b.

FORMOSINHO, J.; MACHADO, J. Anónimo do século XX: a construção da pedagogia burocrática. In: OLIVEIRA-FORMOSINHO, J.; KISHIMOTO, T. M.; PINAZZA, M. A. *Pedagogia(s) da infância. Dialogando com o passado, construindo o futuro.* Porto Alegre: Artmed, 2007.

_____; _____. *Equipas educativas*: para uma nova organização da escola. Porto: Porto Editora, 2009. (Colecção Infância.)

FREIRE, Paulo. *Uma educação para a liberdade.* 3. ed. Porto: Textos Marginais, 1974.

_____. *Pedagogia do oprimido*, 2. ed. Porto: Afrontamento, 1975.

GASSNER, O. (Ed.). *Strategies of change in teacher education — European views.* ENTEP, European Network on Teacher Education Policies. Feldkirch, Áustria, 2002.

GIROUX, H. *Los profesores como intelectuales. Hacia una pedagogía crítica del aprendizage.* Barcelona: Ediciones Paidós, 1990.

HARGREAVES, A. The emotional practice of teaching. *Teaching and Teacher Education*, v. 14, n. 8, p. 835-854, 1998.

LANGFORD, Glenn. La enseñanza y la idea de práctica social. In: CARR, Wilfred. *Calidad de la enseñanza e investigación-acción.* Sevilla: Díada Editora, 1993. p. 25-39.

NIZA, Sérgio. *Formação cooperada*: ensaios de autoavaliação dos efeitos da formação no Projecto Amadora. Lisboa: Educa, 1997.

NÓVOA, A. Os professores: em busca de uma autonomia perdida? In: _____. *Ciências da Educação em Portugal.* Porto: Sociedade Portuguesa de Ciências da Educação (SPCE), 1991.

_____. A reforma educativa portuguesa: questões passadas e presentes sobre a formação de professores. In: NÓVOA A.; POPKEWITZ T. (Ed.). *Reformas educativas e formação de professores.* Lisboa: Educa, 1992.

_____. Professionalization de enseignants et sciences de l'éducation. *History of Educational Studies.* Gent: Pedagogica Historica, 1997.

OLIVEIRA-FORMOSINHO, J. The specific professional nature of early years education and styles of adult interaction. *European Early Childhood Education Research Journal* (EECERA), v. 9, p. 57-72, 2001a.

OLIVEIRA-FORMOSINHO, J. O desenvolvimento profissional das educadoras de infância: entre os saberes e os afetos, entre a sala e o mundo. In: MACHADO, Maria Lúcia de A. (Org.). *Encontros e desencontros em educação infantil*. São Paulo: Cortez, 2002.

_____. A investigação-ação e a construção de conhecimento profissional relevante. In: PIMENTA, Selma Garrido; FRANCO, Maria Amélia Santorro (Orgs.). *Pesquisa em ação*: possibilidades investigativas/formativas da pesquisa-ação. São Paulo: Edições Loyola, 2008. v. 2, p. 27-41.

_____; FORMOSINHO, J. (Orgs.) *Associação Criança*: um contexto de formação em contexto. Braga: Livraria Minho, 2001. (Coleção Minho Universitária.)

PACHECO, J. *Formação de professores*: teoria e práxis. Braga: Instituto de Educação e Psicologia, Universidade do Minho, 1995.

PIMENTA, Selma G.; ANASTASIOU, Lea. *Docência no ensino superior*. São Paulo: Cortez, 2002.

_____; FRANCO, M. Amélia S. (Org.). *Pesquisa em ação*: possibilidades investigativas/formativas da pesquisa-ação. São Paulo: Edições Loyola, 2008. v. 2.

SÁ-CHAVES, I. (Ed.). *Formação, conhecimento e supervisão*: contributos nas áreas da formação de professores e de outros profissionais. Aveiro: Universidade de Aveiro, 2000.

SANTER, T.; BUCHBERGER, F.; GREAVES, A.; KALLOS, D. *Teacher Education in Europe* — evaluation and perspectives. Osnabruck, 1996.

SCHÖN, D. A. *La formación de profesionales reflexivos*: hacia un nuevo diseño de enseñanza y el aprendizaje en las profesiones. Barcelona: Ediciones Paidós e Ministerio de Educación y Ciencia, 1992.

SOUSA SANTOS, B. *Um discurso sobre as ciências*. Porto: Edições Afrontamento, 1987.

_____. *Introdução a uma ciência pós-moderna*. Porto: Edições Afrontamento, 1989.

_____; ALMEIDA FILHO, N. *A universidade no século XXI*: para uma universidade nova. Coimbra: Almedina e CES, 2008.

TARDIF, M.; LESSARD. C.; GAUTHIER. C. *Formação dos professores e contextos sociais*. Lisboa: Rés Editora, 1999.

Eixo 3

Encaminhamentos para a Prática Docente Universitária

PRÁTICA DOCENTE UNIVERSITÁRIA E A CONSTRUÇÃO COLETIVA DE CONHECIMENTOS
possibilidades de transformações no processo ensino-aprendizagem

Maria Amélia Santoro Franco[1]

A formação do professor universitário tem sido ultimamente objeto de estudos e pesquisas e sabe-se que, historicamente, esse professor se fazia a partir dos conteúdos de sua área de graduação. Considerava-se que, se o professor é, por exemplo, arquiteto, ele sabe de arquitetura e, portanto, pode ensinar nos cursos de Arquitetura. O pressuposto era o de que o conhecimento do conteúdo é condição necessária e suficiente para formação e para o bom desempenho do professor. A especificidade dos saberes pedagógicos não era considerada como componente necessário à formação docente. Assim, os professores na universidade foram se constituindo na prática, o que legitimou a representação de que a formação pedagógica não era necessária a tal exercício profissional. No entanto, a expansão das universidades e cursos de ensino superior; a necessidade de atendimento

---

1. Doutora em Educação (FEUSP). Atualmente é docente e pesquisadora no mestrado em Educação na Universidade Católica de Santos; e pesquisadora do Grupo de Estudos e Pesquisas sobre a Formação de Educadores (Gepefe, FEUSP/CNPq); pesquisadora CNPq. *E-mail*: <ameliasantoro@uol.com.br>.

a alunos de perfis sociais variados; a complexidade da construção de conhecimentos para além da informação; esses fatores têm induzido a estudos e pesquisas centrados na formação do professor universitário e à busca de transformações pedagógicas que possam subsidiar práticas que articulem o ensino, a pesquisa e a extensão

Neste texto trago à reflexão pesquisas que venho realizando junto a professores,[2] com a finalidade de compreensão dos condicionantes que circunscrevem a construção de suas práticas. Em pesquisas anteriores busquei compreender a articulação dos fundamentos da ciência pedagógica para subsidiar a compreensão da prática docente (FRANCO, 2005a) e, para tanto, aprofundei investigações sobre a epistemologia da pesquisa-ação, como alternativa metodológica para conhecer melhor a realidade das práticas pedagógicas. O objetivo do texto é a busca de fundamentos para a prática docente universitária, pautada nos pressupostos teórico-práticos da pesquisa-ação, de forma a refletir sobre alternativas da construção coletiva de conhecimentos, na prática cotidiana de professores e alunos universitários.

A questão do professor universitário-pesquisador[3]

O professor que trabalha em universidades, especialmente as públicas, encontra-se inserido em condições institucionais propícias ao trabalho pedagógico de construção de conhecimentos através da mediação ensino, pesquisa e extensão. Situação diferente têm os professores universitários não inseridos em carreira docente que prevê jornadas para trabalhos com pesquisa e extensão. São os professores horistas, que só são pagos para "dar aulas"; muitos desses professores possuem apenas a graduação e cursos de especialização *lato sensu*; não

---

2. Projeto de Pesquisa CNPq: Observatório da prática docente: um espaço para compreensão/transformação das práticas docentes.

3. Esta parte do texto já foi *parcialmente* publicada em Franco (2008), no livro: PIMENTA, Selma; FRANCO, Maria Amélia. *Pesquisa em educação*: possibilidades investigativas e formativas da pesquisa-ação. São Paulo: Loyola, 2008. v. 1 e 2.

PEDAGOGIA UNIVERSITÁRIA

possuem familiaridade com práticas e processos de pesquisa científica; essa situação torna difícil e complexa a prática docente estruturada a partir da pesquisa e tecida pela pesquisa.[4]

No entanto, nem todos os professores da universidade, que trabalham e militam na pesquisa, com a pesquisa, conseguem transformar o espaço de ensino, a sala de aula, em espaço de pesquisa coletiva.

Assim como não basta conhecer o conteúdo de uma disciplina para se tornar automaticamente um bom professor, assim também não basta ser um pesquisador para saber, automaticamente, transformar a sala de aula num espaço de pesquisa. Historicamente essas três "faces" da universidade (tripé) foram vivenciadas separadamente: a universidade que faz pesquisa através de seus pesquisadores; a universidade que ensina através dos professores; e a universidade que realiza algumas ações de extensão universitária. Hoje já existem interesse e perspectiva de pesquisadores na busca de práticas que tornem mais orgânica a articulação dessa tríade: um ensino que em sua concepção seja a vivência dos conhecimentos produzidos pela pesquisa, mas também um ensino que forneça dados à pesquisa e que, por serem relevantes e integrados à prática social, já são, por si mesmos, uma atividade de extensão.

Uma das questões importantes para a ressignificação dessas práticas pedagógicas na universidade tem sido a socialização da pesquisa com os práticos. A difusão de processos de pesquisa qualitativa tem revigorado os processos investigativos, trazendo ao pesquisador as interpretações, vivências do grupo pesquisado.[5]

Diniz-Pereira (2002) é um estudioso do crescente movimento dos educadores-pesquisadores nos Estados Unidos. Pautado nos estudos de Anderson e Hen (1999), o autor atribui esse aumento ao fato do crescente número de professores do ensino fundamental com mestra-

---

4. Só 37 das 86 universidades privadas (43%) cumprem a exigência legal de ter um terço dos docentes trabalhando em regime integral, aponta o Censo da Educação Superior 2006 (mais recente). Sem considerar os centros universitários e cursos superiores isolados.

5. Para aprofundar essa questão: Ghedin e Franco (2008).

do e, em alguns casos, doutorado, o que tem produzido um aumento de publicações, compostas por *pesquisa dos educadores*.[6]

Diniz-Pereira (2002, p. 19) informa que há outras condições que tornaram esse movimento mais expressivo nos Estados Unidos, dentre as quais, o próprio desenvolvimento da pesquisa colaborativa, em que professores são convidados a trabalhar junto a especialistas, com o fim de melhorar suas práticas; a inclusão da investigação docente nos programas universitários de formação docente; bem como o movimento de reestruturação das escolas prevendo espaços e tempos para fomentar a pesquisa dos professores e a reflexão da prática.

O importante a discutir nesta questão do professor pesquisador é a articulação entre pesquisa e prática docente, levantando algumas questões que considero fundamentais:

- A pesquisa é um elemento inerente ao exercício da prática docente, na universidade?
- A pesquisa do professor universitário pode produzir transformações em sua prática docente?
- Como articular na prática docente universitária as ações de pesquisa e de ensino?

Inerência da pesquisa à prática docente universitária

Existem diferentes concepções de prática docente e, infelizmente, a mais usual é aquela associada à concepção tecnicista, que considera que a prática docente é uma sucessão de procedimentos metodológicos previamente prescritos e planejados e que devem ser executados pelo professor. Essa concepção considera a aula como uma sucessão de eventos linearmente dispostos, subsequentes, planejados e previsíveis. Para funcionar, esse pressuposto considera que a aula deva ter um

---

6. É interessante lembrar que os docentes efetivos do estado de São Paulo têm se beneficiado da bolsa-mestrado oferecida pelo governo estadual, o que pode produzir uma certa aproximação da universidade com as escolas públicas.

caráter instrutivo, informacional, de repasse de informações. Essa concepção considera a prática como uma situação que independe do sujeito que a realiza, organizada pela sequência de fazeres, que o professor deve adquirir de fora para dentro. A pressuposição é a de que o aluno é neutro, sem reações, e que aprenderá por ouvir e fazer o que o professor solicita. Essa concepção, pautada na racionalidade técnica, parece ultrapassada, no entanto, essa racionalidade ainda preside muitas atividades práticas de docente na universidade; muitos currículos de formação de docente e muitas ações práticas nas escolas de ensino fundamental e médio. Para essa concepção é desnecessário se falar em professor pesquisador, uma vez que não há qualquer solicitação de pesquisa para a execução de uma ação composta por fazeres mecanicamente organizados; não há necessidade de pesquisa para uma prática rotineira não reflexiva.

Quando se fala em professor universitário pesquisador pretende-se uma outra concepção de prática. Tenho escrito sobre essa questão (FRANCO, 2005; 2006) de forma a realçar que a prática docente não se subsume ao exercício acrítico de procedimentos didáticos e/ou metodológicos. A prática docente é sempre mais que o visível das ações técnicas de um professor frente à sala de aula. Considero que o sentido de prática docente precisa ser rediscutido de forma a superar a concepção arraigada de prática docente como o desempenho de determinadas ações consideradas previamente necessárias a um determinado tipo de aula.[7]

A atividade prática docente não se circunscreve no visível da prática pedagógica em sala de aula. A prática, não se realiza, apenas, nos procedimentos didático-metodológicos utilizados pelo professor. A prática docente é um trabalho docente que se organiza em vários tempos e espaços. Tempo e espaço de pensar a aula; tempo e espaço

---

7. Essa concepção de prática docente está implícita no conceito de *competência*, utilizado nos discursos das políticas neoliberais, que a concebem como uma necessária adequação do sujeito a uma lógica que lhe é exterior, pautada nas prescrições de mudanças comportamentais, colocando ênfase num saber fazer individual, em detrimento a um saber que se organiza coletivamente a partir da práxis. Kuenzer (2004) analisa, em contraponto, a competência como práxis.

de pré-organizá-la; tempo e espaço de propô-la e negociar com as circunstâncias; tempo e espaço formal da aula; tempo e espaço de avaliá-la; tempo e espaço de revê-la; tempo e espaço de reestruturá-la; tempo e espaço de pensar de novo...

Para além das *práticas aninhadas*, discutidas por Sacristán (1999), há todo um sistema de representações coletivas e configurações pessoais que determinam as decisões do docente frente às demandas institucionais, organizacionais. Se, de um lado, pode-se considerar que o professor é um modelador da prática, "há que se reforçar que o docente não define a prática, mas sim o papel que aí ocupa" (SACRISTÁN, 1999, p. 74). A compreensão da lógica da prática só começa a ser desvelada a partir da consideração desse lugar que o docente "escolheu" ou foi escolhido para ocupar. Para tanto, é preciso considerar que a ação de ensinar é uma prática social permeada por múltiplas articulações entre professores, alunos, instituição e comunidade, impregnadas pelos contextos socioculturais a que pertencem, formando um jogo de múltiplas confluências que se multideterminam num determinado tempo e espaço social, impregnando e configurando a realidade existencial do docente. Assim, o fazer docente estará sempre impregnado com as concepções de mundo, de vida e de existência, dos sujeitos da prática.

Trilhando os complexos caminhos de formadora de docentes percebo que há uma prática que *forma, informa e transforma*, simultaneamente, o sujeito e suas circunstâncias; por outro lado, há uma prática que oprime, distorce e congela, especialmente o sujeito que nela se exercita e, nesse caso, o sujeito perde o acesso às suas circunstâncias. Para essa *prática congelada* muito contribuem as condições opressoras da instituição escolar, aliada a uma precária formação para o exercício profissional da docência. Quero com isso realçar que as condições institucionais são estruturais na determinação do papel que o docente pode ocupar para modelar sua prática. O docente que não encontra na instituição condições de integrar-se num coletivo investigativo, num ambiente coletivo de mútuas aprendizagens, fica sem possibilidade de organizar-se como sujeito de sua práxis. Conforme realça Habermas (1982, p. 26), não há possibilidade de individualização sem socialização, assim como não há socialização possível sem individualizações.

Assim, considero que a prática docente é, antes de tudo, o exercício de convicções que foram tecidas histórica e coletivamente. Ou seja, e conforme Sacristán (1999, p. 71), as práticas profissionais, ao mesmo tempo que dependem de decisões individuais, organizam-se também a partir de normas coletivas adotadas por outros professores e pelas regulações burocráticas e administrativas da organização escolar. É importante nesse ponto destacar que há uma tensão permanente entre a cultura profissional historicamente construída e os projetos inovadores, ou projetos locais ou mesmo projetos individuais. Realço essa questão para reafirmar que, historicamente, a prática docente esteve organizada a partir de pressupostos tecnicistas. Nessa perspectiva, a pesquisa não era um componente essencial a estruturar essa prática. Portanto é compreensível que falar da inerência de pesquisa com prática docente não seja algo tão natural ou mesmo consensual.

O movimento da epistemologia reflexiva da prática, dentro da racionalidade crítica, tal qual proposta por Carr e Kemmis (1988), inova e organiza possibilidades de ruptura com algumas circunstâncias da cultura profissional institucionalizada que limitam o desenvolvimento da autonomia intelectual dos docentes. Pimenta (2002, p. 25) afirma que "a superação desses limites se dará a partir da(s) teoria(s) que permita(m) aos professores entenderem as restrições impostas pela prática institucional e histórico-social ao ensino, de modo que se identifique o potencial transformador dessas práticas". Assim, continuando a refletir com Pimenta (2002, p. 36), o movimento de professor pesquisador é estratégico, pois investe na valorização e no desenvolvimento dos saberes dos professores e na consideração destes como sujeitos e intelectuais, capazes de produzir conhecimentos, de participar e de decidir nas questões da gestão das escolas e dos sistemas, o que traz perspectivas para *a re-invenção da escola democrática*. Para tanto, concordo com Sacristán (1999) quando afirma que a *imagem libertadora* do professor investigador deve expandir-se para além das atividades de sala de aula e aplicar-se ao conjunto das atividades docentes, de forma a enfrentar a questão do poder na educação, não se aceitando a limitação do papel docente à prática didática. Assim é preciso que se deixe claro: qualquer prática docente não começa do zero, ela vem se estruturando num caminhar histórico e as inovações pretendidas devem ser consideradas como reajustes de trajetória.

Esses reajustes de trajetória vão se tornando mais pertinentes e constantes à medida que se amplia a consciência dos docentes sobre a própria prática. Concordo com Sacristán que essa questão da consciência sobre a prática é a ideia-força condutora da formação inicial e contínua de docentes. Esse processo de tomada de consciência da ação que se realiza já foi bastante e anteriormente discutido por Paulo Freire, de forma a fundamentar processos de mudança e de participação coletiva.

Assim reafirmo que a prática pesquisadora é uma condição fundamental para produzir mudanças nos sujeitos, nos conhecimentos e nas estruturas organizativas da prática. *Aliar processos investigativos à prática docente é uma forma de aliar produção de conhecimentos com mudanças na prática, de forma que professores ensinem mais e melhor e os alunos aprendam também de forma mais intensa e significativa.* Mais que isso, a prática que integra a pesquisa e a extensão tem mais condições de produzir novos significados para a formação de futuros profissionais. Essa prática integrada tem mais condições de mobilizar os saberes coletivos, dos alunos e dos docentes.

A pesquisa na prática docente pode produzir rompimentos nas concepções tecnicistas de docência, gerando a possibilidade de ressignificação das relações entre teoria e prática, podendo tornar-se um movimento importante na luta coletiva por melhores condições de trabalho e para a reconsideração da importância do conhecimento produzido coletivamente, por alunos e docentes. Essas conquistas podem funcionar como contraponto importante frente a um crescente desinteresse de alunos universitários pela pesquisa e pela aprendizagem.

Esse processo de construir novas e partilhadas práticas, que se autotransformam e que produzem conhecimento, não ocorre de uma hora para outra; dessa forma, tenho me utilizado da pesquisa-ação como instrumento político de propiciar aos docentes mecanismos para

PEDAGOGIA UNIVERSITÁRIA

aprenderem ou reaprenderem a investigar a própria prática de forma coletiva, crítica e transformadora.

Como articular na prática docente universitária as ações de pesquisa e de ensino?

Como já afirmei neste texto, nem sempre o professor universitário, que já é pesquisador, transfere para sala de aula suas habilidades investigativas. Muitas vezes, esse professor transmite, informa a seus alunos, os conhecimentos que sua pesquisa produziu, e isso já é muito significativo para a aprendizagem dos alunos. Pior seria se o professor não fosse pesquisador e apenas repassasse aos alunos conhecimentos produzidos por outros.

Mas ao que nos propomos neste item do texto é convidar o professor, que já é pesquisador, a transformar sua prática docente com base nos pressupostos teórico-práticos da pesquisa-ação, fazendo de sua prática uma ação investigativa coletiva.

Por que é tão desafiante essa tarefa? A partir de onde organizamos nossa prática docente? Que teorias estão ali internalizadas? É a teoria que fundamenta nossa prática? É a prática vivenciada como alunos que a fundamenta?

A prática docente universitária considerada como uma prática social historicamente construída, condicionada pela multiplicidade de circunstâncias que afetam o docente, realiza-se como práxis, num processo dialético que, a cada momento, sintetiza as contradições da realidade social em que se insere. Essa prática, como práxis, traz em sua especificidade a ação crítica e reflexiva do sujeito com as circunstâncias presentes e, para essa ação, a pesquisa é, inerentemente, um processo cognitivo, que subsidia a construção e mobilização dos saberes, construídos ou em construção. Esse sentido lato da pesquisa é, portanto, inerente à prática docente.

Quando falo de pesquisa-ação e suas possibilidades na transformação dos sujeitos e das práticas docentes, estou pressupondo essa prática que está posta como ressonância das mediações entre o sujeito e suas circunstâncias. Assim, pode-se pensar na pesquisa-ação como instrumento de transformar as práticas em práxis, e isso requer algumas considerações prévias:

1. *Garantia de sua especificidade*: a pesquisa-ação, dentro desta perspectiva formativa, é um procedimento longo, demorado, contínuo, uma vez que pressupõe uma transformação das convicções dos sujeitos; convicções essas muitas vezes arraigadas em longo processo de reforçamento social. É preciso saber o que pode caber numa rubrica de pesquisa-ação e, assim, reforço-me com as observações de Andaloussi:

> (...) na literatura existente, tem-se observado a existência de uma grande quantidade de pesquisas que se denominam pesquisa-ação pelo simples fato de o pesquisador ter colhido informações diretamente no campo de observação com o público, ou de um docente ter experimentado um método original em suas aulas, ou ainda, um diretor de ensino ter proposto um novo programa em sua escola. (2004, p. 71)

Já afirmei que há vários modelos de pesquisa-ação, há diferentes intencionalidades em seu uso; no entanto, a banalização de seu conceito traz perversas consequências à pesquisa em educação. É preciso muito rigor para se trabalhar com a complexidade de um grupo em transformação; o que exige, no mínimo: (1a) tempo para acalentar e sedimentar transformações; (1b) espaço de permissão e transparência institucional; (1c) contrato que fundamente os compromissos coletivos; (1d) mobilização contínua das espirais cíclicas; (1e) objetivação e socialização do conhecimento construído; (1f) sínteses de significados compartilhados.

2. *Produção diferenciada de saberes e conhecimentos*: a pesquisa-ação, nesta perspectiva formativa, poderá produzir diferentes perspectivas a cada membro participante: (2a) o pesquisador principal poderá ter como objeto de sua pesquisa a melhor compreensão do processo de transformação dos sujeitos da prática e produzirá, de forma científica e rigorosa, conhecimentos sobre esse seu objeto, ou seja, esse pesqui-

sador amplia a forma de adentrar nos processos transformadores do sujeito da prática, pois, além de observar, ou entrevistar, ele acompanha os processos vivenciais dos sujeitos; ele amplia, por compartilhamento, os significados que os sujeitos vão identificando em sua práxis; assim ele qualifica melhor suas interpretações sobre os fenômenos vividos pelos sujeitos; ele adentra mais profundamente nos processos de transformação que vão ocorrendo; ele capta informações que vão sendo construídas intersubjetivamente no grupo dos práticos. O que se realça nessa perspectiva é que se cria uma nova forma de relacionar pesquisa e prática, o que pode produzir uma maior legitimação à pesquisa acadêmica; (2b) os sujeitos participantes irão aos poucos se apropriando de procedimentos de pesquisa; vão construindo novos saberes práticos; vão enfrentando suas dificuldades e elaborando sobre elas; vão percebendo a possibilidade de fazer rupturas com sua rotina docente e com isso vão redimensionando suas concepções sobre a tarefa educativa; assim constroem novos saberes e alguns conhecimentos sobre essas suas vivências. A pesquisa, nesse caso, produz sujeitos mais conscientes, sujeitos que falam e que explicitam fatos e significações e esses dados podem ser reapropriados e ressignificados, pelo pesquisador principal, ou demais pesquisadores, dentro da perspectiva da pesquisa acadêmica. Todos os envolvidos constroem conhecimentos e ressignificam saberes, porém, cada um os construirá a partir de suas necessidades/possibilidades/perspectivas.

3. *Os tempos da pesquisa-ação*: a questão da concomitância da pesquisa e da ação é também problemática. Apesar de sempre se afirmar que numa pesquisa-ação há uma concomitância entre a ação e a pesquisa, isso não significa que haja um mesmo tempo físico entre os dois polos do procedimento. Pode-se dizer que pesquisa e ação ocorrem numa mesma circunstância com implicações mútuas. *Mas o tempo da pesquisa é diferente do tempo da ação*. A pesquisa científica requer cuidado na coleta de dados, na análise, nas considerações das dúvidas metódicas; esse trabalho metodológico-reflexivo é que vai indicar a possibilidade de novas hipóteses que vão sendo levadas aos práticos e que podem referendar novas ações. Mas há uma ação acontecendo

apesar de esse trabalho científico estar se processando lentamente. Ou seja, os docentes continuam sendo docentes, continuam com suas horas diárias de trabalho; à medida que se integram no processo e começam a se observar e a falar, trazem para o grupo urgências a serem discutidas. Os práticos são impelidos pelo pesquisador a discutir, a refletir, a conversar criticamente; isso os ajuda, os forma, os qualifica para a pesquisa, mas não é a pesquisa científica. De um lado, ocorre no grupo de pesquisa-ação uma conversação reflexiva, de onde decorrem propostas de ações de observação, de experimentação ou mesmo de reflexão; de outro lado, ocorre o trabalho do pesquisador científico, que vai recolhendo dados, agrupando-os, refletindo sobre eles, num outro *timing*. Esses tempos, ao mesmo tempo, concomitantes, porém com graus diferenciados de dispersão e profundidade, são também responsáveis pela produção diferenciada de conhecimentos entre os diferentes participantes do grupo e que demonstram, também, a impossibilidade de relações igualitárias entre os diferentes membros. Há papéis diferenciados num grupo de pesquisa-ação e aqui reafirmo o que já escrevi acima sobre a necessidade de participação, pedagogicamente qualificada, do pesquisador principal.

Pesquisa e ação: dilemas

Considero a pesquisa-ação como um processo pedagógico de enorme complexidade, uma vez que é uma mediação entre diferentes polos de um processo histórico: mediação entre saber e ação; entre sujeitos da prática e pesquisador; entre conhecimento e prática. Considero também que, quando se pretende a investigação da prática, o envolvimento dos sujeitos dessa prática passa a ser um elemento constitutivo do saber científico.

Acredito que uma das grandes questões que permeiam esse enfoque metodológico é seu caráter quase ambíguo, entre ser uma metodologia produtora de conhecimento e, ao mesmo tempo, produtora de ações práticas. No entanto, é isso que faz dela uma pesquisa-ação.

Se apenas considerarmos sua interface científica, na produção rigorosa de conhecimentos pelo pesquisador principal, estaremos desprezando suas possibilidades de gerar saberes e conhecimentos aos práticos e perdendo a oportunidade de incluir os práticos num processo de empoderamento e autoria, que são fundamentais para o exercício da práxis. Se, por outro lado, apenas consideramos o aspecto de orientação para a transformação das ações, estaremos perdendo uma oportunidade de produzir conhecimentos científicos que poderiam, de outra forma, estar fundamentando a própria transformação das práticas. Sem essa vinculação à produção científica de conhecimentos a ação prática se transformaria, apenas, em um laboratório a serviço da própria pesquisa. Reforço meu pensamento com a ponderação de Andaloussi:

> O lugar ocupado pelo pesquisador e o seu saber científico produzido *a partir de* uma pesquisa-ação desempenham um papel de interface entre a investigação *dentro de* uma pesquisa-ação, que é útil para a prática, e a pesquisa, desenvolvendo um discurso rigoroso e coerente a ser submetido à comunidade científica. Esse discurso pode abranger parte ou a totalidade da pesquisa-ação. (2004, p. 144)[8]

A partir das diversas situações em que venho desenvolvendo essa modalidade de pesquisa, posso afirmar que surgem várias modificações na prática dos docentes participantes e, mais que isso, em suas atitudes enquanto profissionais. Afirmo também que, a partir de minha participação como pesquisadora, tenho tido a oportunidade de compreender melhor a lógica das práticas (FRANCO, 2006a) e produzir conhecimentos sobre o assunto.

Andaloussi cita Elliott (2003) para referendar que os educadores, quando implicados em uma pesquisa-ação, tomam consciência da inadaptação de suas práticas por meio do resultado das pesquisas e, assim, esforçam-se para melhorá-las. Alerta também o autor para um fato importante: quando os educadores estão mais conscientes eles

---

8. Grifos meus.

percebem que, "para modificar suas práticas, eles precisam agir sobre seus colegas e sobre a instituição, para que reúnam as condições possíveis à melhoria" (2004, p. 147).

Assim há que se realçar que não é fácil o papel de pesquisador principal de uma pesquisa-ação, uma vez que esta deve produzir um saber, transformar ações e, além do mais, oferecer condições formativas aos sujeitos da prática. Esse é o forte potencial pedagógico da pesquisa-ação: formar sujeitos dentro de uma perspectiva emancipatória e, ao mesmo, tempo transformar as situações e os conhecimentos que as presidem. Seu potencial científico é imenso, uma vez que permite aos pesquisadores adentrarem na dinâmica das práxis e assim recolher informações e dados, valiosos e fidedignos, para elaborar e produzir conhecimentos.

Não é também fácil aos práticos engajarem-se em um processo de pesquisa-ação. Acostumados e condicionados a agir de forma não reflexiva, executando instruções e orientações, eles se perdem inicialmente ao se defrontar com o exercício crítico e reflexivo que a prática da pesquisa impõe.

Ambos, pesquisador e práticos, precisam sair do desconforto de suas rotinas e adentrar o desafio de se fazerem grupo; enfrentarem as dificuldades, disponibilizarem tempo e coragem para mudar. Especialmente, é requerido a ambos a disponibilidade em conviver com processos que continuamente se redimensionam, com dados em constante alteração; com avaliações contínuas sobre suas ações e em seus saberes já instalados. Os ganhos são muitos para todos os participantes, no entanto, relembrando novamente que esses ganhos não são distribuídos equitativamente. Assim, pode o pesquisador principal organizar uma boa coleta de dados, compreender melhor seu objeto de estudo; desenvolver novos saberes sobre as relações sociais e interpessoais e ter farto material para produzir conhecimento científico, sobre partes ou a totalidade das experiências que ali vivenciou. Aos práticos, há infinitos ganhos: por certo descobrirão novos saberes; darão novos significados à sua prática; recriarão procedimentos didáticos; iniciar-se-ão em processos de pesquisa; desenvolverão habilidades na direção de pesquisar a própria prática; começarão a estranhar a inadequação de alguns procedimentos usuais; enriquecer-se-ão com a convivência coletiva; envolver-se-ão em processos de autoformação e até poderão produzir conhecimentos científicos. Tenho percebido que professores que sempre trabalharam só no esquema lousa e giz, citar e copiar, de repente, sentem-se impelidos a mudar: a problematizar a aula, a convidar os alunos para reflexões coletivas; a integrar conhecimentos de outras disciplinas!!!!

As escolas, as instituições de ensino superior e mesmo as universidades (particulares) onde trabalham esses docentes também se beneficiam, quando os professores, aos poucos, vão se tornando mais críticos, mais produtivos, mais sensibilizados com as necessárias condições de desenvolvimento profissional e mobilizando colegas para tomadas de decisões coletivas.

A pergunta que faço é a seguinte: como, se não dessa forma, pesquisar a prática docente? Tenho percebido o grande esforço de pesquisadores para tentarem captar a prática em processo;[9] para identificam as escolhas que os docentes fazem em suas ações cotidianas; os dilemas que enfrentam nas situações novas; as ansiedades que acumulam nos processos didáticos; os acertos e novas descobertas que, às vezes, constroem. Há muitos trabalhos que inferem essa dinâmica da prática a partir de observação em sala de aula e/ou de entrevistas, depoimentos com o docente. No entanto, nem sempre o pesquisador encontra aquilo que busca, em algumas coletas de dados nessa perspectiva percebe-se algum desconforto, proveniente da inconsistência dos dados, de sua superficialidade, da ausência de dados novos. O pesquisador sabe que muitas vezes o professor, seu objeto de pesquisa, tem . dificuldades em expressar seus sentimentos sobre o que vivencia nos processos pedagógicos cotidianos e, muitas vezes, essa sua fala é pouco significativa. As respostas dos docentes são, muitas vezes, pautadas em sua *prática congelada* por procedimentos tecnicistas, sem o cotidia-

---

9. Por conta do projeto de pesquisa que desenvolvi: Pesquisando os caminhos metodológicos utilizados nas investigações acadêmicas realizadas sobre a prática reflexiva docente (Unisantos, Gepefe, FEUSP, 2002-2007).

no exercício do diálogo com suas circunstâncias; assim ele relata dados superficiais e fragmentados, que não oferecem ao pesquisador dados fundamentais à análise dos processos de práxis empreendidos.

Por outro lado, pergunto: como pode o professor sozinho descongelar suas práticas, abandonar o porto seguro de seus procedimentos usuais e tentar o novo sozinho? Tenho realçado a importância da equipe pedagógica ou equipe de pesquisadores para subsidiar esses processos de formação em serviço, que poderiam direcionar a transformação das salas de aula em espaços de aprender e produzir coletiva e significativamente.

Considero que a pesquisa-ação pode ser o instrumento para potencializar o trabalho dos pesquisadores, permitindo-lhes produzir conhecimentos mais articuladores para a prática docente, ao mesmo tempo que oferece aos docentes a oportunidade de se tornarem pesquisadores da própria ação.

A pesquisa-ação como instrumento didático para construção coletiva de conhecimentos

Após partilhar essas reflexões sobre os saberes pedagógicos e os fundamentos da pesquisa-ação como indutores da formação de professores pesquisadores da própria prática, quero propor a utilização desses estudos na perspectiva de utilizá-los na prática docente na universidade, de forma a organizar a sala de aula como um coletivo investigador.

Realço a presença de, pelo menos, três objetivos para essa proposta:

a) produzir e socializar conhecimentos entre alunos e professores;

b) gerar transformações nas práticas docentes e discentes;

c) garantir melhores resultados para o processo de ensino e de aprendizagem.

Se a didática tradicional centrava sua perspectiva no papel do professor como produtor e transmissor dos conhecimentos aos alunos,

PEDAGOGIA UNIVERSITÁRIA

e se a didática da escola nova pretendeu centrar esse processo na construção de conhecimentos pelos alunos, cabendo ao professor o papel de orientador dessa aprendizagem, trago agora a proposta de organizar a sala de aula em processos coletivos de ensino-aprendizagem, onde alunos e professores se organizem num coletivo investigador, no qual todos se envolvam com os processos coletivos de produção, sistematização e socialização dos conhecimentos.

Essa proposta pressupõe um alargamento do espaço de ensino para além da sala de aula; pressupõe um trabalho que integra saberes de diferentes origens; de diferentes disciplinas; de diferentes espaços; pressupõe a pesquisa e a extensão; a sala e os espaços de pesquisa; os locais de coleta de dados, desde o campo à biblioteca, à internet. A sala de aula expande seus muros e seus tempos.

Nessa perspectiva, utiliza-se a pesquisa-ação numa perspectiva formativa, por meio da qual os participantes possam desenvolver um estilo de questionamento crítico sobre suas práticas de ensinar e aprender, visando transformá-las. Segundo a proposta de Carr e Kemmis, a pesquisa-ação, nessa perspectiva, é "uma forma de indagação autor-reflexiva que empreendem os participantes de situações sociais com o intuito de melhorar a racionalidade e a justiça de suas próprias práticas, seu entendimento das mesmas e as situações dentro das quais têm lugar" (1988, p. 174).[10]

De acordo estes e outros autores,[11] são condições básicas para o desenvolvimento da pesquisa-ação nessa perspectiva:

a) ser uma pesquisa que integre, formativamente, os pesquisadores e os participantes, estando comprometida com processos de emancipação de todos os sujeitos que dela participam e vinculada a compromissos sociais com o coletivo; emergir da complexidade da práxis;

b) ser uma forma de pesquisa que induza, motive e potencialize os mecanismos cognitivos e afetivos dos sujeitos, na direção

---

10. Para mais esclarecimentos sobre a pesquisa-ação, consultar Franco (2005b).

11. Morin (1985), Lavoie, Marquis e Laurin (1996) e Franco (2001).

de irem assumindo, com autonomia, seu processo de auto-formação;

c) ser uma pesquisa que trabalhe com a complexidade dialética do processo formativo: o que implica uma flexibilidade criativa; que evolua de acordo com a imprevisibilidade do contexto; que ofereça espaço ao não previsto, ao novo e emergente, ao mesmo tempo que oferece possibilidade de inteligibilidade aos conhecimentos que vão emergindo no processo;

d) ser uma pesquisa que permita que os sujeitos em processo de formação aprendam a dialogar consigo próprios, dando direção e sentido a seu desenvolvimento pessoal; aprendam a dialogar com suas ações investigativas, quer a exercida por eles próprios, quer a exercida por colegas e, nesse diálogo, possam ir construindo um olhar crítico e reflexivo sobre as mesmas; aprendam, também, a dialogar com os contextos de sua prática, os condicionantes de sua formação.

Transformando essa perspectiva posta pelos autores em princípios didáticos para o trabalho docente, teríamos que para o trabalho pedagógico do professor são condições básicas:

a) o trabalho docente deve ser uma atividade que integre, formativamente, alunos e docentes, estando todos comprometidos a participar da construção coletiva de conhecimentos, trazendo e disponibilizando sua contribuição ao grupo;

b) este trabalho do professor deve ser organizado de forma a induzir, motivar e potencializar os mecanismos cognitivos e afetivos dos alunos, na perspectiva de que cada um e todos devem ir construindo seu processo de autonomia e de contínua autoformação. A construção da aprendizagem é um processo ativo de envolvimento de cada um na atividade de pesquisa, que é inerente ao processo de aprender. É preciso e necessário o envolvimento afetivo e emocional como fundamentos energizantes do processo de construir significados à aprendizagem (ver adiante Piaget);

c) trabalhar com a complexidade do processo formativo implica fundamentalmente dar espaço para o não previsto, para o novo e para aquilo que exige urgência. O trabalho docente, na perspectiva formativa, tecido pela pesquisa, exige que o professor esteja atento aos dados que emergem da dialética da realidade. Deve absorvê-los, dialogar com eles e se transformar com eles;

d) o trabalho docente na perspectiva da participação coletiva precisa abrir tempo e espaço para o diálogo, na perspectiva freireana, do *dia*, *logos*; é preciso que o professor faça crescer nos alunos o olhar do pesquisador; a rigorosidade com os dados; a sabedoria das análises; o compromisso com a relevância social dos dados; enfim, seu trabalho deve fazer emergir a crítica e a criatividade.

A intenção é, fundamentalmente, permitir aos participantes uma cognição metateórica sustentada pela reflexão e baseada num contexto sócio-histórico (KINCHELOE, 1997). Esse entendimento, entretanto, não significa uma secundarização do processo de produção do conhecimento nesse tipo de pesquisa. Ao contrário, por tratar-se de um conhecimento fortemente vinculado à transformação da realidade, necessita ser produzido de forma rigorosa, sistemática e ética (CONTRERAS, 1994).

Adaptar esses princípios da pesquisa-ação, de caráter formativo, para as práticas pedagógicas dos docentes na universidade requer algumas adequações e algumas inovações.

Buscando essas inovações/adequações é possível encontrar alguma semelhança nos trabalhos de Jacques Gauthier. Esse autor é um pedagogo francês, que buscou integrar alguns princípios da pesquisa-ação participante com os pressupostos da dialogicidade de Paulo Freire, com a criação de dispositivos da Análise Institucional, da escuta sensível de René Barbier, dentre outros, e criou o método da Sociopoética. Compreende-se por sociopoética toda prática de pesquisa ou de ensino que atribui em sua ação a mesma importância ao corpo, incluindo emoção, sensibilidade e intuição, e à razão, como fontes do conhecimento. Essa proposta considera ainda, como fundamental:

- a importância dos conceitos e categorias produzidas pelas culturas dominadas e de resistência;
- o papel dos sujeitos pesquisados como corresponsáveis pelos conhecimentos produzidos;
- o papel da criatividade no aprender, no conhecer e no pesquisar;
- a importância do sentido espiritual, humano, das formas e dos conteúdos no processo de construção do conhecimento.[12]

Conforme Iraci Santos (2004), uma ex-orientanda de Jacques Gauthier, a sociopoética foi desenvolvida no Brasil nas áreas de enfermagem, educação, psicologia e sociologia. Sendo uma abordagem no conhecimento do homem como ser político e social, ela pode ser aplicada como prática social, prática educativa, prática de pesquisa e de cuidar.

Afirma essa autora que, como método, a sociopoética tem como proposta a construção coletiva do conhecimento por parte dos pesquisadores e sujeitos de pesquisa, tendo como pressuposto básico que todas as pessoas possuem saberes de todos os tipos (intelectual, sensível, emocional, intuitivo, teórico, prático, gestual) e, sendo estes iguais em direito, transformam o ato de pesquisar num acontecimento poético (do grego *poiesis* = criação). Considera a autora que, "em sua ideologia", esse método é uma continuação do amadurecimento da Pedagogia do Oprimido de Paulo Freire, cuja filosofia dialógica enfatiza que o *nosso papel não é falar ao povo sobre a nossa visão do mundo, ou tentar impô-la a ele* (...) e sim, adotar uma postura de respeito mútuo e de troca entre saberes intelectuais e populares.

Toda pesquisa *sociopoética* começa com uma negociação para composição do grupo pesquisador (GP) e definição do tema gerador, ou temática de pesquisa. A seguir aparecem as oficinas de produção e análise dos dados; depois a análise conjunta da produção; análise do pesquisador-facilitador e socialização da produção (ver Sandra Petit, Faced, UFC).[13]

---

12. Para aprofundar, ver Gauthier, Jacques (1999)
13. Petit e Gauthier (2005, p. 1-16).

A proposta que faço a nós, docentes universitários, aproxima-se da sociopoética na medida em que:

a) considera que todos os sujeitos inseridos numa sala de aula da universidade possuem saberes, de diferentes níveis e de diferentes perspectivas, e que todos estão aptos a construir novos saberes e ressignificar saberes já instalados;

b) considera que os saberes são construídos pela mediação de processos cognitivos que emergem da prática dialógica do sujeito com suas circunstâncias;

c) considera que no processo de construção de conhecimentos tanto interfere a razão, como os processos emocionais, afetivos e sociais;

d) considera a criatividade um processo essencial à prática da pesquisa.

No entanto, nossa proposta é na perspectiva de buscar um instrumento didático, facilitador de processos de ensino e aprendizagem em sala de aula, e não tem a finalidade de trabalhar com a questão social das culturas dominadas ou de resistência. Nossa perspectiva é pedagógica: facilitar processos de ensino que gerem processos formativos nos alunos — processos de criação coletiva; de socialização; de argumentação; de busca de novos fundamentos teóricos; de curiosidade para descobertas novas; de expressão e comunicação de seus saberes; de mobilização de saberes anteriores, colocando-os na perspectiva de autoformação, produzindo neles processos de *empoderamento* (Franco e Lisita, 2004); ou, conforme Fusari (2009), de uma *cidadania transformadora*.

Para tanto, minha sugestão é a de que cada plano ou proposta de ensino universitário transforme-se num projeto de pesquisa proposto pelo docente, assim constituído como pesquisador principal, aos alunos, que atuarão como copesquisadores. É a fase 1 que chamo de *esclarecimento de projeto de pesquisa partilhado*. É uma fase de negociação como propõe a sociopoética? Sim e não: há itens negociáveis como prazos e locais de pesquisa; há itens que serão vistos como prerrogativas da proposta, como, por exemplo, o recorte epistemológico proposto. O interessante neste momento é a partilha e socialização dos objetivos do curso. A que se destina? O que se pode esperar dele? Quais os papéis que desempenharemos? Os alunos irão se aproximando sucessivamente das perspectivas do professor; o professor estará também disponível a incorporar perspectivas postas pelo coletivo.

Já nesta fase inicial os alunos podem participar buscando apropriar-se das indicações de bibliografia; buscando na internet referências teóricas novas; trazendo para aula estudos já realizados nesta direção etc.

A fase 2 deve ser planejada. Chamo-a, como Gauthier, de *oficinas de produção*: tanto pode ser de produção de coleta de dados; de análise de dados; de socialização de dados; de expressão da compreensão dos dados; da produção operacional dos dados. Aqui podem as turmas se dividirem por interesses próprios; cada qual, ou cada grupo, com uma tarefa bem específica de coleta de dados: ou dados teóricos ou dados operacionais. O importante é que haja um fluxo contínuo: do individual para o coletivo; do coletivo ao individual; do geral (intenção do projeto) ao específico (coleta). Caminhos intermediários importantes: o que tais dados respondem à questão da pesquisa? Cada grupo apropria-se da produção do outro grupo e já vai havendo uma socialização prévia dos dados. Sínteses parciais são fundamentais. Registros dos processos vivenciados também são fundamentais. A aula extrapola seus espaços; espaços de pesquisa no campo, nas fontes, nas escolas, nas bibliotecas devem ser considerados e integrados como espaços de ensino e de aprendizagem. A aula do *stricto ao lato sensu*. O processo se inverte: é da aprendizagem para o ensino e não vice-versa como tradicionalmente; é do coletivo para o individual e do individual para o coletivo.

Como já escrevi neste texto e aqui realço, as *espirais cíclicas* são fundamentais para caracterizar os processos cognitivos que ocorrem numa pesquisa-ação. Esse processo precisa ser instigado: ir e voltar ao mesmo ponto, cada vez com mais profundidade, cada vez com novos olhares. Como já sabemos: o que muda a nossa compreensão da reali-

PEDAGOGIA UNIVERSITÁRIA

dade são os olhares novos e cada vez mais apurados que lançamos sobre ela. Assim surge a importância da fase 3: *as sínteses*, sempre provisórias, mas *coletivas e coletivizadas*. Aqui há que se lembrar de que as sínteses não ocorrem apenas no plano dos conteúdos, dos dados, mas do sujeito aluno, do sujeito pesquisador. Como estou me constituindo nesse coletivo investigador? Alguma coisa mais pessoal mesmo, como tenho me empenhado, como tenho me envolvido, como estou *implicado*[14] neste coletivo? Nesta tarefa? Lembremos que os registros estão ocorrendo em todas as fases e os registros das sínteses são fundamentais. Sempre haverá retornos às diferentes formas de oficina. Nesse processo o coletivo ou o professor/pesquisador descobre carências nos alunos e pode-se fazer uma oficina especial para tal fim (por exemplo: oficina para produção de textos científicos a partir das sínteses). As sínteses funcionam como processos intermediários de avaliação do processo.

A fase 4 é também fundamental: a *socialização* entre o coletivo investigador da produção de todos. As sínteses tecem esse trabalho em todo o processo. Há socializações intermediárias, mas essa é formal. Há interesse do coletivo e do pesquisador principal em avaliar o quanto cada qual contribuiu e assimilou da produção coletiva. Essa socialização é *intragrupo*, fundamental para finalização do trabalho, mas há ainda a possibilidade de socialização extragrupo pesquisador, em outros grupos ou eventos científicos. Essa socialização de segundo nível não é, a princípio, o objetivo deste trabalho pedagógico, mas pode e deve ocorrer sempre que houver disponibilidade; no entanto, não deve atropelar as outras fases, que são mais formativas, mais dentro das perspectivas deste trabalho.

A fase final, a 5, é a *produção individual* dos conhecimentos que cada um produziu no processo, inclusive do professor pesquisador, que, nesse caminhar, teve oportunidades para construir e reconstruir alguns de seus saberes.

Tenho começado a trabalhar nessa perspectiva e os resultados parecem promissores. O papel do professor se transmuda, de docente

---

14. Ver Barbier (2002) e o conceito de implicação.

que informa e distribui conhecimentos, para o de pesquisador que orienta e conduz uma pesquisa coletiva. Os alunos empenham-se no projeto coletivo que se torna um projeto de cada um. O conhecimento vai se articulando como uma rede de construções significativas. Abrem-se espaços nas salas de aula para diálogos, críticas e trocas. Parece uma perspectiva pedagógica interessante. No entanto, como na pesquisa-ação tradicional: cada caso é um caminho que se constrói. Não há regras fixas, há princípios que devem ser reforçados e testados...

Há muitas questões estruturais que essa proposta precisa enfrentar, dentre as quais a mudança da representação dos papéis tradicionais de aluno e de professor; a força das políticas neoliberais de avaliação, que introduzem no imaginário popular a importância da medida e do produto final e não dos processos de criação e de autonomia intelectual; a falácia da pressão dos mercados que estereotipa um determinado perfil de formação; enfim, muitos motivos para não mudar o que já está posto. No entanto, há um grande motivo a desafiar nossas perspectivas: a crença de que um outro mundo é possível e de que seu começo passa pelos processos educacionais, pelas salas de aula e *campi* das universidades...

Referências bibliográficas

ABRAHAM NAZIF, Mirtha; LAVIN HERRERA, Sonia. Los procesos de formación pedagógica en instituiciones formadoras de docentes. *Investigación Fondecyt*, PIIE, Chile, 1994.

AMARAL, M. J.; MOREIRA, M. A.; RIBEIRO, D. O papel do supervisor no desenvolvimento do professor reflexivo: estratégias de supervisão. In: ALARCÃO, Isabel (Org.). *Formação reflexiva de professores*: estratégias de supervisão. Porto: Porto Editora, 1996. p. 91-122.

ANDALOUSSI, Khalid. *Pesquisas-ações. Ciências. Desenvolvimento. Democracia.* São Carlos: Edufscar.2004.

ATKIN, M. Teacher research to change policy: an illustration. In: SOCKETT, H.; HOLLINGSWORTH, S. (Eds.). *Teacher research and educational reform.* Chigaco: University of Chicago Press, 1994.

BARBIER, Renée. *A pesquisa-ação*. Brasília: Plano, 2002.

BECKER, Fernando. *Epistemologia do professor*. São Paulo: Cortez, 1995.

CARR, W.; KEMMIS, W. *Becoming critical education; knowledge and action research*. London and Philadelphia: The Palmer Press, 1988.

CONTRERAS, José. La investigación en la acción. *Cuadernos de Pedagogía*, Barcelona, p. 7-19, abr. 1994.

CHARLOT, Bernard. Formação de professores: a pesquisa e a política educacional. In: PIMENTA, S.; GHEDIN, E. (Orgs.). *Professor reflexivo no Brasil*: gênese e crítica de um conceito. São Paulo: Cortez, 2002.

DAMÁSIO, António R. *O erro de Descartes*: emoção, razão e o cérebro humano. São Paulo: Companhia das Letras, 1996.

DINIZ-PEREIRA, J.; ZEICHNER, K. *A pesquisa na formação e no trabalho docente*. Belo Horizonte: Autêntica, 2002.

ELLIOT, J. *La investigación-acción en educación*. Madri: Morata,1985.

_____. *El cambio educativo desde la investigación-acción*. Madri: Morata, 1996.

FABRE, Michel. Existem saberes pedagógicos? In: HOUSSAYE, J.; SOETARD, M.; HAMELINE, D.; FABRE, M. *Manifesto a favor dos pedagogos*. Porto Alegre: Artmed, 2004.

FRANCO, Maria Amélia Santoro. A pedagogia como ciência da educação. In: REUNIÃO DA ANPED, 24., 2001. Disponível em: <www.anped.org./br/24/sessesp.htm>.

_____. Investigando a práxis docente: dilemas e perspectivas. In: AFIRSE: Association Francophone Internacionale de Recherche Scientifique en Éducation, 2002, Lisboa. Livro do Colóquio: *A formação de professores à luz da investigação*. Lisboa: Faculdade de Psicologia e Ciências da Educação, Universidade de Lisboa, 2002a. p. 187.

_____. Indicativos para um currículo de formação de pedagogos. In: ROSA, Dalva; SOUZA, Vanilton (Orgs.). *Políticas organizativas e curriculares, educação inclusiva e formação de professores*. Rio de Janeiro: DP&A, 2002b. p. 173-189.

_____. Para um currículo de formação de pedagogos: indicativos. In: PIMENTA, Selma G. (Org.). *Pedagogia e pedagogos*: caminhos e perspectivas. São Paulo: Cortez, 2002c.

FRANCO, Maria Amélia Santoro. *A pedagogia como ciência da educação*. 2. ed. São Paulo: Cortez, 2008; 1. ed. Campinas: Papirus, 2003.

_____. A articulação entre pesquisa e formação: pressupostos metodológicos de um grupo de formação e pesquisa. In: *Educação e trabalho*: representações sociais, competências e trajectórias profissionais, 2005, Aveiro. CONGRESSO INTERNACIONAL: EDUCAÇÃO E TRABALHO. Aveiro: Universidade de Aveiro, 2005a. v. 1, p. 1-18. CD-ROM.

_____. A pedagogia da pesquisa-ação. *Educação e Pesquisa. Revista da Faculdade de Educação da USP*, v. 31, fasc. 3, p. 483-502, dez. 2005b. ISSN: 15179702.

_____. A práxis pedagógica como instrumento de transformação da prática docente. ANPED, 22. Anais... GT04. Caxambu, 2005c. 1 CD-ROM ISBN: 8586392154.

_____. Coordenação pedagógica: uma práxis em busca de sua identidade. *Educativa*, Goiânia: Revista do Departamento de Educação da UCG, v. 8, n. 1, p. 125-138, jan./jul. 2005d. ISSN 1415-0492

_____. Pedagogic knowledge and the teaching practice. In: EUROPEAN CONFERENCE ON EDUCATIONAL RESEARCH, Geneve, 2006. ECER 2006: *Transforming knowledge*. Gèneve: Université du Gèneve, 2006a. p. 1-14.

_____. Les savoirs pédagogiques et la pratique enseignante. In: *Mutations de l'enseignement supérieur*: influences internationales, 2006, Boulogne sür mer. Mutations de l'enseignement supérieur: influences internationales, 2006c. v. 1. p. 1-6.

_____. Entre a lógica da formação e a lógica das práticas: a mediação dos saberes pedagógicos. REUNIÃO ANUAL DA ANPED, 29. Sessão Especial. Caxambu, 2006d. 1 CD-ROM do Evento

_____; GHEDIN, Evandro. Introdução: alternativas investigativas com objetos complexos. In: FRANCO, M. A. S.; GHEDIN, E.; PIMENTA, S. G. (Orgs.). *Pesquisa em educação*: alternativas investigativas com objetos complexos. São Paulo: Loyola, 2006b. v. 1. p. 7-24.

_____; _____. *Questões de método na construção da pesquisa em educação*. São Paulo: Cortez, 2008. (Coleção Docência.)

_____; LISITA, Verbena. Action research: limits and possibilities in teacher education. *British Education Index* (BEI), Brotherton Library — University, p. 1-15, 2004.

GAUTHIER, Jacques. *Sociopoética* — encontro entre arte, ciência e democracia na pesquisa em ciências humanas e sociais, enfermagem e educação. Rio de Janeiro: EEAN-UFRJ, 1999.

GHEDIN, E. Professor reflexivo: da alienação da técnica à autonomia da crítica. In: PIMENTA, S.; GHEDIN, E. *Professor reflexivo no Brasil*: gênese e crítica de um conceito. São Paulo: Cortez, 2002. p. 129-149.

_____; FRANCO, Maria Amélia. *Questões de método na pesquisa em educação*. São Paulo: Cortez. 2008.

HABERMAS, Jürgen. *Connaissance et intérêt*. Paris: Gallimard, 1982.

HOUSSAYE, J. Pedagogia: justiça para uma causa perdida? In: _____; SOETARD, M.; HAMELINE, D.; FABRE, M. *Manifesto a favor dos pedagogos*. Porto Alegre: Artmed, 2004.

_____. *Théorie et pratique de l'éducation scolaire (I). Le triangle pédagogique*. Berna: Peter Lang, 1988.

IMBERT, Francis. *Para uma práxis pedagógica*. Brasília: Plano Editora, 2003.

KINCHELOE, Joe L. *A formação do professor como compromisso político*: mapeando o pós-moderno. Porto Alegre: Artes Médicas, 1997.

KUENZER, Acácia. Competência como práxis: os dilemas da relação entre teoria e prática na educação dos trabalhadores. *Boletim Técnico do Senac*. Rio de janeiro, v. 30, p. 81-93, 2004.

LAVOIE, L.; MARQUIS, D.; LAURIN, P. *La recherché-action*: théorie et pratique. Canadá: Presses de l'Université du Québec, 1996. (Manuel d'autoformation).

LEWIN, K. Action research and minority problems. *Soc. Issues*, New York II, p. 33-34, 1946. Artigo representado. In: LEWIN, K. *Resolving social conflits*. New York: Harpers and Brothers, 1948. Tradução brasileira: LEWIN, K. *Problemas de dinâmica de grupos*. São Paulo: Cultrix, 1970.

LIBÂNEO, J. C. Reflexividade e formação de professores: outra oscilação no pensamento pedagógico brasileiro? In: PIMENTA, S.; GHEDIN, E. *Professor reflexivo no Brasil*: gênese e crítica de um conceito. São Paulo: Cortez, 2002. p. 53-80.

LINCOLN, Y.; GUBA, E. *Naturalistic inquiry*. Berverly Hills, Califórnia: Stage Publications, 1985.

LUDKE, Menga. A complexa relação entre professor e pesquisa. In: ANDRÉ, Marli (Org.). *O papel da pesquisa na formação e na prática dos professores*. Campinas: Papirus, 2001.

MEIRIEU, Philippe. *Le choix d'éduquer*: éthique et pédagogie. Paris: ESF, 1995.

MONTEIRO, Silas B. Epistemologia da prática: o professor reflexivo e a pesquisa colaborativa. In: PIMENTA, S.; GHEDIN, E. *Professor reflexivo no Brasil*: gênese e crítica de um conceito. São Paulo: Cortez, 2002. p. 111-128.

MORIN, A. *Recherche-action en éducation*: de la pratique à la théorie. Rapport. Montreal: Université de Montreal, 1986.

_____. *Recherche-action intégrale et participation cooperative*. Méthodologie et etudes des cas. Laval: Éditions Agence d'Arc, 1992. v. 1.

PETIT, S. H.; GAUTHIER, Jacques. Introduzindo a sociopoética. In: SANTOS, Iraci dos; GAUTHIER, Jacques; PETIT, Sandra Haydée. (Orgs.). *Prática de pesquisa nas ciências humanas e sociais* — abordagem sociopoética. São Paulo: Atheneu, 2005. v. 1, p. 1-16.

PIAGET, Jean. *Inteligencia y afectividad*. Buenos Aires: Aique, 2001.

PIMENTA, Selma G. Professor: formação, identidade e trabalho docente. In: (Org.). *Saberes pedagógicos e atividade docente*. São Paulo: Cortez, 1999. p. 15-34.

_____ (Org.). *Pedagogia e pedagogos*: caminhos e perspectivas. São Paulo: Cortez, 2002.

_____; FRANCO, Maria Amélia. *Pesquisa em educação*: possibilidades investigativas e formativas da pesquisa-ação. São Paulo: Editora Loyola, 2008. v. 1 e 2.

SACRISTÁN, Gimeno. Consciência e ação sobre a prática como libertação profissional de professores. In: NÓVOA, Antonio (Org.). *Profissão professor*. Porto: Porto Editora, 1999.

SANTOS, I.; GAUTHIER, J.; FIGUEIREDO, N. M. A.; PETIT, S. H. *Prática da pesquisa em ciências humanas e sociais* — abordagem sociopoética. Rio de Janeiro: Atheneu, 2004.

SCHÖN, D. À la recherche d'une nouvelle épistémologie de la pratique et de ce qu'elle implique pour l'éducation des adultes. In: BARBIER, J.-M. (Org.). *Savoirs théoriques et saviors d'action*. Paris: PUF, 1997. p. 201-222.

SÖETARD, Michel. Ciência(s) da educação ou sentido da educação? A saída pedagógica. In: HOUSSAYE, J.; SOETARD, M.; HAMELINE, D.; FABRE, M. *Manifesto a favor dos pedagogos*. Porto Alegre: Artmed, 2004.

_____. *Pestalozzi ou la naissance de l'éducateur*. Berna: Peter Lang, 1981.

THURLER, Monica G. *Inovar no interior da escola*. Porto Alegre: Artmed, 2001.

VIEIRA PINTO, Álvaro. *Ciência e existência*. 3. ed. Rio de Janeiro: Paz e Terra, 1985.

ZEICHNER, Kenneth. O professor reflexivo. REUNIÃO NACIONAL DA ANPED, 20. Caxambu: Minas Gerais, 1997.

_____. Para além da divisão entre professor-pesquisador e pesquisador-acadêmico. In: GERALDI, C. M. G.; FIORENTINI, D.; PEREIRA, E. M. A. (Orgs.). *Cartografias do trabalho docente*. Campinas: Mercado das Letras, 1998.

CONTEÚDOS, FORMAÇÃO DE COMPETÊNCIAS COGNITIVAS E ENSINO COM PESQUISA
unindo ensino e modos de investigação

José Carlos Libâneo[1]

O texto apresenta os seguintes tópicos: a) explicitação da mediação didática como atribuição básica do professor; b) a contribuição da teoria histórico-cultural para o ensino de disciplinas científicas, segundo a teoria da aprendizagem de Vasili Davídov; c) caracterização de procedimentos de ensino e aprendizagem para o desenvolvimento nos alunos de ações mentais conexas à gênese da constituição do conteúdo.

Introdução

A atividade docente no ensino superior se defronta com dilemas frente a necessidades sociais e individuais de formação profissional num mundo em mudança. Estão em curso, em nível global e local, transformações econômicas, sociais, políticas, culturais, éticas, que,

---

1. Doutor em Filosofia e História da Educação pela Pontifícia Universidade Católica de São Paulo, Brasil. Professor titular da Universidade Católica de Goiás, em Goiânia (GO), Brasil, atuando no Programa de Pós-Graduação em Educação dessa Universidade. Líder do Grupo de Pesquisa do CNPq, Teorias da Educação e Processos Pedagógicos. *E-mail*: <libaneojc@uol.com.br>.

atuando em conjunto, repercutem em várias esferas da vida social como a organização do trabalho, as formas de produção, a formação profissional. Dessa forma, afetam, também, as escolas e o exercício profissional dos professores. Instituições de ensino atentas às demandas e necessidades da aprendizagem nesse mundo em mudança precisam repensar seus objetivos e práticas de ensino, de modo a prover aos seus alunos os meios cognitivos e instrumentais de compreender e lidar com os desafios postos por essa realidade. Tais objetivos estão ligados a tarefas como o desenvolvimento da razão crítica, isto é, a capacidade de pensar a realidade e intervir nela, por meio de sólida formação cultural e científica; o provimento de meios pedagógico-didáticos para o domínio de competências cognitivas que levem ao "aprender a pensar"; o fortalecimento da subjetividade dos alunos e a ajuda na construção de sua identidade pessoal, dentro do respeito à diversidade social e cultural; a formação para a cidadania participativa.

O principal meio para se chegar a esses objetivos é o ensino, não qualquer ensino, mas aquele que promove o desenvolvimento das capacidades e habilidades de pensamento dos alunos. Na sala de aula, isso significa saber juntar o conhecimento teórico-científico e as ações mentais próprias desse conhecimento. Aprender a pensar teoricamente é dominar os processos mentais pelos quais chegamos aos conceitos e às competências cognitivas, significa dominar os procedimentos metodológicos das ciências, para aprender a pensar cientificamente. A ideia é de que ensinar hoje consiste em considerar a aquisição de conteúdos e as capacidades de pensar como dois processos articulados entre si. Nesse sentido, a metodologia de ensino, mais do que recorrer a técnicas de ensino, consiste em saber como ajudamos o aluno a pensar com os instrumentos conceituais e os processos de investigação da ciência ensinada. A questão não é apenas a de "passar" conteúdo, mas de ajudar os alunos a pensar como o modo próprio de pensar, de raciocinar e de atuar da ciência ensinada.

O filósofo francês Edgar Morin, quando discute sobre os sete saberes, escreve que, diante do volume de informações, é preciso saber discernir quais são as informações-chave. Mas, como fazer isso? Segundo ele, a educação precisa desenvolver uma *inteligência geral* que saiba discernir o contexto, o global, o multidimensional, a interação complexa dos elementos. Nesse caso, essa inteligência precisa saber usar os conhecimentos, e ter capacidade de colocar e resolver problemas. Isso necessita de uma combinação de habilidades particulares, que atenda simultaneamente ao geral e ao particular.

Põem-se, assim, desafios às escolas e aos professores hoje. Como lidar com o conhecimento teórico no mundo da informação? Como ensinar alunos numa realidade de mudanças nos valores e práticas morais que modificam o modo de ser jovem? Como lidar com a poderosa cultura formada pelas tecnologias da informação e comunicação? Como devem ser pensadas as práticas de ensino e aprendizagem numa sociedade em mudança?

Esta comunicação parte das seguintes premissas:

a) no exercício de sua profissão na universidade, o professor universitário é portador de duas especialidades: o conteúdo de sua disciplina e o ensino dessa disciplina;

b) o elemento nuclear do problema didático é o conhecimento, ou seja, o conteúdo da atividade de aprendizagem é o conhecimento teórico-científico. Mas não é o conhecimento "passado", "decorado", mas o processo mental do conhecimento, no sentido de formação de conceitos como procedimento mental;

c) o ensino tem por função ajudar o aluno a desenvolver seu próprio processo de conhecimento. O que importa é a relação cognitiva que o aluno estabelece com a matéria, de modo que as formas de ensinar dependem das formas de aprender. Esta ideia reforça o entendimento de que não basta ao professor dominar o conteúdo, é preciso levar em conta as implicações gnosiológicas, psicológicas, sociológicas, pedagógicas, do ato de ensinar;

d) a sociedade está pressionando as instituições de ensino a mudar as formas de lidar com os conteúdos e suas concepções de aprendizagem e ensino. A avaliação levada a efeito pelo Exame Nacional de Desempenho de Estudantes (Enade) requer dos alunos, além do conhecimento sobre os conteúdos, o desenvolvimento de capacidades cognitivas, por exemplo:

> Ler e interpretar texto; analisar criticamente as informações, extrair conclusões por indução e/ou dedução; estabelecer relações, comparações e contrastes em diferentes situações; detectar contradições; fazer escolhas valorativas avaliando consequências; questionar a realidade e argumentar coerentemente; demonstrar competências para projetar ações de intervenção; propor soluções para situações-problema; construir perspectivas integradoras; elaborar sínteses e administrar conflitos. (cf. Documento básico do Enade, 2004)

A exigência de tais habilidades cognitivas não é algo episódico, é uma mudança no modo de lidar com o conhecimento, implicando mudanças na concepção de aprendizagem e ensino. Não se trata, pois, de adequações meramente técnicas, mas de uma mudança conceitual, ou seja, uma mudança no modo de pensar e atuar didaticamente por parte dos professores universitários.

Dois problemas são recorrentes no ensino universitário: a) o desconhecimento ou a recusa das contribuições da pedagogia e da didática; b) a separação entre o conteúdo da disciplina que se ensina e a epistemologia e métodos investigativos dessa disciplina. Muitos professores ainda se utilizam da didática tradicional, que se ocupa meramente dos aspectos prescritivos e instrumentais do ensino. Outros, não ajudam os alunos a vincular sua aprendizagem ao domínio dos procedimentos lógicos e investigativos da disciplina ensinada.

Na investigação pedagógica mais recente, tem se fortalecido o entendimento de que o trabalho docente implica, necessariamente, a teoria do conhecimento, a psicologia do desenvolvimento humano e da aprendizagem, além, obviamente, os métodos particulares da ciência ensinada. Juntando esses elementos, a didática generaliza as manifestações e leis de aprendizagem para o ensino das diferentes disciplinas. Ressalte-se que, nesse entendimento, as metodologias específicas de cada campo científico passam a constituir um elemento indissociável da didática. Com isso, ganha importância a compreensão das relações entre didática e epistemologia das disciplinas escolares, de modo a conectar a didática à lógica científica da matéria ensinada (Libâneo, 2008).

Este texto apresenta a contribuição da teoria histórico-cultural, especialmente a teoria do ensino desenvolvimental de Vasili Davídov, para a compreensão dessas relações. Nessa teoria, a abordagem pedagógico-didática de um conteúdo pressupõe a abordagem epistemológica desse conteúdo como, também, a consideração das características de personalidade dos alunos e os contextos socioculturais e institucionais das aprendizagens.

O essencial da didática

Na tradição da investigação pedagógica, a didática tem sido vista como um conhecimento relacionado com os processos de ensino e aprendizagem que ocorrem em ambientes organizados de relação e comunicação intencional, visando à formação dos alunos. Segundo Karl Stocker, pedagogo alemão (1964), "o processo didático (...) tem seu centro no encontro *formativo* do aluno com a matéria de ensino". Desse modo, é típico da didática investigar os nexos e relações entre o ato de ensinar e o ato de aprender.

O conceito atualmente mais central da didática, em boa parte das teorias, é o de mediação didática, isto é, o ensino como atividade de mediação para promover o encontro formativo, educativo, entre o aluno e a matéria de ensino, explicitando o vínculo entre teoria do ensino e teoria do conhecimento.

Com que categorias lida a didática? Quais são os elementos constitutivos do ato didático? A análise do ato didático destaca uma relação dinâmica entre três elementos — professor, aluno, matéria — a partir dos quais são feitas aquelas clássicas perguntas: Para que ensinar? O que ensinar? Quem ensina? Para quem se ensina? Como se ensina? Sob que condições se ensina?

Estas perguntas definem os elementos constitutivos ou categorias da didática e formam, de fato, o seu conteúdo. Obviamente, o significado de cada um desses elementos, bem como a relação que se faz entre eles, dependem de concepções filosóficas, epistemológicas, pedagógicas.

Os *objetivos*, gerais ou específicos, traduzem intenções sociais e políticas do ensino, expressando a dimensão de intencionalidade da ação docente. A seleção e organização dos *conteúdos* implicam, ao menos: os conteúdos e métodos de investigação da ciência ensinada (estrutura lógica da matéria); adequação às idades, ao nível de desenvolvimento mental dos alunos, aos processos internos de assimilação; aos processos comunicativos na sala de aula; aos significados sociais dos conhecimentos.

A relação entre *professor e alunos* está voltada basicamente à formação intelectual, implica aspectos gnosiológicos, psíquicos e socioculturais mas envolve sempre uma relação social, seja entre professor e alunos, seja na dinâmica de relações internas que ocorre na escola em suas práticas organizativas, seja nas relações com a comunidade e sociedade.

Os *métodos e as formas de organização do ensino*, em estreita relação com objetivos e conteúdos, referem-se ao "como ensinar" mas, especialmente, estão presentes no processo de constituição dos objetos de conhecimentos por meio dos procedimentos lógicos e investigativos da ciência ensinada. Por sua vez, as *condições* das ações didáticas dizem respeito, no geral, às condições concretas de ensino e de aprendizagem. Mais especificamente, referem-se às políticas educacionais e diretrizes normativas para o ensino; às práticas socioculturais, familiares, locais; ao funcionamento da escola como as práticas de organização e gestão, o espaço físico, o clima organizacional, os meios e recursos didáticos, o currículo, os tempos e espaços; às condições pessoais e profissionais dos professores; às características individuais e socioculturais dos alunos, às disposições internas para estudo e acompanhamento das atividades didáticas, necessidades sociais e aprendizagem; ao relacionamento entre professor e alunos, alunos e colegas.

Verifica-se que, a partir dos elementos constitutivos do ato didático, há uma intensa articulação com outros campos científicos tais como a teoria do conhecimento, a psicologia da aprendizagem e do desenvolvimento, a sociologia etc., visando à compreensão do fenômeno *ensino*. Desse modo, a didática é uma disciplina de integração, articulando numa teoria geral de ensino as várias ciências da educação e compondo-se com as metodologias específicas das disciplinas curriculares. Combina-se o que é geral, elementar, básico, para o ensino de todas as matérias, com o que é específico das distintas metodologias. Tomar a didática como disciplina de integração ou disciplina-síntese implica reconhecer que ela tem dois campos conexos e integrados de saber, o ensino e o ensino de determinada matéria. Isso significa que para ensinar uma matéria não basta dominar os conteúdos ou ter domínio da prática de ensino dessa matéria. Para que um professor transforme as bases da ciência em que é especialista em *matéria de ensino*, e com isso oriente o ensino dessa matéria para a formação da personalidade do aluno, é preciso que ele tenha: a) formação na matéria que leciona; b) formação pedagógico-didática na qual se ligam os princípios gerais que regem as relações entre o ensino e a aprendizagem com problemas específicos do ensino de determinada matéria.

Por exemplo, um professor de história ocupa-se do ensino da ciência histórica, do método de investigação da história, visando ajudar os alunos a desenvolver capacidades de pensar historicamente, a compreender a história como processo etc. Entretanto, a tarefa de ensinar requer do professor conhecimentos e práticas que vão mais além do fato de ele ser um especialista em história. Eis alguns desses conhecimentos e práticas:

- introduz objetivos explícitos ou implícitos, de cunho ético, ideológico, filosófico, político, que dão determinada direção ao trabalho docente;
- transforma o saber científico em conteúdos formativos, isto é, em função de propósitos educativos;
- seleciona e organiza conteúdos por meio de critérios lógicos, ideológicos e psicológicos, estabelecendo uma determinada sequência conforme idade, nível de desenvolvimento mental, experiência sociocultural dos alunos;

PEDAGOGIA UNIVERSITÁRIA

- utiliza métodos e procedimentos de ensino que não são dados naturalmente apenas pelos métodos de investigação da matéria ensinada;
- trabalha numa determinada estrutura organizacional da qual participa como membro de um grupo, compartilha de valores, opiniões, crenças e práticas de interação e convivência;
- estabelece determinadas formas de interação social com alunos, com implicação de elementos afetivos.

Essas características da docência, como se vê, não são inerentes ao conteúdo de uma matéria. Elas devem ser buscadas fora do âmbito da ciência ensinada. Em outras palavras, para ensinar história não basta saber história, é preciso utilizar a didática e a metodologia específica do ensino de história para compreender o ensino na sua totalidade.

A investigação em didática tem trazido à tona a complexidade do problema didático. Oliveira menciona que a tradição da didática está ligada aos princípios e modos de ensinar, mas aduz:

> Ensino envolve, necessariamente, o enfrentamento de questões de como ocorre o conhecimento e da justificação e validação de resultados cognoscitivos, implicando, portanto, a dimensão epistemológica. (OLIVEIRA, 1997, p. 133)

Em cuidadoso estudo, Pimenta sistematiza a mesma problemática. Após situar a didática como área de estudos da pedagogia, escreve:

> Seu objeto de estudo específico é a problemática do ensino enquanto prática de educação é o estudo do ensino em situação, em que a aprendizagem é a intencionalidade almejada, e na qual os sujeitos imediatamente envolvidos (professor e aluno) e suas ações (o trabalho com o conhecimento) são estudados nas suas determinações histórico-sociais. (...) O objeto de estudo da didática não é nem o ensino, nem a aprendizagem separadamente, mas o ensino e sua intencionalidade, que é a aprendizagem, tomadas em *situação*. (1997, p. 63)

Autores pertencentes à tradição da teoria histórico-cultural destacam a função da mediação didática de ativar o processo de aprendizagem. Klingberg, por exemplo, escreveu, em 1978, que o caráter científico do ensino é dado pela condução do processo de ensino com base no conhecimento das leis que governam o processo de conhecimento. Segundo ele:

> O processo docente do conhecimento — embora somente em alguns casos se descubra o novo de forma objetiva — é um insubstituível campo de exercício para o desenvolvimento das forças cognoscitivas dos alunos, para sua curiosidade, sua alegria pela investigação e as descobertas, sua capacidade de poder perguntar, de ver problemas e chegar metodicamente à sua solução. (1978, p. 47)

Na mesma direção segue o didata alemão Lompscher (1999), para quem a organização didática visa promover a atividade de aprendizagem dos alunos: "A organização didática dos processos de aprendizagem (...) deve ser orientada em direção à atividade dos alunos." A efetividade do ensino, portanto, se revela ao assegurar as condições e os modos de viabilizar o processo de conhecimento pelo aluno.

Com proposições semelhantes, em publicação recente, D´Ávila traz importante contribuição de Yves Lenoir para a compreensão das relações entre didática e aprendizagem. Lenoir reconhece, na relação educativa escolar, a existência de dois processos de mediação: "aquele que liga o sujeito aprendiz ao objeto de conhecimento (relação S — O), chamado de mediação cognitiva, e aquele que liga o formador professor a esta relação S — O, chamado de mediação didática" (cf. Lenoir, 1996, p. 29). Sobre isso, escreve D'Ávila:

> A relação com o saber é, portanto, duplamente mediatizada: uma mediação de ordem cognitiva (onde o desejo desejado é reconhecido pelo outro) e outra de natureza didática que torna o saber desejável ao sujeito. É aqui que as condições pedagógicas e didáticas ganham contornos, no sentido de garantir as possibilidades de acesso ao saber por parte do aprendiz educando. (2008, p. 31)

Tem-se, assim, certa subordinação da mediação didática à mediação cognitiva, que é o processo de aprendizagem, um processo de objetivação do real que se dá na relação entre sujeito(s) e objeto(s), num contexto espaço-temporal determinado. A mediação didática consiste, nesse entendimento, em estabelecer as condições ideais à ativação do processo de aprendizagem.[2]

Verifica-se que a especificidade da didática reside na busca das condições ótimas de transformação das relações que o aprendiz mantém com o saber. Nesse sentido, o campo da didática depara-se com a tarefa teórica e investigativa de retomar seu objeto próprio — a mediação das aprendizagens ou as relações entre a aprendizagem e o ensino — tornando a disciplina mais efetiva na formação profissional de professores.

Breve menção à teoria do ensino desenvolvimental

A teoria histórico-cultural, formulada inicialmente por Lev Vygotsky, tem como ponto de partida a afirmação de que a educação e o ensino são formas universais e necessárias do desenvolvimento mental, em cujo processo estão vinculados os fatores socioculturais e a atividade interna de aprendizagem das pessoas.

A teoria do ensino desenvolvimental[3] de Davídov (1988) recebeu essa denominação por apoiar-se na tradição vygotskiana de compreender o bom ensino como aquele que impulsiona e amplia o desenvol-

---

2. Lenoir aproxima-se aqui de uma das ideias-chave da teoria histórico-cultural, à qual me filio, de que toda atividade individual é antes uma atividade coletiva, ou seja, os saberes e modos de atuação antes de serem interiorizados são produto da atividade social. Nas palavras de D´Avila, para Lenoir, a mediação cognitiva ou, ainda, o processo de objetivação do objeto (do real), antes de individual, é social. O sujeito é autor, criador, do saber social espaço temporalmente determinado. Lenoir explica esta assertiva quando toma o saber como uma necessidade a todo sujeito, individual ou coletivo, necessidade esta de analisar sua prática, sua história e lhe conferir um sentido. O indivíduo, então, é possuidor de uma necessidade de saber sobre si e sobre o real (cf. D´Ávila, 2008).

3. Tradução da expressão "developmental teaching", tal como aparece no livro *Problems of developmental teaching* de V. Davydov (1988), tradução inglesa do original russo.

vimento das capacidades cognitivas mediante a formação de conceitos e o desenvolvimento do pensamento teórico-científico (cf. LIBÂNEO, 2004). Davídov chegou à formulação de sua teoria após verificar em suas pesquisas sobre aprendizagem a insuficiência de um ensino baseado apenas na formação do pensamento empírico, descritivo, classificatório. Passou, então, a desenvolver as bases de um ensino voltado para a formação do pensamento teórico-científico, com base no método dialético (DAVÍDOV, 1978, 1987, 1988a).

Trata-se de um processo pelo qual se revela a essência, a origem e o desenvolvimento dos objetos de conhecimento como caminho de construção do conceito. Ao aprender um conteúdo o sujeito adquire os métodos e estratégias cognitivas gerais que são intrínsecos a este conteúdo, convertendo-os em procedimentos mentais para analisar e resolver problemas e situações concretas da vida prática. Desse modo, o pensamento teórico se desenvolve no aluno pela formação de conceitos e pelo domínio dos procedimentos lógicos do pensamento que, pelo seu caráter generalizador, permitem sua aplicação em vários âmbitos da aprendizagem. Em outras palavras, para pensar e atuar com um determinado saber é necessário que o aluno se aproprie do processo histórico real da gênese e desenvolvimento desse saber.

> A essência do pensamento teórico consiste em que se trata de um procedimento especial com o qual o homem enfoca a compreensão das coisas e dos acontecimentos por meio da análise das condições de sua origem e desenvolvimento. (DAVÍDOV, 1988b, p. 6)

O objetivo da aprendizagem, assim, é alcançado pela formação de conceitos abstratos para além da experiência sensível imediata. Ampliando as formulações de Vygotsky sobre formação de conceitos científicos e generalização, Davídov escreve que o conteúdo da atividade de aprendizagem é o conhecimento teórico-científico e as capacidades intelectuais associadas a um determinado conteúdo. Por meio das ações mentais que se formam no estudo dos conteúdos, a partir do conceito teórico geral desse conteúdo, os indivíduos vão desenvolvendo competências e habilidades de aprender por si mesmos, ou seja, a pensar.

Segundo Davídov:

> um critério para se chegar à formação de um conceito autenticamente científico é quando seu conteúdo, mediante certas ações intelectivas, em particular a reflexão, fixa certas relações genéticas iniciais, ou a "célula" de um determinado sistema de objetos em desenvolvimento. Sobre a base desta célula, pode-se deduzir mentalmente, por este conceito, todo o processo do desenvolvimento do sistema dado. Ou seja, o pensamento e os conceitos teóricos analisam os processos de seu desenvolvimento. (DAVYDOV, 1992, p. 37)

Entende-se por essa afirmação que, na aprendizagem de um conteúdo científico, importa mais o domínio do processo de origem e desenvolvimento de um objeto de conhecimento do que o domínio apenas do seu conteúdo formal. O *modus operandi* dessa aprendizagem é a formação e a operação com conceitos, que consiste no domínio dos procedimentos lógicos do pensamento relacionados com um conteúdo, os quais, pelo seu caráter generalizador, permitem sua aplicação a vários âmbitos da aprendizagem.

Em poucas palavras, o pensamento teórico-científico se forma pelo domínio dos processos de investigação e dos procedimentos lógicos do pensamento associados a um conteúdo científico. A culminância esperada, do ponto de vista da aprendizagem, é que, ao aprender, o aluno se apropria do processo histórico real da gênese e desenvolvimento do conteúdo e, assim, internaliza métodos e estratégias cognitivas gerais da ciência ensinada, formando conceitos (isto é, procedimentos mentais operatórios), tendo em vista analisar e resolver problemas e situações concretas da vida prática.

Caracterização da atividade de aprendizagem

Com base na teoria da atividade humana de A. N. Leontiev (1983), Davídov explicita a estrutura e o funcionamento da atividade da aprendizagem, cujos elementos são o desejo, as necessidades, os motivos, os objetivos, as ações e as operações. A atividade de aprendizagem, pela qual são internalizados os conhecimentos e os modos apropriados de adquiri-los, constitui-se no meio cognitivo indispensável para a realização de outras atividades (a comunicação, o jogo, o trabalho, o esporte, a arte etc.). Nesse sentido, a necessidade e o motivo de aprender referem-se à obtenção dos meios de internalizar conhecimentos teóricos para o aluno se relacionar com o mundo e consigo mesmo.

> Os conhecimentos teóricos que formam o conteúdo da atividade de aprendizagem também constituem a necessidade da atividade de aprendizagem. Como se sabe, a atividade humana corresponde a determinada necessidade; as ações correspondem aos motivos. Na formação dos escolares pequenos, é da necessidade da atividade de aprendizagem que deriva sua concretização na diversidade de motivos que exigem das crianças a realização de ações de aprendizagem. (...) Portanto, a necessidade da atividade de aprendizagem estimula as crianças a assimilarem os conhecimentos teóricos e, os motivos, a assimilar os procedimentos de reprodução ativa destes conhecimentos por meio das ações de aprendizagem, orientadas para a resolução de tarefas de aprendizagem (recordemos que a tarefa é a união do objetivo com a ação e das condições para o seu alcance). (Davydov, 1988a, p. 26).

O ensino voltado para o desenvolvimento do pensamento teórico-científico requer do professor que ele leve os alunos a "colocarem-se efetivamente em atividade de aprendizagem". Na atividade de aprendizagem os alunos devem formar conceitos e com eles operar mentalmente (procedimentos lógicos do pensamento), por meio do domínio de símbolos e instrumentos culturais socialmente disponíveis e que na disciplina estudada encontram-se na forma de objetos de aprendizagem (conteúdos). Assim, os alunos estarão desenvolvendo conhecimento teórico-científico. O objetivo primordial do professor na atividade de ensino é promover e ampliar o desenvolvimento mental de seus alunos, provendo-lhes os modos e as condições que assegurem esse desenvolvimento. Em termos práticos, significa o professor fornecer ao aluno as condições para o domínio dos processos mentais para a interiorização dos conteúdos, formando em sua mente o pensamento teórico-científico.

Conteúdos e ações mentais

Mencionamos, anteriormente, que o conteúdo da atividade de aprendizagem é o conhecimento teórico-científico e que ela é organizada com base nos objetivos do ensino, nos conteúdos a serem aprendidos e nas ações mentais a serem desenvolvidas, sempre conforme características individuais e sociais dos alunos. Por sua vez, o conhecimento teórico-científico resulta da articulação entre os conteúdos e as ações mentais que lhe correspondem (capacidades intelectuais). Isso quer dizer que a apropriação de conhecimentos está sempre associada a uma atividade cognitiva dos alunos que é equivalente à atividade cognitiva empregada na investigação científica que resultou na constituição do objeto de conhecimento. Esta assertiva indica que: a) os conteúdos de uma matéria de ensino têm embutidos neles os processos mentais pelos quais vieram a ser constituídos; b) o desvelamento desses processos mentais se obtém refazendo-se o percurso investigativo semelhante ao que originou o objeto de estudo e captando o conceito nuclear, isto é, o princípio aglutinador desse objeto; c) este procedimento supõe considerar a epistemologia da ciência que se ensina, seus métodos de investigação e o desenvolvimento histórico de constituição de seu conteúdo presente na tradição cultural da sociedade.

Portanto, os conteúdos — conceitos, teorias, habilidades, procedimentos, valores — não valem por si mesmos, e sim enquanto base para a formação de capacidades cognitivas gerais e específicas, tais como análise, síntese, comprovação, comparação, valoração, explicação, resolução de problemas, formulação de hipóteses, classificação, entre outras.

Davídov propõe uma adequada solução para a questão do domínio dos conteúdos e da formação dos processos mentais. Segundo esse autor, os conhecimentos de um indivíduo e suas ações mentais (abstração, generalização etc.) formam uma unidade, de modo que o domínio dos conhecimentos supõe a atividade cognitiva do sujeito. Ou seja, enquanto forma conceitos científicos, o indivíduo incorpora as ações mentais, capacidades e procedimentos lógicos ligados a esses conceitos e vice-versa (cf. LIBÂNEO, 2004).

A ação mental para a formação dos conceitos e do pensamento teórico-científico é o movimento da ascensão do pensamento abstrato ao concreto. Trata-se inicialmente de, por meio da análise do conteúdo a ser aprendido (o objeto), ir ao seu cerne, à determinação primeira de seu aspecto mais geral. Em seguida, os alunos vão verificando como esta relação geral do objeto se manifesta em outras relações particulares, seguindo o caminho da abstração à generalização. Escreve Davídov:

> Quando os alunos começam a usar a abstração e a generalização iniciais como meios para deduzir e unir outras abstrações, eles convertem as estruturas mentais iniciais em um conceito, que representa o "núcleo" do assunto estudado. Este "núcleo" serve, posteriormente, às crianças como um princípio geral pelo qual elas podem se orientar em toda a diversidade do material curricular factual que têm que assimilar, em uma forma conceitual, por meio da ascensão do abstrato ao concreto. (1988a, p. 22)

Dessa forma, os conceitos a serem aprendidos não se dão como "conhecimentos já prontos", devendo ser deduzidos do modo geral de sua constituição como objeto de conhecimento. Por sua vez, a formação dos conceitos e a generalização em relação ao material estudado dependem da realização de tarefas de aprendizagem que possibilitem o exercício de operações mentais de transição do universal para o particular e vice-versa.[4] Davídov sintetiza as tarefas de aprendizagem, que são também os elementos de formulação do planejamento do ensino. Em suas próprias palavras:

> A tarefa de aprendizagem que o professor apresenta aos escolares exige deles: 1) a análise do material factual a fim de descobrir nele alguma

---

4. Na teoria histórico-cultural, conceito não se refere apenas às características e propriedades dos fenômenos em estudo, mas a uma ação mental peculiar pela qual se efetua uma reflexão sobre um objeto que, ao mesmo tempo, é um meio de reconstrução mental desse objeto pelo pensamento. Nesse sentido, pensar teoricamente é desenvolver processos mentais pelos quais chegamos aos conceitos e os transformamos em ferramentas para fazer generalizações conceituais e aplicá-las a problemas específicos. Como escreve Chaiklin, "conceito significa um conjunto de procedimentos para deduzir relações particulares de uma relação abstrata" (1999, p. 191).

relação geral que apresente uma conexão regular com as diversas manifestações deste material, ou seja, a construção de uma abstração substantiva e de uma generalização substantiva; 2) a dedução, baseada na abstração e na generalização, das relações particulares do material dado e sua síntese em um sistema unificado dessas relações, ou seja, a construção de seu "núcleo" deste material e do objeto mental concreto; 3) o domínio, neste processo, da análise e síntese, do procedimento geral ("modo geral") de construção do objeto estudado. (1988a, p. 26)

Em face de um determinado conteúdo, os alunos são orientados a captar uma relação geral, um princípio lógico que forma um "núcleo" do objeto estudado, formando uma representação mental desse objeto. Essa captação se dá por meio de uma tarefa escolar, um problema, utilizando-se de procedimentos particulares até dominarem o procedimento geral de solução dessa tarefa, momento em que os alunos podem internalizar o conceito, ou seja, dominar o procedimento geral de solução de problemas particulares e casos do mesmo tipo.

É nesse exercício mental de abstração e generalização que os alunos podem assimilar e internalizar os processos investigativos e os procedimentos lógicos utilizados que estão na origem da constituição do objeto de estudo. Dessa forma, os alunos vão captando a relação geral, os nexos gerais que estão na origem do conteúdo estudado. Em resumo, para Davídov, a assimilação de conhecimentos de caráter mais geral e abstrato precede os conhecimentos particulares e concretos, sendo esse o caminho para a formação do pensamento teórico-científico.

Análise de conteúdo e motivos dos alunos

Duas tarefas essenciais precisam ser assumidas pelo professor ao planejar o ensino para formação de ações mentais: a análise do conteúdo e a consideração dos motivos dos alunos.

O planejamento de ensino começa com a análise de conteúdo, em que primeiramente se buscam as relações gerais básicas, essenciais, que dão suporte ao conteúdo. Trata-se de formular um conceito nuclear que expressa o princípio interno do tema em estudo. O princípio interno é a relação geral estabelecida entre os vários elementos que constituem um objeto de estudo, captada no processo de desenvolvimento e constituição desse objeto na prática social e histórica.

A busca das relações básicas que identificam um tópico de estudo coincide com os esforços de identificação do caminho percorrido pelo cientista para apreender o objeto de investigação. Em outras palavras, a organização do conteúdo pressupõe um conjunto de procedimentos que permitem caracterizar o objeto, conceituá-lo e relacioná-lo com outros conceitos, inclusive para se chegar a um conceito novo. Na linguagem de Davídov, ao usar esses procedimentos, parte-se da identificação de uma relação geral básica (abstração substantiva) para sua aplicação em problemas particulares (generalização substantiva), produzindo um número de abstrações que se integram ou sintetizam em um conceito ou "núcleo" do assunto. Ou seja, o conceito representa um conjunto de procedimentos para deduzir relações particulares da relação abstrata. Ou ainda, a análise de conteúdo consiste, em primeira mão, em encontrar relações básicas, fundamentais, que caracterizam um campo de conhecimentos, e descobrir como esta relação aparece em muitos problemas específicos. Segundo Chaiklin:

> O propósito da atividade de aprendizagem é ajudar os alunos a dominarem as relações, abstrações, generalizações e sínteses que caracterizam os temas de uma matéria. Este domínio é refletido na sua habilidade para fazer reflexão substantiva, análise e planejamento. A estratégia educacional básica para dar aos alunos a possibilidade para reproduzir pensamento teórico é a de criar tarefas instrucionais cujas soluções requeiram a formação de abstrações substantivas e generalizações sobre as ideias centrais do assunto. Esta aproximação é fundamentada na ideia de Vygotsky da internalização, isto é, alguém aprende o conteúdo da matéria aprendendo os procedimentos pelos quais se trabalham os temas específicos da matéria. (CHAIKLIN, 1999, p. 191)

Identificado o conceito nuclear (a célula), trata-se, num segundo momento, de identificar os conceitos básicos (mapas conceituais), que permitirão a formação das ações mentais. Por fim, são propostas tarefas de aprendizagem em que a relação geral aparece em problemas específicos, em casos particulares (uso de materiais, experimentos, problemas...). Os autores asseguram que uma boa análise do conteúdo favorece formular tarefas de aprendizagem com suficiente atrativo para canalizar os motivos dos alunos para o conteúdo.

A teoria histórico-cultural da atividade realça o papel dos motivos (sociais/individuais) na atividade humana, seja ela qual for. Na atividade de aprendizagem essa premissa tem especial relevância. Com efeito, o ensino *desenvolvimental,* como mencionamos, é o ensino voltado para a ampliação do desenvolvimento mental e, assim, para a formação da personalidade. A aprendizagem de conteúdos concorre mais eficazmente para o desenvolvimento da personalidade se houver ligação entre o conteúdo e os motivos do aluno para aprendê-lo, o que implica a necessidade de adequar os conteúdos às disposições e interesses da faixa etária atendida. Isso significa que o modo de organizar o ensino, a forma e o conteúdo das atividades de ensino, são um fator motivacional. Segundo Chaiklin:

> No contexto do ensino desenvolvimental, o interesse está em organizar o ensino da matéria de forma que resulte desenvolvimento da personalidade do aluno. (...) O desenvolvimento da personalidade é caracterizado por mudanças qualitativas na orientação da pessoa para o mundo, naquilo que se considera importante ou significativo, o que está relacionado por sua vez a mudanças na capacidade da pessoa para a ação. (1999, p. 201)

O que se ressalta nesta vinculação entre conteúdos e motivos não é apenas que o ensino deve estar adequado aos motivos dos alunos, mas que são os conteúdos que mobilizam neles motivos por meio de ações com o conteúdo. Ou seja, ao se estudar um conteúdo, espera-se que os alunos ajam de modo a desenvolver capacidades e habilidades específicas, o que, por sua vez, depende de ações determinadas por expectativas socialmente determinadas tanto pela escola quanto pelos professores. Os alunos entram em atividade de aprendizagem se eles de fato tiverem motivos (sociais/individuais) para aprender. O papel da escola e dos professores, portanto, inclui também formar nos alunos motivos éticos e sociais.

As metodologias ativas e o ensino com pesquisa

Das considerações anteriores, se deduz que o foco do ensino é a atividade mental dos alunos, pois o elemento nuclear da prática docente é a aprendizagem, que resulta da atividade intelectual e prática de quem aprende em relação ao conteúdo ou objeto de estudo. Vista a aprendizagem como a relação cognitiva do aluno com a matéria de estudo, o ensino não será outra coisa senão a mediação dessa relação em que o aluno avança não apenas do desconhecido para o conhecido, do conhecimento incompleto e impreciso para conhecimentos mais amplos, mas, também, na interiorização de novas qualidades de relações cognitivas com o objeto que está sendo aprendido.

Isto requer planos de ensino mais precisos em termos de formação de ações mentais por meio dos conteúdos, aulas expositivas com a preocupação com a atividade mental dos alunos e formação de ações mentais e estratégias metodológicas ativas e participativas, por exemplo, seminários (como prática investigativa e discussão grupal, aprendizagem com base em projetos), aulas de tipo conversação dirigida, ensino com base em problemas (EBP), metodologia da problematizacão, estudo de casos, contrato didático, portfólio.

Na perspectiva teórica abordada aqui, o ensino por problemas tem um lugar especial. Conforme procurei mostrar, o melhor resultado do ensino é quando o professor consegue ajudar o aluno a compreender o caminho da investigação que se percorre para a definição de um objeto de estudo e internalizar as ações mentais correspondentes. Para isso, um procedimento privilegiado é o ensino baseado em problemas. As ações ligadas ao aprender implicam a resolução de tarefas cognitivas baseadas em problemas, de modo que, na apropriação do conhecimento e do pensamento científico, o ensino com pesquisa associa-se com o método de resolução de problemas. Desse modo, um professor cuja prática de ensino inclui a pesquisa "intervém ativamente por meio de tarefas nos processos mentais dos alunos e produz novas formações por meio dessa intervenção".

Para isso, segundo Davídov, as tarefas de aprendizagem baseadas na solução de problemas são a forma de estimular o pensamento dos alunos para explicar o ainda não conhecido e assimilar novos conceitos e procedimentos de ação. "O conhecimento não se transmite aos alunos de forma já pronta, mas é adquirido por eles no processo da atividade cognitiva autônoma no contexto da situação-problema" (DAVYDOV, 1988a, p. 29)

Essas ideias sobre ensino e aprendizagem coincidem inteiramente com o entendimento de aprender pesquisando. Nesse caso, a pesquisa aparece como modo de apropriação de conhecimentos e de desenvolvimento de competências cognitivas, no desenvolvimento normal das aulas. Os alunos aprendem a trabalhar com conceitos e a manusear dados, a fazer escolhas, a submeter um problema a alguma teoria existente, a dominar métodos de observação e análise, a confrontar pontos de vista. Além disso, possibilita uma relação ativa com os conteúdos e com a realidade que pretendem dar conta, ajudando na motivação dos alunos para o aprender.

Verifica-se, pois, que a pesquisa não é meramente um complemento da formação universitária, mas atividade de produção e avaliação de conhecimentos que perpassa o ensino. Numa aula são trabalhados conhecimentos que foram produto de pesquisa, os conhecimentos trazidos provocam outros problemas e suscitam novas descobertas. Portanto, a pesquisa dá suporte ao ensino, embora seja, também, imprescindível para a iniciação científica.

Desse modo, se une o ensino com os modos de investigação conexos à matéria ensinada, nos quais estão presentes as ações mentais empreendidas pelo cientista na constituição dos conteúdos de um campo científico, artístico, tecnológico. Um professor que ensina com pesquisa vai buscar na investigação própria da ciência que ensina os elementos, os processos, o percurso indagativo, os métodos, para a atividade de investigação enquanto processo cognitivo. É desse modo que a atividade de apropriação dos conteúdos e dos modos de investigação, empreendida pelos alunos, leva a que eles internalizem métodos e estratégias social e historicamente desenvolvidos de lidar com os objetos físicos e as relações sociais, que se tornam meios de sua própria atividade pessoal, social e profissional.

A elaboração do plano de ensino

Após afirmarmos que os conhecimentos e as ações mentais formam uma unidade visando à formação do pensamento teórico-científico (isto é, pensar e atuar com conceitos como ferramentas do pensamento), indicamos a necessidade de análise e organização do conteúdo em consonância com os motivos dos alunos.

O plano de ensino precisa expressar a ideia contida nessa afirmação. Ele parte dos conteúdos e dos métodos da ciência ensinada, os quais são submetidos a uma análise, de forma a associar conceitos a serem aprendidos com os motivos dos alunos. Da análise do conteúdo se passa à organização dos conteúdos e das ações mentais conexas a esses conteúdos.[5] Isso feito, são atividades de ensino que irão promover as competências cognitivas e o desenvolvimento da personalidade do aluno. As atividades são operacionalizadas em tarefas de aprendizagem.

O planejamento de ensino, portanto, começa com a análise de conteúdo, em que primeiramente se buscam as relações fundamentais, essenciais, ou seja, o professor deve analisar o conteúdo e nele identificar seu princípio interno, o seu "núcleo". O princípio interno é a relação geral estabelecida entre os vários elementos que constituem um objeto de estudo, captada no processo de desenvolvimento e constituição desse objeto na prática social e histórica do campo científico. A busca das relações básicas que identificam um tópico de estudo coincide com os esforços de identificação do caminho percorrido pelo

---

5. As ações mentais correspondem a habilidades gerais de caráter intelectual, contidas nos processos investigativos de cada ciência. São elas, entre outras: observação, descrição, determinação de qualidades gerais e particulares dos objetos e fenômenos, comparação, classificação, definição, explicação, exemplificação, argumentação, valoração, solução e formulação de problemas, modelação, formulação de hipóteses (cf. ORAMAS e TORUNCHA, 2003).

PEDAGOGIA UNIVERSITÁRIA

cientista para apreender o objeto de investigação. É o que se denomina de método genético pelo qual se remete às condições de origem dos conceitos científicos, isto é, aos modos anteriores de atividade aplicados à investigação dos conceitos a serem adquiridos. Para esta tarefa de ensino, Davídov recomenda a aprendizagem baseada em problemas e o ensino com pesquisa, em que o professor intervém ativamente nos processos mentais dos alunos e produz novas formações da atividade mental por meio dessa intervenção.

Segundo esses pressupostos, a elaboração do plano de ensino requer os seguintes procedimentos:

a) Identificação do núcleo conceitual da matéria (princípio geral básico, relações gerais básicas), que contém a generalização esperada para que o aluno a interiorize, de modo a poder deduzir relações particulares da relação básica identificada.

b) Estudo da gênese e dos processos investigativos do conteúdo, de modo a identificar ações mentais, habilidades cognitivas gerais e específicas presentes no conteúdo e que deverão ser adquiridos pelos alunos no estudo da matéria.

c) Construção da rede de conceitos básicos que dão suporte a esse núcleo conceitual, com as devidas relações e articulações.

d) Formulação de tarefas de aprendizagem, com base em situações-problema, que exijam do aluno assimilar o modo de pensamento presente na matéria (possibilitem a formação de capacidades e habilidades cognitivas gerais e específicas em relação à matéria).

e) Previsão de formas de avaliação para verificar se o aluno desenvolveu ou está desenvolvendo a capacidade de utilizar os conceitos como ferramentas mentais.

Conclusão

As instituições de ensino superior têm o papel de transmitir a cultura, a ciência e, nesse processo, formar sujeitos pensantes e críticos, com personalidades éticas. Para isso, precisam estar abertas a inovações no ensino e na educação dos alunos.

Este texto apontou algumas possibilidades de mudança, destacando algumas ideias-chave. Primeira, a formação de um modo de pensar teórico-científico do aluno supõe a análise do conteúdo visando definir conceitos nucleares e, a partir destes, o mapa conceitual da matéria a ensinar. Segunda, o ensino visa formar capacidades intelectuais por meio dos conteúdos, tendo como dinâmica a apropriação dos processos investigativos da ciência ensinada. Terceira, a análise de conteúdo está intimamente associada à consideração dos motivos dos alunos para a aprendizagem do conteúdo. A articulação dos conteúdos com os motivos dos alunos não consiste apenas em levar em conta os interesses e motivações do aluno, mas intervir nos seus motivos, formá-los para motivos significativos, desejáveis. Quarta, uma estratégia promissora para formar capacidades mentais é o ensino com pesquisa, ensino baseado em problemas. A par disso, é pertinente considerar outras formas de trabalho docente ligadas a metodologias participativas (que implicam, basicamente, promover a atividade mental dos alunos): a metodologia de projetos, contratos didáticos, portfólios e a utilização de ferramentas e espaços virtuais. Por fim, a quinta ideia é de que os contextos socioculturais e institucionais constituem-se em espaços de aprendizagem, ou seja, as práticas de organização e gestão dos cursos exercem forte influência no clima adequado à aprendizagem. Isso implica mudanças na cultura organizacional dos cursos: projeto pedagógico-curricular, trabalho colaborativo entre os professores, articulação entre disciplinas, integração curricular.

Referências bibliográficas

BRASIL. Ministério da Educação. Instituto Nacional de Estudos e Pesquisas Educacionais Anísio Teixeira. *Manual do Exame Nacional de Desempenho dos Estudantes Enade* — 2004. Brasília: Inep, 2004.

CHAIKLIN, S Developmental teaching in Upper-Secundary School. In: HEDEGAARD, M.; LOMPSCHER, J. (Ed.). *Learning activity and development*. Aarthus (Dinamarca): Aarthus University Press, 1999.

D'ÁVILA, Cristina Teixeira. *Decifra-me ou te devorarei*: o que pode o professor frente ao livro didático? Salvador: EDUNEB/EDUFBA, 2008.

DAVYDOV, Vasili V. Il problema della generalizzazione e del concetto nella teoria di Vigotskij. In: VV.AA. *Studi di psicologia dell'educazione*. Roma: Armando, 1992.

_____. Problems of developmental teaching. The experience of theoretical and experimental psychological research. *Soviet Education*, New York, Aug. 1988a.

DAVYDOV, Vasili V. *La enseñanza escolar y el desarrollo psíquico*. Prefácio. Moscú: Editorial Progreso, 1988b.

_____. Análisis de los principios didácticos de la escuela tradicional y posibles principios de enseñanza en el futuro próximo. In: SHUARE, M. *La psicología evolutiva y pedagógica en la URSS*. Antología. Moscú: Editorial Progreso, 1987.

_____. *Tipos de generalización en la enseñanza*. Habana: Editorial Pueblo y Educación, 1978.

KLINGBERG. L. *Introducción a la didáctica general*. Habana: Editorial Pueblo y Educación, 1978.

LENOIR, Yves. Médiation cognitive et médiation didactique. In: RAISKY, C.; CAILLOT, M. *Au-delà des didactiques, le didactique. Débats autour concepts fédérateurs*. Bruxelas: De Boeck et Larcier, 1996.

LEONTIEV, A. N. *Actividad, conciencia, personalidad*. Habana: Editorial Pueblo y Educación, 1983.

LIBÂNEO, José C. A didática e a aprendizagem do pensar e do aprender: a teoria histórico-cultural da atividade e a contribuição de Vasili Davydov. *Revista Brasileira de Educação*, Rio de Janeiro, n. 27, 2004.

_____. Didática e epistemologia: para além do debate entre a didática e as didáticas específicas. In: VEIGA, Ilma P. A.; D'ÁVILA, Cristina (Orgs.). *Profissão docente*: novos sentidos, novas perspectivas. Campinas: Papirus, 2008.

LIBÂNEO, José C.; FREITAS, Raquel A. M. da M. Vygotsky, Leontiev e Davídov: contribuições da teoria histórico-cultural para a didática. In: SILVA, Carlos C.; SUANNO, Marilza V. R. *Didática e interfaces*. Rio de Janeiro: Deescubra, 2007.

LOMPSCHER, Joachim. Learning activity and its formation: ascending from the abstract to the concret. In: HEDEGAARD, Mariane; LOMPSCHER, Joachim (Eds.). *Learning activity and development*. Aarhus (Dinamarca): Aarhus University Press, 1999.

OLIVEIRA, Maria Rita N. S. A pesquisa em didática no Brasil — da tecnologia do ensino à teoria pedagógica. In: PIMENTA, Selma G. (Org.). *Didática e formação de professores* — percursos e perspectivas no Brasil e em Portugal. São Paulo: Cortez. 1997, p. 19-76.

ORAMAS, Margarita S.; TORUNCHA, José Z. *Hacia una didáctica desarrolladora*. Habana: Editorial Pueblo y Educación, 2003.

PIMENTA, Selma G. Para uma ressignificação da didática: ciências da educação, pedagogia e didática (uma revisão conceitual e uma síntese provisória). In: PIMENTA, Selma G. (Org.). *Didática e formação de professores* — percursos e perspectivas no Brasil e em Portugal. São Paulo: Cortez, 1997.

STOCKER, K. *Princípios de didáctica moderna*. Buenos Aires: Kapeslusz, 1964.

VYGOTSKY, L. S. *A formação social da mente*. São Paulo: Martins Fontes, 1984.

AS TECNOLOGIAS VIRTUAIS E A PRÁTICA DOCENTE NA UNIVERSIDADE

Vani Moreira Kenski[1]

A formação *on-line*

O contato com propostas curriculares de ensino *on-line* e o uso indiscriminado de tecnologias digitais em aulas trouxeram-me mais perplexidade do que entusiasmo. Muitas dessas propostas podem ser vistas como retrocesso no processo de ensino-aprendizagem pretendido.

Predomina nas aulas virtuais a utilização de longas apresentações expositivas, descontextualizadas. É o ensino massivo, iniciado com palestras de professores titulados, mas não comprometidos com o processo educacional em desenvolvimento e muito menos ainda com os alunos-ouvintes, presentes em indistintos locais de "recepção". Há uma evidente desarticulação entre o discurso e a prática pedagógica nesses cursos. O foco metodológico se reduz à "entrega" de conteúdo e ao uso de recursos tecnológicos (ainda que sofisticados) como videoconferências e ambientes virtuais (LMS), sem maiores cuidados sobre o aproveitamento pedagógico dos mesmos. Essas utilizações equivocadas do potencial dessas tecnologias para ação pedagógica contribuem

---

1. Professora aposentada da Faculdade de Educação — USP. *E-mail*: <vkenski@uol.com.br>.

para o aumento do preconceito em relação às mesmas. Existem especificidades na docência *on-line* que nos encaminham para outra realidade de ação educacional. Há urgência que professores se apropriem dessas práticas, utilizando as muitas potencialidades das mais novas tecnologias com metodologias adequadas aos objetivos pretendidos.

O desenvolvimento de cursos e disciplinas fortemente baseados em atividades *on-line* requer que sejam considerados vários fatores. Muilenburg e Berge (2001) destacam alguns deles: estrutura administrativa, mudanças organizacionais, nível de *expertise* tecnológica de professores e alunos, interação social, acesso ao curso com qualidade e serviços permanentes de apoio aos estudantes. Moore (2001) ressalta que para um curso *on-line* ser bem-sucedido é preciso garantir que os alunos possam interagir entre eles com a supervisão e coordenação atenta, mas não predominante, do professor. Dessa forma, os estudantes aprendem mais do que os conteúdos previstos. Eles vivenciam e são assim orientados para a aprendizagem com autonomia e o envolvimento colaborativo.

Muilenburg e Berge (2001) consideram que, sem apoio, os estudantes costumam se sentir isolados, quando atuam nesses novos ambientes. Uma das principais causas é a falta de comunicação e interação com os demais participantes e a ausência do professor, que possa sanar as dúvidas e dar orientações iniciais sobre como agir, o que fazer.

Não basta, portanto, a utilização das tecnologias avançadas como repositórios de conteúdos. Não basta também a ação distante e indiferenciada do professor, em *broadcasting*, sem o estabelecimento de vínculos que estimulem e desafiem os estudantes a avançar nos estudos e superar desafios. É preciso garantir aos alunos que acessam as aulas *on-line* condições favoráveis para o seu envolvimento. Criar entre eles o sentimento de pertencimento ao grupo e a busca de colaboração entre todos os participantes (professores e alunos) do mesmo processo de ensino-aprendizagem.

Ao contrário do que muitos imaginavam, no atual momento da sociedade digital, não há o desaparecimento da escola, em todos os níveis e objetivos. Muito menor ainda é a preocupação com a extinção da função do professor. Ao contrário, a escola como instituição social é o espaço privilegiado para a formação das pessoas e para a sistematização contextualizada dos saberes. Assim também o professor é o principal agente responsável pelo alcance e pela viabilização da missão da escola diante da sociedade. O que a escola e a ação dos professores necessitam é de revisão crítica e reorientação dos seus modos de ação.

A estrutura atual das escolas se orienta ainda por momentos sociais anteriores, em que o acesso à informação era raro, caro, difícil e demorado. A formação do cidadão e a garantia de sua ação no âmbito da sociedade, como profissional e como pessoa, eram definidas pela sua "bagagem intelectual", o acervo de informações e conhecimentos adquiridos e cumulativamente incorporados durante sua longa trajetória no processo de escolarização. Da escola e dos ensinamentos dos professores emanavam os saberes que orientavam a formação para a atuação plena do ser no mundo. E o que é possível ensinar em um momento em que as informações estão tão disponíveis, pulverizadas, múltiplas, fragmentadas, acessíveis por diferenciados meios (e mídias) e, sobretudo, oferecidas?

Não é mais a pessoa que sai em busca de informações. É a informação que se oferece sem ser buscada. Informação fácil e disponível sobre tudo. Informação que invade a nossa privacidade, ocupa nossos tempos e espaços do pensamento, transforma nossas intenções, manipula nossos desejos. Informação que nos surpreende ao acordar e nos acompanha em todos os momentos, todos os dias. Rádios, jornais, celulares, televisores e seus múltiplos canais, todos os meios vindos das e pelas redes digitais: e-mails, listas, grupos, comunidades reais e virtuais e tantos outros...

Informação ágil e mutante, sempre nova. Que congestiona os nossos sentidos e nos desloca dos nossos eixos de atenção e intenção. Nós, adultos, não fomos formados, preparados, *educados* para lidar com essa multiplicidade de dados e os recolhemos como *informações*. Educados para sermos críticos, ficamos abertos e vulneráveis às informações que nos chegam a todo instante. Fazendo o exercício de outra temporalidade de consumo das informações, sentimos grande frustração de não termos tempo para nos dedicarmos com maior profundidade aos temas fugazes que nos acessam. Não acessamos, somos acessados. Não buscamos, somos buscados. Não nos informamos, somos informados e, mesmo que não queiramos saber, temos notícias.

Essa sensação de impotência diante da avalanche de dados que nos caça e nos consome precisa ser vista de forma inversa. Olhamos os dados com as mesmas posturas aprendidas em nossos antigos e duradouros processos de escolarização. Olhamos as informações com os mesmos sentimentos e valores dos tempos em que elas eram escassas. Com a mesma disposição de consumo do tempo em que havia maior permanência dos conhecimentos.

A pretensão é ainda a de reter em nós esses dados, articulá-los aos nossos saberes já *adquiridos, incorporar* a informação, transformá-la em acervo interior e pessoal, como as antigas teorias pedagógicas nos ensinaram.

O mundo mudou. A informação que buscamos é múltipla, mutante, fragmentada, com várias nuances, que nos coloca diante da impotência em retê-la, com o máximo possível de profundidade. O conhecimento tornou-se algo fugidio, em meio a tantos dados e tanta atualização, que só os pretensiosos podem garantir conhecer plenamente, seja o que for. A proposta pedagógica precisa ser não mais a de reter em si a informação. Novos encaminhamentos e novas posturas nos encaminham para a utilização de mecanismos de filtragem, seleção crítica, reflexão coletiva e dialogada sobre os focos de nossa atenção e busca de informação. Avançar mais ainda e não protagonizar apenas a condição de ávidos consumidores de informação, mas a de produtores e leitores críticos e seletivos do que merece mais cuidadosamente a nossa atenção e reflexão.

Articulando essa preocupação com os espaços de fluxo é preciso conhecer o nosso ritmo, a nossa velocidade, o nosso interesse e capacidade para lidar com as informações e inovações que nos chegam. Isto significa que precisamos direcionar nossos esforços para reflexões e discussões de conceitos estruturais ligados a valores, princípios, ética, sustentabilidade, autoconhecimento, convivência saudável, cidadania ativa.

Discutir propostas em que convergem princípios educacionais que privilegiam não mais a aquisição de conteúdos descontextualizados e rígidos; não mais o próprio processo regrado e fragmentado de disposição de temas em disciplinas, arranjadas em estruturas fechadas que não dialogam entre si. Significa discutir currículos e propostas educacionais que têm no acesso e uso fluente dos múltiplos meios de comunicação a possibilidade de transpor os limites físicos e temporais das salas de aula e alcançar as pessoas que querem, têm interesse e estão conectadas no mesmo desejo de aprender, independentemente do tempo e do espaço em que se encontram.

Em artigo recente, retomo esse mesmo tema quando digo que "as instituições educacionais — como instituições sociais — não se acabam ou perdem seu sentido, elas se atualizam. No momento atual nós vemos a crise do atual modelo educacional e a exigência — pela necessidade e pelo desejo de aprender de forma contínua e permanente — de oferecimento de projetos educacionais diferenciados para uma sociedade em constante mudança. Como instituições não apenas de reprodução do conhecimento, mas, principalmente, de pesquisas e processos que colaborem para o avanço e criação de novos conhecimentos, as escolas — sobretudo as universidades e centros de pesquisas — podem contribuir significativamente para as transformações sociais e tecnológicas em curso" (Kenski, 2008).

A contradição se apresenta no próprio âmago dessas instituições educativas. Há uma sensível defasagem entre as iniciativas de pesquisa e as práticas de ensino e socialização dos conhecimentos para que todos possam conviver com as transformações postas pelos avanços e inovações tecnológicas na sociedade contemporânea. As universidades cada vez mais se destacam pelo avanço no conhecimento e pela produção de inovações tecnológicas diferenciadas, em todas as áreas do conhecimento. No entanto, os mesmos espaços que privilegiam as inovações nas pesquisas são tímidos e reagentes em relação ao desenvolvimento e aplicação de práticas inovadoras no ensino. "As instituições educativas sentem dificuldade para incorporar em suas práticas docentes as inovações e avanços nos conhecimentos que ela mesma produz, divulga e oferece à sociedade, contribuindo significativamente para a sua transformação" (KENSKI, 2008).

O que se precisa aprender em um momento em que a informação é farta e o tempo das pessoas é escasso? O que se precisa aprender em um mundo do trabalho em que a atualização é valorizada e a formação precisa garantir não apenas as bases do conhecimento, mas também suas mais novas facetas, inovações, ao devir anunciado e imediatamente ultrapassado?

A reflexão nos encaminha ao pensamento de Lyotard (1991) da busca de parceiros que possam nos ajudar a refletir coletivamente e avançar em conhecimentos legitimados e validados pontualmente pelos pares. A ação é difícil e nos exige novas atitudes, como professores. É preciso antes de tudo que possamos assumir que não temos condições de saber tudo, mas que sabemos alguma coisa. Com o que sabemos, podemos contribuir para que todos possam saber mais e melhor. Que devemos estar abertos para colaborar e para receber colaboração. Como diz Lévy (1999), a organização do processo coletivo de troca e de convergência de reflexões sobre os mesmos temas nos encaminha a processos de inteligência coletiva, em que todos ganham.

Professores em rede construindo colaborativamente seus programas, apresentando suas propostas de ação docente, oferecendo e recebendo informações, atualizações e auxílios vários. Professores e alunos em rede, conscientes da necessidade de refletir, discutir, selecionar e filtrar informações recebidas de fontes diferenciadas — livros, revistas, vídeos, internet, depoimentos e experiências vividas — sobre os mais diferentes temas. Professores que contribuem para a formação de redes de aprendizagem com outros pesquisadores e alunos dos mais diferenciados pontos do país, ou do mundo.

Relações e mediações entre professores e alunos, mediadas pelas tecnologias, para que possam discernir, em meio à profusão de ofertas de informações, o que é realmente importante para o aprendizado, as bases da ciência que permanecem e as inovações, que podem revolu-

PEDAGOGIA UNIVERSITÁRIA

cionar todo o conhecimento, em outras bases. Que reflitam e discutam sobre o que é realmente importante para o desenvolvimento de novos conhecimentos, habilidades e atitudes. Que identifiquem quais posturas teóricas e práticas irão auxiliar no desempenho de ações e na realização de atividades em determinadas áreas de atuação. Que saibam explorar as especificidades dos mais novos meios em que as informações são disponibilizadas — texto, imagens, vídeos, sons etc. — para oferecer melhores condições de ensino e de aprendizagem para estes novos tempos.

O maior desafio nessas relações é garantir as aprendizagens de todos como pessoas melhores. Que possam convergir suas atenções e interesses em aprender a lidar com as informações com segurança e crítica e com as demais pessoas com respeito, civilidade, atenção, cortesia e colaboração.

A formação e o avanço das tecnologias digitais

Para iniciar é preciso recuperar McLuhan, que dizia que as tecnologias se tornam pouco visíveis, na medida em que se tornam mais familiares. À medida que incorporamos o uso de *novas tecnologias* na vida cotidiana, já não nos preocupamos tanto com o seu uso. Elas se tornam "invisíveis", já não nos causam estranhamentos. Foi assim com automóveis, televisores, celulares, vídeos... e tantos outros equipamentos e processos considerados "inovadores", a seu turno, os quais dominamos o seu funcionamento e lhes damos o valor relativo de uso, de acordo com as nossas necessidades e possibilidades.

Há mais de duas décadas, o mundo vem observando um grande avanço em um novo campo do conhecimento — o das tecnologias digitais de informação e comunicação, as TICs. O uso ampliado dessas tecnologias repercute com grande impacto em nossas maneiras de ser, de pensar e de agir. Nos últimos anos cresceu exponencialmente o consumo e o acesso dos brasileiros a essas novas mídias. De forma intuitiva e experimental, usuários com os mais diferenciados níveis de conhecimento aprendem a conviver com a evolução rápida dos computadores, seus periféricos — DVDs, vídeos e câmeras digitais, *scanners* etc. Já são cerca de 60 milhões os usuários ativos da Internet no Brasil[2] que acessam e se utilizam de uma infinidade de programas e *softwares*. Interligadas em redes, essas pessoas têm acesso imediato a bancos de dados nacionais e internacionais e à comunicação sem fronteiras com internautas de todo o mundo.

A velocidade, o movimento acelerado, o sentido de mudança permanente, característicos deste nosso momento social nos encaminha para a reflexão sobre o atual estágio do profissional estável — no nosso caso, o professor — e os desafios que envolvem a sua ação.

No momento atual, a sociedade global se transforma de forma veloz. O que há alguns anos parecia ser ficção científica tornou-se realidade, como as possibilidades de comunicação com todo o mundo em qualquer tempo e lugar, por meio de celulares e Internet, por exemplo.

> Essas mudanças recaem na formação dos profissionais, sobretudo de nível superior, exigindo-lhes aperfeiçoamento constante e novas habilidades e capacidades específicas. As competências exigidas afetam não só as novas profissões, mas também a maneira de como se trabalham com as antigas, afirma o diretor do Instituto de Estudos Avançados Transdisciplinares (Ieat), Carlos Antônio Leite Brandão. (Cruz, 2009)

Algumas das exigências mais frequentes estão ligadas ao trabalho em equipe e à capacidade de transitar em diferentes campos disciplinares.

Essas novas exigências profissionais recaem na organização de novos currículos de formação em todas as áreas de conhecimento e na

---

2. Dados de 2008 da Pesquisa Nacional por Amostra de Domicílios (PNAD) do Instituto Brasileiro de Geografia e Estatística (IBGE) informam que 82,1% das casas brasileiras possuem serviços de telefonia. O total de residências com computadores, segundo a mesma pesquisa, era de 31,2% em 2008.

Segundo o Ibope, existiam cerca de 64,8 milhões de brasileiros com acesso à Internet em agosto de 2009. Esses acessos ocorrem em residências, trabalho, escolas, bibliotecas e outros espaços públicos de acesso, sobretudo *lan houses*.

PEDAGOGIA UNIVERSITÁRIA

redefinição de estratégias pedagógicas em novas bases. Requerem, portanto, ações docentes diferenciadas e que possam ir além do discurso de conteúdos estanques e descontextualizados.

Uma nova exigência se impõe, nessa mesma direção. É preciso novos caminhos para a formação de professores que possam estar preparados para lidar com as novas gerações que chegam às universidades. É preciso que os professores estejam em sintonia com a nova realidade social e tecnológica vigente e que possam desenvolver atividades adequadas ao momento presente e ao futuro de seus alunos.

No final do século passado, Tapscott chamou os jovens que nasceram no início dos anos 90 de "geração digital". Passados quase vinte anos, temos agora esses jovens chegando às universidades. Como estruturar os cursos para satisfazer suas expectativas de formação? O que temos para lhes oferecer que reúna as suas competências e habilidades no uso das mídias digitais e os saberes e conhecimentos dos docentes? Qual deve ser o agir docente que potencialize essa união de competências para que professores e alunos possam se beneficiar dessa diversidade?

A organização dos saberes e a formação docente na atualidade

Diz Umberto Eco:

Não é um ideal democrático e de igualdade abstrato, é a lógica do trabalho em uma sociedade informatizada, que pede educação igual para todos, para ser modelada em um alto nível, não por baixo. De outra forma, a inovação resultará sempre e somente em desemprego. (2003, p. A16)

A proposta encaminhada por Eco se aproxima bastante das ideias apresentadas por Edgar Morin em *Cabeça bem-feita*. Para esse autor, a hiperespecialização precoce prejudica a percepção global, pois fragmenta o conhecimento em parcelas e não consegue garantir a excelência na formação nem profissional nem acadêmica. Uma educação ampla, que não dilua nem fragmente o conhecimento em parcelas, torna-se mais abrangente e mais capaz de interpretar criticamente uma crise ou um problema da nossa contemporaneidade.

Nessa perspectiva, a proposta de Morin para a reformulação da educação escolar vai ao encontro de um conhecimento formado a partir da transdisciplinaridade, ou seja, a articulação pedagógica de diversas áreas e subáreas do conhecimento. Comentando as ideias de Morin, Waldenir Caldas diz que "o conhecimento organizado dessa forma relacionaria as informações que constituem parcelas dispersas do saber a toda uma estrutura sincrônica, orgânica de um saber plural". Seria esse o meio mais eficiente de fazer com que o homem esteja sempre atualizado e atento à gigantesca proliferação de conhecimentos e aos grandes desafios de nossa época. "A cabeça bem-feita (alusão à frase de Montaigne: 'Mais vale uma cabeça bem-feita do que uma cabeça cheia') é uma cabeça apta a organizar os conhecimentos e, com isso, evitar sua acumulação estéril", escreve o autor (CALDAS, 2000).

Essa organização interdisciplinar dos conhecimentos requer, no entanto, a própria reforma do pensamento, diz Caldas. E continua: "a realidade, seja qual for sua procedência (política, social, religiosa), deve ser reconhecida e tratada, simultaneamente, de forma solidária e con-flituosa. A diferença deve ser respeitada. A unicidade, reconhecida"(...) "É necessário estimular o pensamento plural, multidimensional que aproxima, une e distingue. Ou ainda como diz Morin, 'é preciso subs-tituir um pensamento disjuntivo e redutor por um pensamento do complexo, no sentido originário do termo *complexus*: o que é tecido junto'. Isso é a reforma do pensamento. É também a melhor forma de romper com os velhos dogmas reducionistas de explicação pela via mais elementar."

Esses autores nos encaminham para pensarmos em propostas educacionais para a formação de professores que não sejam apenas a mera distribuição burocrática de conteúdos e competências em um datado currículo profissionalizante. O que se propõe é uma formação de alta qualidade, com o objetivo de levar aos educadores uma vi-são-concepção mais sistêmica do conhecimento e na autonomia de suas

PEDAGOGIA UNIVERSITÁRIA

ações. Propostas educacionais que objetivem a formação de intelectuais polivalentes, capazes de lidar com a pluralidade de conhecimentos, conhecedores de seus limites e com autonomia para realizar a programação de reciclagens e atualizações de suas próprias capacidades.

Reunindo-se a essas proposições as apresentadas pelo relatório da Unesco, coordenado por Jacques Delors, em que são apresentados os quatro pilares para a educação contemporânea, vemos que as mudanças atingem o ponto central da educação e a retiram do foco de *ensinar conteúdos disciplinares* para uma visão mais abrangente e adequada às necessidades atuais de todos os cidadãos, professores inclusive.

Como diz Delors,

[...] uma resposta puramente quantitativa à necessidade insaciável de educação — uma bagagem escolar cada vez mais pesada — já não é possível nem mesmo adequada. Não basta, de fato, que cada um acumule no começo da vida uma determinada quantidade de conhecimentos de que possa abastecer-se indefinidamente.

Para poder dar resposta ao conjunto das suas missões, a educação deve organizar-se em torno de quatro aprendizagens fundamentais que, ao longo de toda a vida, serão de algum modo para cada indivíduo os pilares do conhecimento: aprender a conhecer, isto é, adquirir os instrumentos da compreensão; aprender a fazer, para poder agir sobre o meio envolvente; aprender a viver juntos, a fim de participar e cooperar com os outros em todas as atividades humanas; finalmente aprender a ser, via essencial que integra as três precedentes. É claro que estas quatro vias do saber constituem apenas uma, dado que existem entre elas múltiplos pontos de contato, de relacionamento e de permuta.

[...] cada um dos "quatro pilares do conhecimento" deve ser objeto de atenção igual por parte do ensino estruturado, a fim de que a educação apareça como uma experiência global a levar a cabo ao longo de toda a vida, no plano cognitivo como no prático, para o indivíduo enquanto pessoa e membro da sociedade.

[...] isto supõe que se ultrapasse a visão puramente instrumental da educação, considerada como a via obrigatória para obter certos resultados (saber-fazer, aquisição de capacidades diversas, fins de ordem econômica), e se passe a considerá-la em toda a sua plenitude: realização da pessoa que, na sua totalidade, aprende a ser. (DELORS, 1998, p. 89-90)

Esta pessoa — que aprende a ser, a conviver, a fazer e a conhecer — deve ser também a base de estruturação de caminhos para a formação deste novo professor, que atua em rede, com todos, em qualquer modalidade de ensino, em qualquer lugar. Um professor que consegue enfrentar as diferentes realidades educacionais e adequar suas estratégias de acordo com as necessidades de seus alunos e os suportes tecnológicos que tenha a sua disposição. Um professor para novas educações, que saiba trabalhar em equipes e conviver com pessoas com diferentes tipos de formação e objetivos (alunos, técnicos, outros professores), unidos com a preocupação de oferecer o melhor de si para que todos possam aprender. Um novo professor-cidadão preocupado com sua função e com a sua atualização. Um profissional que conheça a si mesmo e saiba contextualizar as suas melhores competências e seus limites para poder superar-se a cada momento. O professor flexível, competente, humano e compreensivo que o ensino em tempos de mudanças está a esperar.

Uma prática mediada, na disciplina EAV 1

Mais do que eu, no entanto, a voz de alguns dos alunos que cursaram a disciplina "Ensinando em ambientes virtuais", que ofereci no primeiro semestre de 2008, no programa de pós-graduação em Educação, da Faculdade de Educação da USP, pode dizer melhor sobre o que é possível realizar como prática docente mediada. O curso, oferecido a pós-graduandos da USP de diferenciadas áreas do conhecimento, teve como desafio principal a formação deles para a docência no ensino superior em novas bases. Semipresencial, o curso foi planejado em equipe formada pela professora e alunos-tutores. Durante o seu desenvolvimento foram realizadas atividades em três ambientes virtuais distintos (Moodle, TelEduc e o ambiente customizado do laboratório CoLearn, da Open University, em Londres) e contou com a par-

PEDAGOGIA UNIVERSITÁRIA

ticipação de professores convidados — brasileiros e estrangeiros — em diferenciados momentos.

O uso intensivo das mídias digitais e a proposta de formação de comunidade virtual colaborativa de aprendizagem durante o curso contagiaram os alunos. Durante toda a sua duração não houve desistências. Todas as atividades e desafios individuais e grupais encaminhados foram realizados no tempo previsto, por todos os participantes.

Em um texto, construído coletivamente no *Wiki*[3] por um grupo de alunos da turma (como desafio semanal grupal e que, mais tarde, foi aperfeiçoado e apresentado no Congresso Internacional de Educação a Distância), eles dizem:

> O processo de aprendizagem neste curso vem se desenvolvendo por meio de interações entre os alunos, a professora, o tutor e alguns convidados que, de forma colaborativa, discutiram os temas propostos para esta disciplina e, num processo cooperativo, desvendaram os desafios lançados. Durante o período do curso, pudemos realizar inúmeras discussões nos fóruns desses ambientes, baseadas na bibliografia indicada para cada tema, que foi sendo enriquecida pelas novas sugestões que emergiam durante o processo de aprendizagem, em função de pesquisas realizadas no conteúdo disponível tanto no ciberespaço como em publicações não digitais.
>
> [...] a colaboração é peça-chave na construção do conhecimento individual e, consequentemente, do conhecimento coletivo quando se trata de Educação *on-line*. O ato de colaborar pode favorecer a aprendizagem, pois agrega novas oportunidades e possibilidades não enxergadas de forma individual em determinado momento.
>
> [...] Vivemos um processo de aprendizagem que envolve, também, muita cooperação para o desenvolvimento dos desafios propostos para os grupos constituídos pelos alunos. Desde a primeira semana do curso, problemas foram lançados, estimulando os alunos a agirem de forma organizada e articulada na busca de soluções. Esse processo desencadeou

---

3. O *Wiki* é um *software* colaborativo que permite ao usuário editar coletivamente documentos hipertextuais e publicá-los na Internet.

o surgimento de lideranças, a percepção de diferenças individuais, conflitos, a descoberta da possibilidade de buscar e atingir bons resultados no desenvolvimento de projetos coletivos a distância e a aplicação dos conceitos discutidos durante o processo colaborativo desenvolvido nos fóruns de discussão sobre os temas do curso.

[...] A prática da cooperação e da colaboração entre os membros participantes deste curso, viabilizadas pelos fóruns de discussão criados nos ambientes virtuais, parece sinalizar que foi constituída uma comunidade virtual de aprendizagem [...], pois observamos as seguintes características marcantes:

— houve o estabelecimento de relações sociais entre os participantes do curso, favorecidas pelas possibilidades de interação, com a criação de vínculos devido aos interesses comuns;

— havia o propósito de aprender conceitos de interesse comum;

— foi desenvolvido o sentimento de pertencer à comunidade, percebido pela permanência dos participantes;

— houve o desenvolvimento de diversos projetos colaborativos, cuja tônica foi a cooperação entre os participantes;

— foi percebido o sentimento de corresponsabilidade pelo aprendizado e pelos resultados dos projetos desenvolvidos.

Os participantes desta comunidade puderam aprender de forma colaborativa, além do conteúdo temático, novas formas de viver e de se relacionar, na busca constante pela construção do conhecimento individual e coletivo.

[...] Outro ponto de destaque é o auxílio dos membros dessa comunidade, independentemente de qual grupo pertenciam, às dúvidas e incertezas dos colegas frente a dificuldades de manuseio dos novos instrumentos. Os resultados deste curso demonstram o enorme potencial que as novas tecnologias agregam à formação de equipes, na medida em que viabiliza a aproximação de pessoas que desenvolvem diferentes atividades no seu cotidiano, com diferentes disponibilidades temporais e espaciais para dedicação ao estudo sistematizado e para a realização de cursos para sua formação. (GOZZI et al., 2008)

O curso garantiu aos seus participantes a confiança para atuar didaticamente de forma mediada. Os desdobramentos positivos das aprendizagens possibilitadas pelas atividades e desafios oferecidos nos mostraram caminhos viáveis para a formação de professores universitários que saibam articular seus conhecimentos, saberes e práticas com o uso de mídias digitais, em atividades educacionais. Durante todo o desencadeamento do curso buscamos seguir a "lógica do trabalho em uma sociedade informatizada... para ser modelada em um alto nível", a que se refere Eco. Aprendemos muito, aprendemos todos. E seguimos adiante, querendo aprender mais e, principalmente, a não ter medo de mudar...

Referências bibliográficas

CALDAS, Waldenyr. Morin defende formação do intelectual polivalente. Disponível em : <http://www.estado.estadao.com.br/editorias/2000/07/09/cad152.html>. Acesso em: 5 ago. 2003.

CRUZ, Márcia Maria. Em "Novas profissões têm cara futurista". Disponível em: <http://www.uai.com.br/UAI/html/sessao_4/2009/01/18/em_noticia_interna,id_sessao=4&id_noticia=95773/em_noticia_interna.shtml>. Acesso em: set. 2009

DELORS, J. (Coord.). *Educação, um tesouro a descobrir*. São Paulo: Cortez/MEC/Unesco, 1998.

ECO, U. Alguns mortos a menos. *O Estado de S. Paulo*, São Paulo, 10 ago. 2003, p. A16.

GOZZI, M. P.; CARVALHO, J. S.; FARIAS, C. R.; GOMES, A. B.; GARCIA, P. S.; MORENO, E. R. Comunidades de aprendizagem — uma vivência no ensino de pós-graduação. CONGRESSO INTERNACIONAL ABED DE EDUCAÇÃO A DISTÂNCIA, 14. Santos, 2008.

KENSKI, Vani Moreira. Educação e comunicação: interconexões e convergências. *Educação e Sociedade*. Campinas: Cedes; São Paulo: Cortez, v. 29, n. 104, p. 647-666, 2008.

LÉVY, P. *Cibercultura*. São Paulo: Ed. 34, 1999.

LYOTARD, J. F. *O pós-moderno*. Rio de Janeiro: José Olympio, 1991.

MOORE, M.; KEARSLEY, G. *Distance education, a system view.* Toronto: Thomson Wadsworth, 2001.

MORIN, Edgar. *Cabeça bem-feita.* São Paulo: Bertrand Brasil, 2000.

MUILENBURG, L. Y.; BERGE, Z. L. Barriers to distance education: a factor-analytic study. *The American Journal of Distance Education,* v. 15, n. 2, 2001. Disponível em: <http://emoderators.com/barriers/barriersk12.html>. Acesso em: maio 2006.

SIQUEIRA, Ethevaldo. Brasileiros estão cada vez mais ligados. Disponível em: <http://ethevaldo.com.br/Generic.aspx?pid=1422>. Acesso em: 3 out. 2009.

_____. Mais telefone e internet em casa. Disponível em: <http://ethevaldo.com.br/Generic.aspx?pid=1422>. Acesso em: 3 out. 2009.

ÉTICA NA DOCÊNCIA UNIVERSITÁRIA
a caminho de uma universidade pedagógica?*

Terezinha Azerêdo Rios[1]

> Quando vivemos a autenticidade exigida pela prática de ensinar-aprender participamos de uma experiência total, diretiva, política, ideológica, gnosiológica, pedagógica, estética e ética, em que a boniteza deve achar-se de mãos dadas com a decência e com a seriedade.
>
> *Paulo Freire*

Em certa ocasião, ao chegar a uma cidade para participar de um encontro de educadores, dirigi-me ao hotel no qual havia sido feita minha reserva. Junto comigo, na recepção do hotel, outros colegas procuravam fazer o seu *check-in*. O rapaz da recepção deu-nos fichas

---

* Este texto resulta da ampliação de um roteiro organizado para participação na mesa-redonda "A docência universitária como profissão: saberes, ética e formação", no Colóquio Internacional *Ensino Superior: complexidade e desafios na contemporaneidade*, realizado em outubro de 2008 em Feira de Santana (BA). O texto original faz parte do livro *Docência universitária: profissionalização e práticas educativas*, organizado por Maria Isabel da Cunha, Sandra Regina Soares e Marinalva Lopes Ribeiro, publicado pela UEFS Editora em 2009. Aqui, procurei articular as ideias ali apresentadas a algumas outras já exploradas anteriormente, no sentido de ir de maneira mais específica ao encontro dos objetivos dos Seminários de Pedagogia Universitária.

1. Doutora em Educação. Membro do GEPEFE — Grupo de Estudos e Pesquisas sobre a Formação de Educadores, da Faculdade de Educação/USP, e do Conselho Editorial de Educação da Cortez Editora. Também integra a SOFELP — Sociedade de Filosofia da Educação dos Países de Língua Portuguesa. E-mail: <te.rios@terra.com.br>.

para preenchermos e, quando fui preencher o espaço reservado para "profissão", escrevi: "professora". A professora que estava ao meu lado fez, então, a seguinte observação: "Nunca escrevo 'professora' apenas. Sempre escrevo 'professora *universitária*' — isso faz diferença!"

Pus-me a pensar, então, na diferença que faz apresentar-me como 'professora universitária' ou só como 'professora'. A fala da colega remete a algo que diz respeito à acolhida dos outros quando nos apresentamos. "Fazer diferença" é destacar-se. Procurar fazer diferença, naquele caso, é, quem sabe, trazer embutida na apresentação a velha pergunta bem própria de um certo contexto brasileiro: "*Você sabe com quem está falando?*" No registro, estou dizendo: "Não sou uma professora 'qualquer' — sou uma 'professora *universitária*'." Isso confirma o que afirmam Anastasiou e Pimenta (2002, p. 35): "[...] o título de professor, sozinho, sugere uma identidade menor, pois socialmente parece se referir aos professores secundários e primários"... e não aos "professores *superiores*", completaríamos.

Assim, vale pensar no que se acrescenta ao professor, e lhe confere uma "identidade maior", quando se acrescenta à denominação de sua profissão o adjetivo 'universitário', de "nível superior". O que há de específico no trabalho do professor universitário, além de desenvolver suas atividades numa instituição educacional diferente de outras? Será que o adjetivo 'universitário' não o leva, às vezes, a esquecer o substantivo 'professor'? Que tarefas se apontam nesse substantivo? Por que nele deve se abrigar a ética?

Com a intenção de estabelecer um diálogo com os colegas educadores que têm voltado sua reflexão sobre o trabalho docente nas instituições de ensino superior, trago alguns apontamentos, retomando ideias que já venho explorando e que têm se ampliado exatamente na partilha e no debate.

Ofício de professor

Entre os múltiplos papéis que desempenhamos na sociedade, ganha destaque o papel *profissional*. A profissão é indicativa do que

PEDAGOGIA UNIVERSITÁRIA

fazemos no *mundo/mercado do trabalho*, da forma específica de participação na construção da sociedade. O que somos está estreitamente ligado ao que fazemos. À pergunta "Quem é você?" quase sempre se responde com um: "Sou economista", "Sou mecânico", "Sou professor".

No interior das instituições, os indivíduos desempenham seus papéis levando em consideração as configurações para eles determinadas, que Berger e Luckmann (1973, p. 49) chamam de "esquemas tipificadores". Como todos os papéis, o papel profissional é marcado pelos valores da sociedade na qual se encontra o indivíduo — há uma hierarquia na valorização das profissões. Com relação ao papel de professor, verifica-se que, ao lado do discurso que chama atenção para o valor da profissão docente, há uma atitude de desconsideração, que se revela nas más condições de trabalho, nos baixos salários e no pequeno investimento em sua formação inicial e continuada. Todos esses elementos se entrecruzam, na verdade, na constituição da *identidade* do professor.

Vale lembrar, com Galeano (1991, p. 123), que "a identidade não é uma peça de museu, quietinha na vitrine, mas a sempre assombrosa síntese das contradições nossas de cada dia". E também o que nos diz Nóvoa (1992, p. 16): "A identidade não é um dado adquirido, não é uma propriedade, não é um produto, [...] é um lugar de lutas e conflitos, é um espaço de construção de maneiras de ser e de estar na profissão. Por isso é mais adequado falar em processo identitário."

A identidade aparece, assim, como algo *construído* nos limites da existência social dos indivíduos. Cada indivíduo ganha sua identidade no reconhecimento. Na consideração de si mesmo e do outro. Somos "nós mesmos" exatamente quando nos diferenciamos e somos reconhecidos pelos "outros", "outros nós", identificados na relação. A identidade tem, assim, um caráter de complementaridade, não só nos papéis classicamente complementares — pai/filho, esposo/esposa — mas no que é nuclear — *eu/outro* (Rios, 2002). Laing (1986, p. 90) afirma que "são os outros que nos dizem quem somos.[...] Sejam quais forem as vicissitudes que enfrentamos, a primeira identidade social da pessoa lhe é conferida pelos demais. Aprendemos a ser quem nos dizem que somos".

Quando afirmamos que "somos professores *universitários*", procuramos corresponder a algo que se encontra no imaginário das pessoas em nossa sociedade. Somos professores num espaço diferenciado. É preciso pensar, então, antes de mais nada, no contexto no qual desenvolvemos nosso trabalho.

O contexto universitário

A Universidade é um espaço institucional de educação, em que se articulam — ou deveriam se articular — o ensino, a pesquisa, a extensão, com a finalidade de formar profissionais críticos e criativos, capazes de construir, com seu trabalho, uma sociedade democrática e solidária. É necessário, então, refletir sobre o papel da educação na formação de uma nova concepção de vida e de sociedade, voltadas para o bem comum, para a realização pessoal e coletiva dos indivíduos, e na Universidade como centro de produção de conhecimentos, saberes e fazeres novos, na busca de uma visão de totalidade, de universalidade.

> A palavra universidade deriva do latim *Universus*, formada por *unus*, que significa um; e *versus*, particípio passado de *vertere*, que significa voltar, virar, tornar-se. Daí, universidade tem o significado etimológico profundo de "tornar um", ou seja, de expressar/articular *a diversidade na unidade*, que representa, em última instância, sua missão histórica e razão de ser. (SILVA, 1991, p. 39)

Há, portanto, uma multiplicidade de questões às quais se deve estar atento quando se pensa na feição que se quer dar às universidades. Nelas articulam-se aspectos que dizem respeito a todos que desenvolvem o trabalho de integração das funções da instituição (RIOS, 2008b).

Chaui (1999) afirma que a universidade contemporânea, na sociedade de mercado em que vivemos no Brasil, tem passado de sua condição de *instituição* social à de *organização* social. Segundo ela, uma organização define-se como uma prática social regida pelas ideias de

PEDAGOGIA UNIVERSITÁRIA

gestão, planejamento, previsão, controle e êxito, com objetivos particulares, enquanto uma instituição social aspira à universalidade e tem a sociedade como seu princípio e sua referência normativa e valorativa. A universidade transformada em organização

> não forma e não cria pensamento, despoja a linguagem de sentido, densidade e mistério, destrói a curiosidade e a admiração que levam à descoberta do novo, anula toda pretensão de transformação histórica como ação consciente dos seres humanos em condições materialmente determinadas. (CHAUI, 1999, p. 222)

A crítica apresentada por Chaui refere-se à universidade pública brasileira. Entretanto, mesmo no espaço privado ou particular é importante levá-la em conta. É preciso pensar se a universidade tem estado atenta aos seus princípios originários, se tem feito o movimento na direção da autonomia e do rompimento com a fragmentação, se não tem deixado de lado o que é nuclear em sua função, que, no dizer de Belloni,

> [...] é apenas uma: gerar saber. Um saber comprometido com a *verdade*, porque ela é a base de construção do conhecimento. Um saber comprometido com a *justiça* porque ela é a base das relações entre os humanos. Um saber comprometido com a *beleza* porque ela possibilita a expressão da emoção e do prazer, sem o que a racionalidade reduz o homem a apenas uma de suas possibilidades. Um saber comprometido com a *igualdade* porque ela é a base da estrutura social e inerente à condição humana. (BELLONI, 1992, p. 75)

Vale pensar que se a Universidade é uma instituição de *ensino* (aí, articulado à pesquisa e à extensão), há que cuidar para que esse ensino seja efetivamente gerador do saber de que nos fala Belloni. Aí nos deparamos com uma questão que nos convida à reflexão: embora a Universidade seja uma das modalidades de instituições *de ensino superior*, muitas vezes a docência é ali considerada como algo secundário, ou como algo para que não se exige um preparo e uma atenção especiais.

Cunha e Leite (1996, p. 74-75) nos lembram que

revitalizar o ensinar e o aprender na Universidade deveria ser mais que objeto de estudo de um projeto específico, mas uma preocupação constante de cada curso, de cada professor e estudante que deseja produzir o saber científico como conhecimento válido para a construção de uma sociedade melhor.

Essa preocupação, entretanto, ainda não se mostra presente em grande parte dos cursos de nossas universidades. A atenção ao caráter pedagógico do trabalho do docente parece ser algo que se atribui — ou que é restrito — ao espaço dos cursos de licenciatura ou das faculdades de educação. Aponta-se, portanto, o desafio de problematizar essa visão equivocada, refletindo sobre a formação e, mais especificamente, sobre a prática docente do professor universitário.

"Não me venha com pedagogias!"

A docência tem, em primeiro lugar, um caráter educativo. Isso é óbvio, dirão alguns. Entretanto, vale dizer, com Darcy Ribeiro, que o óbvio não é tão óbvio assim. O que faz o professor? Ensina. Aprende, enquanto ensina. Constrói conhecimentos, transforma a realidade, socializa a cultura, partilha valores. Essas são ações educativas. A educação é o processo pelo qual vai se configurando a humanidade.

Educar é crer na perfectibilidade humana, na capacidade inata de aprender e no desejo de saber que a anima, em que há coisas (símbolos, técnicas, valores, memórias, fatos...) que podem ser sabidas e que merecem sê-lo, em que nós homens podemos melhorar uns aos outros por meio do conhecimento. (SAVATER, 1998, p. 24)

Savater afirma que "nascemos humanos, mas isso não basta: temos também que chegar a sê-lo". Na verdade, se parafrasearmos Simone de Beauvoir, diremos que ninguém nasce humano — *torna-se* humano. E esse tornar-se acontece por meio do processo educativo.

A educação que é feita pela instituição escolar, na qual se encontra o professor, reveste-se de características distintas da que se realiza em outras instituições: ali, ela se dá de modo organizado e sistemático. Ali, organiza-se o currículo: definem-se os objetivos a serem alcançados, os conteúdos a serem socializados, os métodos, o processo de avaliação. Ali se estrutura um projeto de *formação* dos indivíduos. E para ali desenvolver seu trabalho, formam-se os professores. Em qualquer instituição educacional, o professor é aquele que tem como tarefa partilhar, séria e rigorosamente, o conhecimento e os valores, formando seres humanos e formando-se humano junto com eles.

Entretanto, não são poucos os que ainda acreditam que ser professor é apenas "transmitir conhecimentos", "passar determinados conteúdos" que devem ser "armazenados" pelos alunos. Isso nos remete à crítica contundente de Edgar Morin que, recorrendo a Montaigne, afirma que "mais vale uma cabeça bem–feita que bem cheia" (MORIN, 2000, p. 21):

> "Uma cabeça bem-feita" significa que, em vez de acumular o saber, é mais importante dispor ao mesmo tempo de:
> — uma aptidão geral para colocar e tratar os problemas;
> — princípios organizadores que permitam ligar os saberes e lhes dar sentido.

Que tipo de formação deve ter um professor para que não se disponha apenas a produzir "cabeças bem cheias"? Que tipo de saberes se conjugam no exercício de seu ofício?

Tardif (2002) afirma que, embora sejam múltiplos os saberes que se articulam no trabalho docente, "a formação para o magistério esteve dominada sobretudo pelos conhecimentos disciplinares". Mas esses conhecimentos, embora importantes, são insuficientes para caracterizar o trabalho do professor. O professor ideal, para Tardif (2002, p. 39), é "alguém que deve conhecer sua matéria, sua disciplina e seu programa, além de possuir certos conhecimentos relativos às ciências da educação e à pedagogia e desenvolver um saber prático baseado em sua experiência cotidiana com os alunos".

Anastasiou e Pimenta (2002, p. 199) acrescentam:

> A profissão de professor exige de seus profissionais alteração, flexibilidade, imprevisibilidade. Não há modelos ou experiências modelares a serem aplicadas. A experiência acumulada serve apenas de referência, nunca de padrão de ações com segurança de sucesso. Assim, o processo de reflexão [...] é a base para a sistematização de possíveis ações, e nunca de modelos.

Para muitos professores das instituições de ensino superior, universitárias ou não, a pedagogia é um espaço — quase um lugar! — ao qual se recorre quando se tem o objetivo de formar professores para a escola básica e, às vezes, quando se deseja aprender formas mais práticas de "transmitir o conteúdo" aos alunos, maneiras de facilitar o trabalho em sala de aula. Por isso, falar em pedagogia como constituinte do ofício docente que se dá *em toda a universidade* pode ser problemático. "Não me venha com pedagogias!", é a afirmação com que se reage.

Essa reação está bem próxima daquela que se apresenta, muitas vezes, quando se fala em filosofia no espaço do trabalho do professor: "Não me venha com filosofias!" Talvez seja por estar acostumada a enfrentá-la que tenho me empenhado em explorar a articulação estreita entre a filosofia e a pedagogia e procurado manter aberto um diálogo da filosofia da educação com a didática, as teorias do ensino e as ciências da educação (Rios, 2008b). E é justamente à filosofia da educação que recorro para trazer as considerações que aqui apresento.

Quando o professor universitário diz: "Não me venha com pedagogias", ele se sustenta na concepção tão presente no contexto universitário, que é a de que "quem sabe, sabe ensinar". Ou seja: basta ser um médico competente para ser um bom professor na Faculdade de Medicina, um juiz competente para ser bom professor na Faculdade de Direito, um brilhante jornalista para ser bom professor na Faculdade de Comunicação. Entretanto, a prática que se vivencia no cotidiano das Universidades nos faz constatar a toda hora a inconsistência dessa concepção.

PEDAGOGIA UNIVERSITÁRIA

Ter um domínio rigoroso e seguro do saber referente à área de conhecimento de sua formação é algo que diz respeito a apenas uma das dimensões do trabalho docente — a dimensão técnica. Se não se consideram as outras dimensões — estética, política e ética — não se pode fazer referência a um trabalho competente do professor. Perrenoud (1996, p. 13) chama atenção para a existência de saberes *a ensinar* e a exigência de saberes *para ensinar*, que constituem as "didáticas das disciplinas". Para além do que assinala o autor, há que se levar em consideração a especificidade da relação pedagógica e as características do contexto em que se desenvolve a prática profissional. Isso nos desafia a refletir sobre a necessária articulação da dimensão técnica do trabalho docente às outras dimensões desse trabalho. Aqui, mais especialmente, cabe pensar no significado da presença da ética na docência universitária.

Ética como dimensão da docência

Na configuração da prática pedagógica, é possível explicitar as dimensões da competência dos professores — *técnica, estética, política e ética*. E tornam-se mais claras as exigências para um trabalho docente de boa qualidade: além de um domínio do conhecimento de uma determinada área e de estratégias para socializá-lo, um conhecimento de si mesmo e dos alunos, da sociedade de que fazem parte, das características dos processos de ensinar e aprender, da responsabilidade e do compromisso necessário com a construção da cidadania e do bem comum (Rios, 2008a).

A ética é a dimensão *fundante* do trabalho competente, uma vez que no espaço da ética somos levados a questionar a finalidade do trabalho educativo, a sua significação, o seu *sentido*: Para que ensinamos? Para que realizamos nosso trabalho? Que valores estão presentes em nossas ações? Que princípios fundamentam essas ações?

É importante, para seguir adiante, estabelecer a diferença entre os conceitos de *ética* e *moral*. Enquanto a moral se constitui num conjunto de prescrições — normas, regras, leis — que orientam as ações e relações dos indivíduos em sociedade e que, portanto, tem um caráter normativo, a ética é a *reflexão crítica sobre a moral*, é o olhar agudo que procura descobrir os fundamentos dos valores, tendo como referência a dignidade humana e como horizonte a construção do bem comum.

É com base nos princípios da ética que avaliamos mais amplamente todas as dimensões de nosso trabalho. Os critérios que nos fazem estabelecer os conteúdos e os métodos, a forma como estabelecemos nossas relações com os colegas e os alunos, as escolhas que fazemos, deverão ser questionados se não tiverem como fim último o bem comum. É aí que ganha sentido a afirmação de que a escola deve ser construtora da cidadania. E também da felicidade, que é o outro nome do bem comum.

A ética funda-se nos princípios do respeito, da justiça e da solidariedade. Todos e cada um deles apontam para a necessidade do *reconhecimento do outro*. Nós afirmamos que fazemos isso no cotidiano de nossas relações, mas, se observarmos bem, com muita frequência deixamos de fazê-lo. Passamos pelas pessoas como se elas não existissem, deixamos de ouvir o que elas nos dizem, vamos adiante com o nosso discurso sem considerar a palavra, as ideias e os sentimentos dos outros.

Quando deixo de tratar o outro como *alter*, aquele que me constitui, estou considerando-o como *alienus*, alheio, o que não tem a ver comigo. Instala-se, então, a alienação no social. Penso que, ao lado da alienação do trabalho, a alienação econômica, de que falava Marx, de uma maneira tão assertiva, há uma alienação de caráter ético, que significa o não reconhecimento do outro, a desconsideração da diferença e, portanto, a impossibilidade de se instalar o diálogo, a solidariedade, a justiça.

Justiça é igualdade na diferença. Somos diferentes, homens e mulheres, brancos e negros, adultos e crianças. Mas somos iguais em direitos, iguais no direito de ter direitos, de criar direitos. Somos, portanto, diferentes e iguais. O contrário de igual não é diferente. É *desigual*, e tem uma conotação social e política. A afirmação da identidade se dá na possibilidade da existência da diferença e na luta pela superação da desigualdade.

A solidariedade se mostra na atitude generosa de quem leva em conta os outros e os respeita em sua alteridade, independentemente de castigos ou recompensas. A solidariedade implica consideração do humano enquanto humano, do "nós" que se configura não numa soma, mas numa estreita articulação de muitos "eu", na sua diferença e na igualdade dos direitos.

Ética na universidade

É comum a referência à presença da ética quando se fala da pesquisa na Universidade. Há em quase todas as instituições universitárias comitês de ética na pesquisa. Mas, mesmo nesse espaço, há que se verificar se efetivamente está presente uma preocupação com o caráter reflexivo da ética e com os fundamentos das investigações. Quando se constituem comitês de ética, quando se agrupam as pessoas no sentido de estarem atentas à investigação que se faz cientificamente nas nossas instituições, duas questões importantes deveriam ser colocadas: a que conduz a investigação? Está em seu horizonte a realização do bem comum? É necessário perguntar continuamente se a pesquisa que se realiza está levando a uma ampliação da qualidade do conhecimento e da vida das pessoas que com ela estão envolvidas. É no espaço da ética que o pesquisador se pergunta sobre a finalidade última de sua investigação, sobre os usos sociais dessa investigação, sobre os compromissos implicados nos resultados (Rios, 2006).

Com essas indagações, vamos além do terreno da moral. Há uma dimensão de moralidade sempre presente nas pesquisas, como em todos as ações e relações dos indivíduos na sociedade. Entretanto, nem sempre está presente aí a ética.

Se podemos constatar a preocupação, que ainda precisa ser ampliada, com a presença da ética na pesquisa, nem sempre vemos existir essa preocupação no campo do ensino. Dando importância em primeiro lugar à dimensão técnica e isolando-a das outras dimensões, o professor acaba por não refletir sobre o sentido de seu trabalho, o compromisso aí presente e as implicações que isso tem na formação que ele realiza na Universidade.

> Há poucas possibilidades de aperfeiçoar a docência universitária se não for planejada uma forte recuperação do compromisso ético que implica o trabalho docente. Muitas das deficiências que ocorrem no exercício da função de professor universitário não são ocasionadas por falta de conhecimento dos professores ou por insuficiente formação técnica, mas por consequência de um descaso no compromisso e na responsabilidade de seus protagonistas. (ZABALZA, 2004, p. 129)

É a isso que se refere Freire (1997, p. 26), quando fala na necessidade de "decência e seriedade" na docência.

Zabalza defende a existência de um código de ética para a profissão docente. Não penso como ele e como outros educadores que defendem a mesma ideia. Os códigos têm sempre um caráter normativo e não acredito que será o estabelecimento de um código que levará a um trabalho mais competente do professor universitário.

Quando falamos na necessidade da presença da ética no espaço universitário, não nos referimos à elaboração de normas (novas?) para o comportamento dos indivíduos. Que há necessidade de novas normas, que estejam regendo novas práticas, não há dúvida. Mas, não sendo normativa, a função da ética será exatamente problematizar as normas, procurar criar uma nova ordem, plantar sementes de um trabalho universitário que seja fecundado por valores que respondam às exigências de hoje e de sempre.

Falar em ética hoje, na universidade, constitui um desafio porque a atitude com que nos deparamos, com frequência, é o *cinismo*, a atitude de indiferença diante dos valores. Estamos, no dizer de Jurandir Freire Costa (1989), numa "cultura da razão cínica": "Cínico é aquele que se obstina em demolir a esfera crítica dos valores, a pretexto de defender 'a realidade do que é' contra a 'idealidade do que poderia vir a ser'" (COSTA, 1989, p. 26).

O cinismo desemboca numa desesperança, numa negação da utopia. E sem esperança, sem uma visão utópica, perde-se o sentido de um trabalho competente e eficaz. A utopia é o que *ainda não é*, mas que pode vir a ser. É na universidade que encontramos as possibilidades de criar a universidade que desejamos. Santos (1995, p. 200) já afirmara: "Numa sociedade desencantada, o reencantamento da universidade pode ser uma das vias para simbolizar o futuro."

Universidade pedagógica: uma utopia?

A universidade do futuro está entre nós, sim, de alguma forma, no projeto que dela fazemos no presente. Para a construção desse projeto, é preciso explorar as potencialidades que o contexto universitário guarda, verificar as ações concretas já desenvolvidas no sentido da mudança e do crescimento, criar novos espaços de criação e desenvolvimento. Isso requer um empenho de todos que estão na universidade. Para os professores, se coloca o desafio do exame crítico constante de sua atuação, do diálogo fértil com os alunos e da busca constante de aprimoramento da qualidade do trabalho.

Cunha (2001, p. 88-89) afirma que

[...] os saberes constitutivos da profissão docente implicam consciência, compreensão e conhecimento. Sobre essas bases é que se pode estabelecer a reflexividade e, com ela, uma perspectiva mais emancipatória da profissão. [...] Sem pieguices, o que nos estimula é o semblante de nossos alunos, ávidos por um mundo melhor, provocando a nossa reação, desinstalando o nosso ceticismo, precisando acreditar no poder de sua geração, querendo ser parceiros de uma nova ordem social. Será essa a esperança de uma nova ética, que possa presidir o trabalho docente na universidade?

Dialogando com Cunha, eu diria que não se trata de construir uma "nova ética". Embora histórica, situada num contexto específico e, portanto, sujeita a renovações, a ética tem a pretensão de que seus princípios tenham um caráter de universalidade e permanência, para além das normas que se encontram nas morais. Assim, é à "ética de sempre" que recorreríamos para afirmar, aí sim, uma *nova universidade*. Com a afirmação efetiva dos princípios éticos, teríamos condições de dar à universidade uma nova configuração, na qual a docência assumisse seu caráter pedagógico e transformador.

Para isso, é preciso que professores e alunos estejam sempre abertos ao imprevisto e à renovação. Pode-se concordar com Larrosa quando afirma:

> Penso que o maior perigo para a Pedagogia de hoje está na arrogância dos que sabem, na soberba dos proprietários de certezas, na boa consciência dos moralistas de toda espécie, na tranquilidade dos que já sabem o que dizer aí ou o que se deve fazer e na segurança dos especialistas em respostas e soluções. Penso, também, que agora o urgente é recolocar as perguntas, reencontrar as dúvidas e mobilizar as inquietudes. (LAROSSA, 2004, p. 8)

Acredito, como Larrosa, que a pedagogia — no nosso caso, a pedagogia universitária — deve ser ousada e cuidadosa, no sentido de encarar corajosamente o perigo da arrogância e da soberba. E, por outro lado, de não se deixar imobilizar pelo comodismo ou pela rotina. "É como se o trabalho essencial, hoje, fosse lutar contra o sequestro: em especial contra o sequestro, pela rotina, daquilo que dá sentido a viver, a pesquisar, a fazer ciência, a formar gente, a fazer cultura" (RIBEIRO, 2003, p. 51). Anuncia-se, portanto, um horizonte promissor, quando se percebe que a pedagogia universitária traz uma provocação e abre caminhos para a reflexão sobre a necessidade de construir uma *universidade pedagógica*.

Tive a experiência de trabalhar, em Moçambique, numa instituição que tem este nome: Universidade Pedagógica. A denominação se deve ao fato de que a universidade destina-se especificamente a formar professores — os cursos oferecidos são licenciaturas em diversas áreas, no sentido de atender a uma necessidade premente naquele país. Quando lá trabalhava, punha-me a pensar que ainda que não fossem só licenciaturas, o nome era bonito e adequado e representava, efetivamente, o que se espera de uma instituição educativa. A proposta de levar os professores, especialistas em áreas diversas do conhecimento, a se identificar como formadores, a reconhecer que a pedagogia não habita apenas nas faculdades e nos departamentos de educação, constitui ainda um desafio a ser enfrentado corajosamente nas instituições de ensino superior. Penso que não se trata de usar pura e simplesmente a denominação, até porque se enfrentariam resistências e o essencial não se encontra no nome. Do ponto de vista ético, principalmente, trata-se de fazer valer o que nele está guardado: o compromisso com a construção de uma educação de boa qualidade, de que temos necessidade e que, sem dúvida, merecemos. É um desafio a ser humilde e esperançosamente enfrentado.

Referências bibliográficas

ANASTASIOU, Léa G. C.; PIMENTA, Selma G. *Docência no ensino superior*. São Paulo: Cortez, 2002. v. I.

BELLONI, Isaura. Função da universidade: notas para reflexão. In: BRANDÃO, Zaia et al. *Universidade e educação*. Campinas: Papirus/Cedes; São Paulo/Ande: Anped, 1992. p. 71-78.

BERGER, P.; LUCKMANN, R. *A construção social da realidade*. Petrópolis: Vozes, 1973.

CHAUI, Marilena. A universidade em ruínas. In: TRINDADE, Hélgio (Org.). *Universidade em ruínas*: na república dos professores. Petrópolis: Vozes/Rio Grande do Sul: Cipedes, 1999.

COSTA, Jurandir Freire. *Psicanálise e moral*. São Paulo: Educ, 1989.

CUNHA, Maria Isabel da. Ensino como mediação da formação do professor universitário. In: MOROSINI, Marília C. (Org.). *Professor do ensino superior*: identidade, docência e formação. Brasília: Plano Editora, 2001. p. 79-92.

_____; LEITE, Denise B. C. *Decisões pedagógicas e estruturas de poder na universidade*. Campinas: Papirus, 1996.

FREIRE, Paulo. *Pedagogia da autonomia*. Rio de Janeiro: Paz e Terra, 1997.

GALEANO, Eduardo. *O livro dos abraços*. Porto Alegre: L&PM, 1991.

LAING, R. *O eu e os outros*: o relacionamento interpessoal. Petrópolis: Vozes, 1986.

LARROSA, Jorge. *Pedagogia profana* — danças, piruetas e mascaradas. Belo Horizonte: Autêntica, 2004.

MORIN, Edgar. *A cabeça bem-feita*: repensar a reforma, reformar o pensamento. Rio de Janeiro: Bertrand Brasil, 2000.

MOROSINI, Marília C. (Org.). *Professor do ensino superior*: identidade, docência e formação. Brasília: Plano Editora, 2001.

NÓVOA, António. Os professores e as histórias da sua vida. In: _____ (Org.). *Vidas de professores*. Porto: Porto Editora, 1992. p. 11-30.

PERRENOUD, Philippe. *Enseigner* — agir dans l'urgence, décider l'incertitude. Paris: ESF éditeur, 1996.

RIBEIRO, Renato J. *A universidade e a vida atual* — Fellini não via filmes. Rio de Janeiro: Campus, 2003.

RIOS, Terezinha A. *Compreender e ensinar* — por uma docência da melhor qualidade. 7. ed. São Paulo: Cortez, 2008a.

_____. Pedagogia universitária: para além do nome, uma concepção e uma prática. In: ENCONTRO NACIONAL DE DIDÁTICA E PRÁTICA DE ENSINO, 2008. *Anais...* Porto Alegre: EdiPUCRS, 2008b. 1 CD-ROM.

_____. A ética na pesquisa e a epistemologia do pesquisador. In: *Psicologia em Revista*, Belo Horizonte, v. 12, n. 19, p. 80-87, jun. 2006.

_____. Ofício de professor: títulos e rótulos ou A desafiadora construção da identidade. In: ALMEIDA, Ana Maria B.; LIMA, Maria Socorro L.; SILVA, Silvina P. (Orgs.). *Dialogando com a escola*. Fortaleza: Edições Demócrito Rocha, 2002. p. 110-121.

SANTOS, Boaventura de Sousa. Da ideia de universidade à universidade de ideias. In: *Pela mão de Alice* — o social e o político na pós-modernidade. 4. ed. Porto: Edições Afrontamento, 1995, p. 163-201.

SILVA, Luiz Eduardo Potsch de Carvalho e. A universidade no terceiro milênio: desafios, missão histórica e novos paradigmas numa perspectiva planetária. In: SILVA, L. E. P. C. et al. *Propostas para uma universidade no terceiro milênio*. Rio de Janeiro: Fundação Universitária José Bonifácio, 1991. p. 19-106.

TARDIF, Maurice. *Saberes docentes e formação profissional*. Petrópolis: Vozes, 2002.

ZABALZA, Miguel A. *O ensino universitário*: seu cenário e seus protagonistas. Porto Alegre: Artmed, 2004.

LEIA TAMBÉM

▶ **ESTÁGIO E DOCÊNCIA**
Coleção Estágio e Docência - Série Saberes Pedagógicos

**Selma Garrido Pimenta
Maria Socorro Lucena Lima**

6ª edição (2011)

296 páginas

ISBN 978-85-249-1070-8

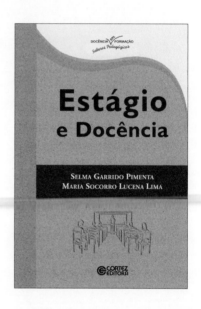

Este livro apresenta o estágio como componente curricular dos cursos que formam professores e pedagogos. Discute e aponta caminhos para as questões de estágio desde sempre marcadas pela problemática relação entre teoria e prática, que pode ser equacionada na proposta de um estágio realizado com pesquisa e, como pesquisa, contribui para uma formação de melhor qualidade de professores e de pedagogos. A essa problemática somam-se outras, que, decorrentes das mudanças no contexto social, na política educacional e na legislação e do avanço de conhecimentos sobre a formação de professores, apontam para a necessidade de se colocar o estágio em foco de análise.

LEIA TAMBÉM

▶ **PEDAGOGIA E PEDAGOGOS:**
caminhos e perspectivas

Selma Garrido Pimenta (Org.)

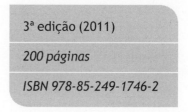

3ª edição (2011)

200 páginas

ISBN 978-85-249-1746-2

Análise crítica da formação dos profissionais da educação no Brasil, explicitando as ambiguidades do curso de Pedagogia. Indica sugestões de organização institucional e possíveis percursos de formação desses profissionais.

Apresenta um ponto de vista explícito sobre a natureza e identidade da pedagogia e o trabalho dos pedagogos, situando a pedagogia como um campo científico e campo profissional.

LEIA TAMBÉM

▶ **DIDÁTICA E FORMAÇÃO DE PROFESSORES:**
percursos e perspectivas no Brasil e em Portugal

Selma Garrido Pimenta (Org.)

6ª edição (2011)

288 páginas

ISBN 978-85-249-1762-2

O livro contempla pesquisas de professores brasileiros e portugueses sobre a constituição do campo da didática e seus vínculos com a formação de professores, desenvolvidas nos contextos de democratização da escolaridade no Brasil e em Portugal. Superando a crise da didática dos anos 1980, encaminham respostas às questões: Qual sua contribuição à formação de professores no quadro das transformações no mundo contemporâneo? Que contribuições os centros de pesquisa e as ciências da educação têm trazido ao ensino, à docência, à aprendizagem e ao desenvolvimento profissional dos docentes nas escolas?

Os autores estão convictos de que o livro poderá contribuir para ampliar a compreensão do campo didático e suas possibilidades na formação de professores.